EDUCATIONAL
LOGIC AND ESSAY

예비교사의 현장 이해 및 역량 강화를 위한

# 교육학 논리와 논술

| 김규태 저 |

양 성 원

# 머리말

최근 학교교육의 동향은 역량중심교육, 융합교육, 소프트웨어 교육, 학습자 중심 수업, 과정중심평가, 학생이해 및 상담, 진로지도 및 자유학기제와 교사리더십 및 배움의 공동체 등으로 요약될 수 있다. 우선, 학생의 핵심역량 계발을 위해 인문학적 소양을 비롯한 기초 소양 함양 교육을 전반적으로 강화하고 있다. 둘째, 문·이과 구분 없이 모든 학생이 배우는 공통 과목을 도입하고, 통합적 사고력을 키우는 통합적 교육과정을 강조하고 있다. 셋째, 학생들의 활발한 수업 참여를 위해 실생활 사례와 문제 등을 중심으로 교과과정을 구성하고, 토론학습, 협력학습, 탐구활동, 프로젝트학습 등을 통한 참여 중심 수업을 강조하고 있다. 넷째, 활동 및 과정 중심으로 학생의 성장을 파악할 수 있는 평가 방법을 강조하고 있다. 다섯째, 장기결석, 학교부적응, 학교폭력 및 정서문제행동 치유 등을 위한 학생 상담 및 예방을 위한 노력을 경주하고 있다. 여섯째, 학생들이 과도한 입시경쟁에서 벗어나 꿈과 끼를 키워나갈 수 있도록 도입된 자유학기제와 진로교육을 강조하고 있다.

이에 따라 예비교사들은 교수 학습에 관한 이론적 이해를 바탕으로 교수방법 및 수업기술 등과 관련된 전문 지식을 체계적으로 습득함은 물론, 학생들의 효과적인 학습동기 및 생활지도를 위한 역량을 갖출 필요가 있다. 또한 공식적인 위계와 구조 속에서 주어진 과업과 역할만을 수행하는 수동적 실천가가 아닌 능동적인 리더로서의 역할을 수행할 필요가 있다. 즉, 예비교사들은 이러한 학교 현장을 잘 이해하고 현장 중심 역량을 갖출 필요가 있다.

최근 교원임용시험에서 교육학 논술은 예비교사의 현장 이해도와 함께 이들이 현장에서 실제 직면할 수 있는 상황과 맥락에서의 역량 발휘 가능성을 평가하고 있다. 다시 말해, 교육학 논술은 교육학적 이론과 실천에 근거하여 교사가 갖추어야 하는 교직관과 윤리, 교사가 수행해야 하는 전문적 업무와 생활, 교직의 특성과 구조 및 원리에 대한 전문적 지식과 실천 방법을 터득하고 있으며, 또한 교직과 관련된 정책 및 제도적 환경 속에서 새로운 전문성주의를 실천할 수 있는 역량과 리더십을 소유하고 있는가 등을 평가하고 있다.

이러한 경향은 최근까지 출제된 교육학 및 교직논술의 경향 분석에서도 드러난다. 최근 중등 교육학 논술시험 경향을 보면, 주로 역량 및 융합 중심 교육과정, 참여중심수업과 과정중심평가, 학생이해 및 상담, 진로교육, 교육공동체(학교조직) 및 교사리더십 등을 평가하고 있다. 또한 초등 교직논술에서는 2015개정 교육과정, 참여중심수업, 과정중심평가, 학급 및 학생관리 등에 대한 교직 수행 능력을 주되게 평가하고 있다.

저자가 본서를 집필하게 된 동기는 저자가 교육학 논리와 논술을 가르치는데 있어 최근 현장 동향에 부합된 저서가 필요하다는 것이었다. 이보다 더 근본적인 동기는 저자가 가르치는 예비교사들이 과도한 사교육비를 들여 교육학 논술 시험을 준비하고 있지만 정작 교직의 상황과 맥락에 따른 교육학적 지식이나 노하우를 적용하지 못하여 불합격이라는 고배를 마시는 현실을 보면서 임용 분야의 사교육 없이도, 본서를 통한 수업이나 개인/공동학습만으로도 임용시험 준비를 체계적으로 할 수 있는 자료를 제공하기 위함이었다.

본서는 예비교사들이 최근 학교 현장을 이해하고 현장 중심 역량을 강화하도록 주요 8대 교육 동향을 제시하고 그에 필요한 교육학적 이론과 전문가 오피니언을 다루고 있다. 교육학적 지식은 저자가 그동안 집필한 책들과 교직 수업에서 활용되는 교육학 서적들을 바탕으로 교육학 논술에 필요한 지식과 실제를 요약 재구성한 것이다. 또한, 예비교사들이 최근 현장 동향을 심층적으로 이해하도록 전문가 오피니언이나 칼럼을 읽을 필요가 있다는 판단에서 한국교육개발원, 한국교육과정평가원 등에서 발간한 발간물을 발췌 재구성하여 제시하였다. 본서에서 교육학 이론 및 실제, 그리고 현장 동향에 대한 전문가 오피니언을 작성하는데 참고자료를 작성하신 여러 저자들에게 지면이나마 감사를 드린다. 또한, 본서에서 제시된 지식이나 오피니언을 구체적으로 인용하지 않고 관련 저서나 컬럼을 포괄적으로 인용하였음을 밝히며 참고한 자료를 작성하신 저자들에게 양해를 구한다.

본서는 예비교사들이 교육학 논술시험의 출제 경향을 고려하여 현장에 직면할 수 있는 상황과 사례를 제시하여, 현장에서의 적용력을 배양하도록 하였으며, 그것을 위한 참고할만한 주요 교육학적 이론과 실제도 제공하였고, 예비교사들이 임용시험을 스스로 준비할 수 있도록 기출문제나 저자가 기출문제를 응용하거나 새로 개발한 모의평가 문제를 제시하였다.

저자로서 이 책을 활용할 예비교사들에게 교육학 논술 시험을 준비할 때 3-4명 이상의 동료들과 함께 정해진 시간에 논술하고, 이후 답안을 함께 논의하며 분석함으로 배움의 공동체의 효과를 체험하기를 권장한다.

본서는 4부와 부록으로 구성되어 있다. 제1부는 교육학 논술의 기초로서 교육 및 교육학의 이해(제1장), 교육학 논술의 이해(제2장), 학술적 글쓰기(제3장) 방법을 다루었다.

제2부는 교육학 논술의 배경인 최근 학교교육 동향들(제4장)을 간략하게 제시하고 있는데, 구체적으로 현장 중심 역량 강화를 위한 교원양성과정 개편, 2015 개정 교육과정 실현을 위한 현장 적응력 배양, 학생 참여, 과정 중심 수업 및 평가 강조, 지능정보사회 대응을 위한 소프트웨어 교육 강화, 학습자의 특성과 진로지도를 위한 생활지도 및 상담 강화, 현장 교육 실천을 위한 리더십 및 배움의 공동체 운영 등을 제시했다.

제3부는 교육학 논술의 실제(제5장)로서 최근까지 출제된 임용시험 문제들을 분석하면서 현장 동향과의 관련성을 밝혔으며, 논술의 효과적인 작성 방법도 제시했다.

제4부는 주요 현장 동향과 관련된 교육학 이론과 함께 상황 및 사례를 통한 응용력을 배양할 수 있는 전문가 오피니언으로 구성했는데, 역량중심교육과 융합교육, 지능정보사회와 소프트웨어교육, 학습자 중심 수업, 과정중심평가, 학습자 특성, 상담 및 진로교육, 교사리더십 및 배움의 공동체를 다루었다.

부록에는 교육학 논술 연습을 위해 모의평가 문제 7문제를 다루었다. 이 문제들은 저자가 중간, 기말고사에 활용한 문제나 기출문제를 응용하여 만든 문제들이다.

그러나 막상 탈고하고 보니 처음 의도한 것에 비해 미진한 곳이 여러 군데 눈에 띄고, 또 교육학의 방대한 내용들을 모두 포괄할 수 없다는 한계를 느낀다. 소홀하게 다루어진 부분이나 오류가 있는 부분에 대해 독자들의 질책과 지도를 요청한다. 끝으로 본서를 발간하도록 아낌없는 지원과 격려를 해 주신 강철원 사장님과 편집진에게 깊은 감사를 드린다.

2018년 3월

대구 성서 영암관에서

저자 김규태

# 차 례

## 제1부 교육학 논술: 기초



## 제2부 교육학 논술: 배경

# 제 1 부

# 교육학 논술: 기초

제 1 장

# 교육 및 교육학의 이해[1)]

## 1. 교육의 이해

교육이 무엇을 뜻하는지를 이해하기 위해서는 '교육(education)'에 대한 동양과 서양의 어원에 대해 살펴보는 것도 한 가지 방법일 것이다. 동양에서는 교(敎)와 육(育)을 결합한 단어로 쓰이고 있는데, 아동을 회초리로 치면서 가르치면서 어른을 본받게 하는 교(敎)와 어머니가 품속에서 아이를 기른다는 육(育)의 뜻을 담고 있다. 한편, 서양에서는 pedagogy와 education로 쓰이며, pedagogy는 아동이 교육받을 수 있도록 안내하는 활동으로, education은 아동의 내재된 잠재력을 발현한다는 의미를 담고 있다. 동서양의 교육에 대한 어원을 종합해 보면, 교육은 성숙한 어른이 자녀나 학생들을 기르고 가르치며 보살핌으로서 그들 속에 내재된 잠재력, 재능, 역량을 발현하는 행위이라고 할 것이다.

교육은 인간에 대한 신념, 변화에 대한 신념과 계획에 대한 신념 등의 전제가 담겨있다. 인간에 대한 신념은 인간의 존엄성에 대한 신념, 인간의 주체성에 대한 신

1) 본 장은 김규태, 박찬호, 유현숙 등(2016)의 '최신 교육학의 이해'과 이인학, 이기영, 김규태 등(2013)의 '최신 교육의 이해' 제1장에서 발췌 재구성한 것으로 관련 내용에 대한 별도의 인용을 하지 않았다.

념, 인간의 성장 가능성에 대한 신념이며 이것들은 교육을 성립시키는 대전제가 된다. 변화에 대한 신념은 인간의 가능성을 현실성으로 옮겨가는 과정에서 인간이 변화한다는 것이다. 계획에 대한 신념은 교육이 인간의 성장가능성에 대한 신념을 바탕으로 하고 변화를 전제로 하여 성립된다고 하더라도 이를 실천해 감에 있어서 어떻게 방향과 방법으로 변화시킬 것인가에 대한 계획성을 필요로 한다는 것이다.

교육이라는 의미는 가치지향성과 가치중립성 관점에서 규정되기도 한다. 가치지향성을 강조하는 것을 규범적 정의라고 하며, 가치중립성을 강조하는 것을 서술적 정의라고 한다. 규범적 정의는 "교육은 전통에 입문하는 과정으로 이성적인 안목을 길러주는 것이다", "교육은 인간의 내적인 자아실현의 과정이다", "교육은 인간을 인간답게 형성하는 작용이다" 등으로 바람직한 방향과 가치를 담고 있다. 한편, 서술적 정의는 "교육은 지식 획득의 과정이다", "교육은 국가 및 경제 발전의 수단이다", "교육은 인간 행동의 계획적 변화이다" 등으로 교육의 수단적, 외재적 측면을 강조한다.

일반적으로 교육활동이 이루어지는 장면을 생각해 보면 교육을 행하는 교사, 교육을 받는 학습자, 그리고 교사와 학습자가 상호 교섭할 수 있도록 연결해 주는 매개체로서의 교육내용(교재)으로 이루어져 있다. 이 세 가지 구성요소는 교육을 성립하게 하는 가장 기본적인 것으로 교육의 3요소라고 불린다. 우선, 교사는 교육대상인 학생을 지도하고, 조력하고, 안내하고, 자극하여 과거의 상태보다 성장하도록 하는 데 직·간접적으로 기여하는 사람을 말한다. 학습자는 성장할 수 있는 무한한 가능성을 자기 스스로 개발하여 실현하는 주체라고 할 수 있다. 교육내용은 교육활동의 수행에서 교사와 학습자를 연결시켜 준다는 의미로 교육의 매개체라고 할 수 있다.

## 2. 교육학의 이해

교육학은 교육의 현상과 행위에 관한 학문적 탐구과정과 그 과정을 통해 획득된 지식의 체계이다. 교육학은 다른 학문이 이루어낸 성과를 활용하여 교육현상을 탐구한다는 측면에서 응용학문의 성격을 띠고 있다. 교육학은 교실 안에서의 교사와 학생의 상호작용에 관한 실천을 강조한다는 점에서 실천지향적 성격이 강하다. 또한 교육학은 여러 학문의 지식을 토대로 교육현상을 바라본다는 종합적이고 간학문적이다. 교육학은 규범적 교육학, 공학적 교육학, 설명적 교육학, 비판적 교육학 등으로 구분될 수 있다(이돈희, 2003). 규범적 교육학은 교육의 이상적 모습, 즉 이상적인 교육의 조건과 당위적 규칙을 추구하며, 공학적 교육학은 교육의 효율성을 높이는 원리와 기술의 개발에 관심을 갖고, 설명적 교육학은 교육현실 속에 전개되고 있는 교육활동이나 제도가 어떤 성격의 것이냐에 관심을 갖고, 비판적 교육학은

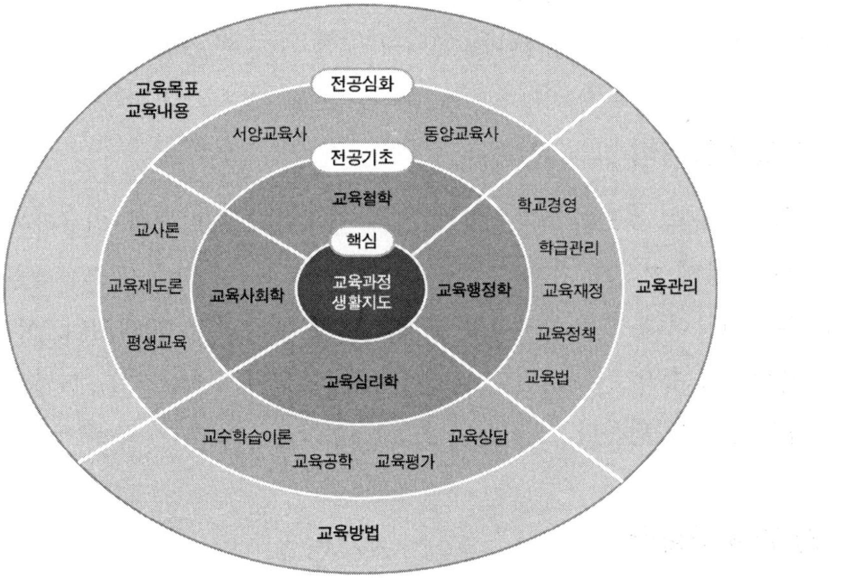


[그림 1-1] 교육학 개관

교육활동이나 제도에 숨겨져 있는 문제의 비판적 분석에 관심을 갖는다. 교육학의 하위분야는 [그림 1-1]과 같다.

### 1) 교육사 및 교육철학

교육사는 교육현상을 파악하는 통찰력을 길러서 현재의 교육실천을 돕고, 미래의 교육을 전망할 수 있게 하는 교육학의 한 분야이다. 교육사는 지난 교육의 성공과 실패를 보여 주기 때문에 현재 교육에 대한 판단의 지침을 제공한다. 그리고 과거의 내용과 방법을 알아서 현재 교육의 장면을 바라봄으로서 미래에 더 좋은 교육을 생각하고 실천할 수 있게 한다. 한편, 교육철학은 교육현상과 실천 행위들을 분석적(사물 또는 현상의 가정, 의미, 원리, 관계를 파악)이고 통합적(간 학문적, 다양한 관점에서 접근) 관점에서 사고, 반성, 분석, 비판하는 학문이다. 교육철학은 교육과 인간의 본질에 대한 진리를 추구하고 교육적 실천과 담론에 대한 비판적 탐구를 한다. 교육철학은 존재의 본질을 탐구하는 존재론, 지식의 근원과 탐구 방법을 다루는 인식론, 가치롭고 바람직한 것이 무엇인가를 탐색하는 가치론과 철학적 탐구와 사고의 방법과 원리를 규명하는 논리학 등을 주로 관심한다.

### 2) 교육심리학

교육심리학은 교육의 현상 및 과정을 심리학적 측면에서 연구하여 교육활동에 필요한 실제적 지식과 기술을 제공함으로서 효과적인 학습지도와 생활지도에 도움을 주는 학문이다. 교육심리학의 분야는 크게 발달심리, 학습심리, 성격 및 적응심리, 생활지도 등으로 구분된다. 발달심리는 학생의 신체, 지능, 성격, 사회성, 도덕성 등의 발달을 다룬다.

### 3) 교육사회학

교육사회학은 역사적이고 사회적 산물로서의 교육이 어떠한 조건과 방식으로 개인을 사회화하는가, 개인과 집단의 상호작용을 형성하고 통제하는 방식과 주체는 누구인가 등을 관심한다. 교육사회학의 관심 영역은 세계화, 환경, 도시화, 사회적 상호작용, 생애과정, 가족, 건강과 질병, 계층, 빈곤, 복지, 불평등, 성, 종교, 미디어, 조직, 일과 일터 등으로 다양하다.

### 4) 교육과정 및 교육평가

교육과정(curriculum)은 학교의 교육목적을 달성하기 위하여 선택한 문화 또는 생활경험을 교육적인 관점에서 편성하고 그들 학습활동이 언제, 어디서, 어떻게 행해질 것인가를 종합적으로 묶은 교육의 전체 계획이다. 반면, 교육평가는 교육목적의 달성도에 관한 증거 및 교육목적의 달성에 영향을 미치는 변인에 관한 증거를 수집하고 그에 터해 교육적 의사결정을 내리는 과정이다. 교육평가를 위해 사용되는 방법은 필답검사, 표준화검사, 질문지, 관찰, 면접, 각종 심리검사 등이 있으며 이러한 도구는 타당성, 신뢰성, 객관성을 갖추어야 한다.

### 5) 교육방법 및 교육공학

교육방법과 교육공학은 학급이라는 환경에서 이루어지는 수업에 대한 효과적인 전략과 방법을 다루는 분야이다. 수업은 교수학습 활동이 잘 일어나도록 환경을 의도적으로 설계, 개발, 관리하는 것이다. 좋은 수업은 일반적으로 좋은 수업설계나 교육과정 구성 하에서, 학습자가 중심이 되도록 학습과정 및 방법을 설계하고, 학습의 과정을 중시하며 학습자에 의해서 결과가 정리되고 검증될 수 있는 수업을 말한다. 수업은 학습자가 학습목표를 성취하도록 강의, 발문, 토론, 모둠학습, 시범, 연습, 게임, 시뮬레이션, 문제해결 등 다양한 방식으로 이루어진다. 수업의 단계는 주의집중, 수업목표제시, 선행학습 상기, 학습자료 제시, 학습안내 및 지도, 연습, 피드백 제공, 형성평가와 파지 및 전이의 고양 등으로 이루어진다.

### 6) 생활지도 및 상담

생활지도는 학생의 건전한 성장과 발달을 촉진하기 위하여 생활과정에서 나타나는 현실적 문제를 개인의 특성에 알맞게 지도하는 일이다. 생활지도의 목적은 개인생활과 사회생활에서의 만족, 행복, 효능감을 증진하고 개인의 자아실현을 도모하는 것이다. 생활지도는 진로지도, 성격지도, 학업지도, 개인 및 집단 상담,심리검사, 심리적 평가, 정보제공, 정치(定置)활동 등으로 구분된다. 한편, 상담은 학생 자신과 환경에 대한 이해를 증진시키며, 합리적이고 현실적이며 효율적인 행동양식을 증진시키거나 의사결정을 내릴 수 있도록 지원・조언하는 활동을 말한다.

### 7) 교육행정 및 교육경영

교육행정은 교육의 목적을 효과적으로 달성하기 위해 교육법규나 정책을 입안 또는 집행하고 교수・학습에 필요한 제 조건을 정비・확립하며 교육조직 구성원의 협동적 행위를 능률적으로 조성하는 수단적 봉사활동이다. 반면, 교육경영은 성과와 이윤 극대화, 과학적 관리, 고객지향 서비스, 시장적 경쟁과 효율을 강조한다. 교육경영은 교육 가치와 목표달성을 위한 조직운영의 전략을 수립하고, 지식과 사람과 과업의 효율적 관리와 경쟁력 제고를 통해 교육성과를 극대화하는 봉사활동이다.

제2장

# 교육학 논술의 이해[1)]

## 1. 논술의 의미

논술은 글로서 논증하는 것이며, 논증은 글로서 옳고 그름에 대하여 그 이유나 근거를 들어 밝히는 것을 말한다. 논술을 이해하려면 논(論)하고 술(述)하는 것을 이해할 필요가 있다.

논(論)은 사고능력을 알아보기 보기 위한 부분으로 가지고 있는 지식의 정도, 논리적 사고력, 자기의 생각을 총체적(종합적)이고 비판적으로 정리하고 드러내는 것을 의미한다. 여기서 총체적이라 함은 사물 사이의 관계(예: 경제가 정치, 사회, 문화와 맺고 있는 상호관계)를 고려할 줄 알고, 전체와 부분 사이의 관계를 염두에 두는 것을 말한다. 그리고 비판적이라 함은 기성의 고정된 관념과 상식을 넘어서 새로운 대안을 제시할 수 있음을 말한다.

술(述)은 서술하는 능력으로 사고하는 바에 대한 구성력과 문장력을 의미한다.

1) 본 장은 김규태, 방경곤, 이병환, 권민석(2013)의 '교육학 논리와 논술'과 '논술과 면접', 이병환, 김규태, 방경곤 등(2013)의 '새로운 교원 임용시험' 등에서 발췌 재구성한 것으로 관련 내용에 대한 별도의 인용을 하지 않았다.

구성력은 하나의 글을 전체로서 짜임새 있게 엮을 수 있는 능력으로서 일반적으로 서론과 본론과 결론으로 질서 있고 체계적으로 구성하는 능력을 말한다. 또한, 개요(outline)를 통해 서론, 결론, 본론을 소주제들을 중심으로 구성한 뒤, 그 속에 문장과 주장들을 적절하게 배치하고 설계하는 능력을 말한다. 반면, 문장력은 생각과 주장을 적절한 문법과 맞춤법 및 용어를 통해 표현하는 능력을 말한다.

논술은 어떤 주제에 대하여 설득력 있는 논거를 바탕으로 자기의 생각이나 주장을 논리적으로 전개한 글이다. 논술을 잘 하려면 논리적이고 체계적인 사고능력, 표현력, 문장력과 어휘력, 상식과 전문지식 지적자원, 언어능력과 구성역량이 요청된다(김해식, 2011).

① 지적자원은 내면의 지적 정보들, 즉 전공 지식, 용어와 개념 및 적용사례, 실태와 통계 등을 말한다. 이는 음식재료가 있어야 음식을 할 수 있는 점과 비슷. 지적자원은 주로 독서를 통해 자신의 내념에 축적된 지식과 정보를 말한다.

② **언어적 능력**: 주장과 근거를 잘 표현할 수 있는 언어적 능력(문법, 논리, 표현 등)이며, 음식재료가 있더라도 요리법을 모르면 맛있는 음식을 만들기 어렵다는 점과 비슷하다. 이는 정확한 문장구사, 적절한 용어 및 어휘 사용, 문장기술 규칙, 논리적 연결과 일관성, 적절한 문체와 수사 등에 대한 능력을 의미한다.

③ **구성 역량(글의 체계적 논리적 구성 능력)**: 자기 생각과 의견을 체계화할 수 있는 능력이다. 이는 어떠한 요리 재료를 어떻게 얼마나 배합할 것인가와 비슷. 글의 전체틀을 어떻게 구성하고 자료와 주장을 어떤 순서로 어떻게 배치할 것인가에 대한 능력을 의미한다.

## 2. 교육학 논술의 의미와 성격

교육학 논술은 교육학적 이론과 실천에 근거하여 교사가 갖추어야 하는 교직관과 윤리, 교사가 수행해야 하는 전문적 업무와 생활, 교직의 특성과 구조 및 원리에 대한 전문적 지식과 실천 방법을 터득하고 있으며, 또한 교직과 관련된 정책 및 제도적 환경 속에서 새로운 전문성주의를 실천할 수 있는 역량과 리더십을 소유하고 있는가 등에 대한 논리적이고 체계적인 글이라고 하겠다.

교육학 논술의 성격을 제시하면 다음과 같다. 우선, 교육학 논술은 교사가 담당하는 학생 교육과 지도 등에 필요한 전문적 지식과 기술을 조직화·제도화된 교육현장에서 종합적이고 체계적으로 적용하고 활용할 수 있는가에 대한 논리적이고 체계적인 글이다.

둘째, 교육학 논술은 학생, 학부모 및 교사와의 상호작용 과정에서 학교 교육과정을 편성 운영하고 질 높은 수업과 생활지도를 담당하며, 효과적인 학급경영과 교직실무를 성실하게 수행할 수 있는 전문적 역량과 지식 및 기술을 종합적이고 체계적으로 응용할 수 있는가에 대한 논리적이고 체계적인 글이다.

셋째, 교육학 논술은 창의인성 인재 육성을 위한 수준별·개별화 교육, 사고력을 길러주는 토론식 수업, 창의적 문제해결력 증진 평가, 교원 전문성 확보 등의 새로운 패러다임에 대한 이해와 실천 역량에 대한 논리적이고 체계적인 글이다.

넷째, 교육학 논술은 학생들을 올바른 인성과 도덕적인 판단력을 구비한 창의적 인재를 육성하기 위해 학생들의 생활과 학업을 상담 조언할 수 있는 전문성 실천 역량과 기술에 대한 논리적이고 체계적인 글이다.

다섯째, 교육학 논술은 교사가 적극적이고 능동적인 리더로서 새로운 전문성주의를 실천하기 위하여 학교 문화를 형성하고, 학생학습을 개선하고, 수업 전문가, 교육과정 전문가, 학습촉진자, 멘토, 데이터코치 등의 다양한 역할을 수행할 수 있는 역량에 대한 논리적이고 체계적인 글이다.

## 3. 교육학 논술의 구성

교육학 논술은 교육에 대한 논리적인 글과 구조라고 할 수 있다. 즉, 교육학 논술은 교육학 지식을 바탕으로 논리적으로 내용 구조를 체계적으로 조직화할 뿐만 아니라 이해가 될 수 있도록 글을 쓰는 활동이라고 할 수 있다. 교육학 논술의 일반적인 구조는 '서론, 본론, 결론'의 3단 구성이 일반적이며, 그 주요내용은 아래의 〈표 2-1〉과 같다.

〈표 2-1〉 **교육학 논술의 내용 구조**

| 구분 | 내용 |
|---|---|
| **서론** | 논리적 글쓰기와 말하기에서 다룰 중심 내용이 무엇인지를 제시하고 독자와 청자의 주의나 관심을 끄는 단계 |
| **본론** | 중심 내용을 내용 전개의 원리에 따라 구체적으로 설명하거나, 주장 또는 의견을 근거를 들어 논리적으로 입증하는 단계 |
| **결론** | 앞에서 다룬 내용을 요약하거나 정리하고, 의도하는 주제를 강조하는 단계 |

## 4. 교육학 논술의 원칙

교육학 논술은 체계적이고 논리적인 글임으로 다음과 같은 원칙으로 작성되는 것을 권장한다. 우선, 교육학 논술의 원칙 중 첫째는 독자를 위해 쓰는 것이다. 교육학 논술은 글쓴이 자신을 위한 것이 아니라 독자를 위한 것이다. 글을 쓸 때 독자들이 자신의 글을 논리적이고 타당하게 이해하면서 읽을 수 있는지를 고려하면서 쓴다. 이를 위해서는 짧고 간결하고 구체적으로 작성하는 것이 좋다. 그렇다면 교육학 논술시험에서 독자는 누구인가? 바로 채점위원이다. 채점위원의 임무는 임용시험에서 요구한 내용대로 논리적, 체계적으로, 그리고 간결하고 구체적으로 쓰여졌는가에 충실한 분들임을 명심하라.

둘째, 교육학 논술에서 서론은 글을 쓰는 배경과 목적을 간략하게 제시한다.

서론은 필자가 쓰고자 하는 글 전체의 길잡이로서 일반적으로 글을 쓰는 배경과 목적을 제시하는 부분이다. 서론은 필자가 글을 쓰는 배경과 목적을 분명하고 간결하게 밝힘으로 독자들이 글에 대한 흥미와 방향성을 설정하도록 돕는 것이다. 이때 독자들은 글의 목적을 보고 독자의 입장과 주장을 분명하게 파악하여 앞으로 글의 전개를 예측할 수 있다.

셋째, 교육학 논술은 문단 단위로 구성해야 하며, 한 문단에 하나의 주장과 이야기를 제시한다. 핵심 주장은 한 문단에 하나씩 담는 것이 좋다. 한 문단은 주장문, 주장에 대한 설명문, 주장에 대한 근거(3개 내외), 소결로 이루어지는 것이 좋다. 만약 하나의 문단에 두 가지 이상의 내용이 포함되어 있으면 글의 초점이 분산되고 짜임새가 떨어져 독자에게 혼란을 줄 수 있다.

넷째, 문단은 가급적 두괄식으로 구성한다. 두괄식은 주제문(중요한 문제나 사실)을 앞에 두는 방식이다. 즉 일반론적 진술을 한 다음 그것을 풀어서 설명하거나 증거를 제시함으로써 글을 보다 논리적이고 체계적으로 구성할 수 있으며 무엇보다도 독자의 이해를 돕는데 효과적이다.

다섯째, 교육학 논술에서 문장은 짧고 간결하고 구체적으로 작성한다. 자신의 주장을 명확히 전달하기 위해서는 짧고 간결한 문장이 필수적이다. 서술이 장황해지면 실제로 훌륭한 논증을 담고 있다 하더라도 자칫 복잡하고 조잡한 글로 보이게 하며 핵심 메시지로부터 멀어질 수 있다. 또한, 자신의 주장을 명확하게 부각하기 위하여 최대한 추상적 표현을 피하고 구체적으로 작성해야 할 것이다. 문장에서 다루는 단어와 표현은 분명하고 일관되게 제시한다. 다시 말해, 문장에서 다루는 단어나 표현은 두 가지 이상의 의미로 작성되어 독자들이 애매모호하게 해석되지 않도록 해야 한다. 표현의 의미가 아주 흐릿해서 도무지 감을 잡을 수 없거나 앞뒤에서 사용한 단어나 표현이 일관되게 제시되어 있지 않다면 글의 논리성과 통일성이 낮은 글이 될 것이다.

여섯째, 교육학 논술은 3인칭, 평어체, 표준어, 문어체로 작성되어야 한다. 문장은 1인칭 시점이나 경어체로 작성되지 않아야 하고, 사투리를 사용하지 않아야 하며, 구어체를 사용하지 말아야 한다.

일곱째, 교육학 논술에서 논리적이고 적절한 사례와 근거를 제시하는 것이 좋다. 자신의 주장에 대한 객관타당하며 적절한 증거와 근거를 인용하여 정당화하도록 해야 한다. 또한 논증을 위한 근거는 대표성 있고 공신력 있는 자료나 사례를 2가지 이상 제시하는 것이 논리적으로 타당성을 보여주는데 좋다.

여덟째, 교육학 논술에서 결론은 연구결과와 논의에서 다룬 핵심 내용을 요약하고 최종 주장을 한다. 만일 본론에서 다루지 않은 내용들을 제기한다면 독자들은 저자가 또 다른 주장이나 논증을 제시할 것으로 기대할 수 있다. 그래서 결론은 본론에서 제기한 핵심 내용을 간결하고 분명하게 요약하고, 최종 주장을 진술하는 것으로 마무리해야 한다.

## 5. 교육학 논술의 단계

교육학 논술의 단계는 논제분석 단계 → 개요작성 단계 → 논술작성 단계 → 퇴고단계 등으로 진행된다(김규태 등, 2013).

첫째 단계는 논제 분석을 하는 것으로 논술 주제를 다룰 범위와 방법을 파악하는 것이다. 이 단계는 논술 전체의 방향과 내용을 결정하는 논술 주제를 파악하고, 그에 맞는 논술 전개 내용 및 서술 방식을 결정하는 단계를 말한다.

둘째 단계는 개요작성을 하는 것이다. 개요는 답안 전체의 설계도로서 글 전체의 내용과 개략적인 줄거리를 한눈에 알아 볼 수 있도록 제시한 내용을 말한다. 이것은 글의 전체적인 흐름을 쉽게 파악할 수 있고, 글의 방향을 선명히 보여 주어 주제에서 내용이 벗어나는 것을 막아주며, 전체와 부분, 부분과 부분의 관계를 전체적으로 파악이 가능하도록 한다. 개요 작성은 서론, 본론, 결론의 순서로 자신의 주장에 따른 정확한 논거를 정리하는 방법으로 작성하며, 개요 작성에서부터 전개할 주제에 대하여 일관성 있는 글의 통일성, 체계성 등을 확보하는 것이 요청된다.

셋째 단계는 논술작성을 하는 단계이다. 즉, 작성된 개요를 바탕으로 살을 붙여가면서 서론, 본론, 결론으로 작성하며, 문장과 문장 사이, 단락과 단락 사이에 논리적 관계를 설정해 주는 형식으로 서술하는 단계이다. 서론은 앞으로 전개될 논술문의 실마리를 풀고, 글의 전개 방향을 결정하는 역할을 한다. 서론의 구성은 주제와 관련된 화제로 독자의 관심을 불러일으키는 것이거나 무엇에 대해 쓴다는 것을 밝히는 것이다. 서론은 전체의 1/5 분량으로, 한 단락으로 처리하며, 임용시험의 경우는 5-7 문장 이내로 작성되면 충분할 것으로 판단된다. 다음으로, 본론은 서론의 문제 제기를 논증하는 장으로 문제가 요구하는 과제에 본격적으로 답하는 논술의 핵심 부분이며, 통일성, 일관성, 완결성 등 문단 구성 원리를 바탕으로 전개해야 한다. 본론은 셋 이상의 단락으로 구성되며, 중심생각인 소주제가 앞에 놓이는 '소주제문 + 뒷받침문장'의 형식(두괄식)을 취하는 것이 좋다. 마지막으로 결론은 글의 주장을 간결하면서도 명확하게 재확인해 주는 역할을 한다. 결론은 한 단락으로 구성되며, 서론과 본론을 통해 제기된 주장을 요약·강조하며, 제언 혹은 전망을 덧붙일 수 있다.

넷째 단계는 퇴고를 하는 것이다. 퇴고는 글의 초고가 완성된 다음에 재차 읽어가면서 고치는 일련의 작업으로 작게는 단어 하나에서부터 크게는 글 전체의 흐름에 이르기까지 세심하게 해야 하며, 퇴고 시 주의해야 할 사항은 다음과 같다(김해식, 2011, 185-186).

1) 주제의 전개가 제대로 되어 있는지 확인한다. 이를 위해서 주제가 올바르게 부각되어 있는가? 글의 구성이 주제와 긴밀한 관계를 유지하고 있는가? 세부적인 목차에 맞추어 주제의 전개방식이 논리적인 일관성을 지니고 있는가? 등을 확인한다.
2) 글의 전개나 논의의 흐름에는 문제가 없는지 확인한다. 이를 위해서 글이 명확하고 조리 있는가? 첨삭하거나 표현을 바꾸고, 중복된 부분을 단순화하며, 말의 순서를 바꿔야 할 부분은 없는가? 서술이 논리적 일관성을 유지하고 있는가? 논리의 비약이 없고, 문단과 문단 사이가 매끄럽게 연결되었는가? 특히 문단의 첫머리에 나오는 접속사가 알맞게 쓰였는가? 강조하고 싶었던 점과 상술하고 싶었던 점이 애초의 의도대로 잘 되어 있는가? 등을 확인한다
3) 세부적인 사항들을 확인한다. 이를 위해서 문장들이 문법적으로 정확한가? 부적절한 단어가 사용된 곳은 없는가? 오자, 탈자, 틀린 맞춤법, 잘못된 구두점은 없는가? 등을 확인한다.

## 6. 교육학 논술의 평가

교육학 및 교직 논술의 평가는 총체적 평가와 분석적 평가로 구분될 수 있다(김규태, 방경곤, 이병환, 권민석, 2013).

총체적 평가는 논술문을 부분 부분을 나누어서 보지 않고 그 전체를 대상으로 하여 평가하는 방법을 말한다. 논술문 전체를 총체적으로 고려하여 평가를 수행한다는 점에서 총체적 평가로 불린다. 이것은 논술문을 분석적인 관점에서 평가하지 않는다는 점에서 분석적 평가와는 대립적인 성격을 지닌다.

〈표 2-2〉 **총체적 평가 기준**

| 척도 | 일반적 특징 | 기준 |
|---|---|---|
| 6점 | 논술적 표현 및 논술문의 특징이 매우 우수함. 일반적 작문 전략 및 기능이 우수함 | 논술문의 특징이 잘 드러나도록 전략과 기능을 사용하고 있다. 논술 과제가 요구하는 내용을 올바로 파악하고 타당성 있는 근거를 들어 필자 자신의 주장이나 의견을 논리적으로 표현함으로써 강한 설득력을 얻고 있다. 또한 문단과 문단의 연결이 자연스럽고 체계적이며, 내용이 잘 드러나도록 논술문의 구성이 잘 짜여져 있다. |
| 5점 | 논술적 표현과 논술문의 특징이 우수함. 일반적 작문 전략 및 기능이 우수함. | 논술문의 특징이 일반적으로 잘 드러나도록 전략과 기능을 사용하고 있다. 논술 과제가 요구하는 내용을 올바로 파악하고, 필자 자신의 주장이나 의견을 논리적으로 제시하였다. 그러나 그 근거의 타당성이 다소 부족한 것이 있다. 또한 논술문의 구성이 대체로 잘 짜여져 있고 문단과 문단의 연결이 자연스럽지만, 체계성이 다소 부족하다. |
| 4점 | 논술적 표현과 논술문의 특징이 보편적인 수준임. 일반적 작문 전략 및 기능은 대체로 우수함. | 논술문의 특징이 드러나도록 전략과 기능을 사용하고 있다. 논술 과제가 요구하는 내용을 올바로 파악하였으나, 필자 자신의 주장이나 의견이 분명하지 않으며 그 근거의 타당성도 부족하다. 또한 문단과 문단의 연결은 자연스럽고 논술문의 구성은 일반적인 원칙을 따랐지만, 그 체계성은 다소 부족하다. |
| 3점 | 논술적 표현과 논술문의 특징이 다소 부족함. 일반적 작문 전략 및 기능은 보편적인 수준임. | 전략과 기능의 사용이 논술문의 특징을 잘 보여 주지 못하고 있음. 논술 과제가 요구하는 내용을 올바로 파악하였으나, 논술문의 내용은 과제와 다소 거리가 있는 내용이 들어 있음. 필자의 주장이나 의견이 명료하지 못하고 그 근거도 타당성이 다소 부족함. 문단과 문단의 연결은 자연스럽지만, 논술문의 구성은 체계가 다소 불완전함. |

| 척도 | 일반적 특징 | 기준 |
|---|---|---|
| 2점 | 논술적 표현 및 논술문의 특징이 부족함. 일반적 작문 전략 및 기능이 부족함. | 전략과 기능의 사용이 논술문의 특징을 잘 보여 주지 못하고 있음. 그래서 논술문인지 단순한 수필인지도 분명치 않음. 논술문은 논술 과제가 요구하는 내용과 거리가 먼 내용을 담고 있으며, 필자 자신의 주장이나 의견과 근거가 관련성이 적음. 문단의 연결이 다소 부적절하며 논술문 구성의 체계가 불안정함. 어법의 오류가 많아 의미 전달도 분명치 않은 것이 있음. |
| 1점 | 논술적 표현 및 논술문의 특징이 매우 부족함. 일반적인 작문 전략 및 기능도 매우 부족함. | 전략과 기능의 사용이 논술문의 특징을 전혀 보여 주지 못하고 있음. 논술의 과제를 올바로 파악하지 못하였을 뿐만 아니라 과제 요구 내용과 논술문 내용이 부합하지 못함. 필자 자신의 주장이나 의견도 일관성이 없고 단편적인 정보나 사실을 단순히 나열하고 있음. 사실과 의견의 구별이 모호하고 어법의 오류가 매우 많음. 문단의 구분도 이루어지지 않았으며 논술문의 구성도 이루어지지 않음. |

분석적 평가는 논술문을 구성하는 범주를 세분하고 이를 기준으로 삼아 평가하는 방법을 말한다. 논술문의 구성 범주보다 더 구체적인 기준을 제시하고 이를 근거로 삼아 평가를 하기 때문에, 분석적 평가는 총체적 평가에 비해 미시적인 수준에서 이루어진다고 할 수 있다. 총체적 평가에서는 논술문 전체를 큰 시각에서 보았던 것과는 달리, 분석적 평가에서는 세밀한 기준에 따라 학생 필자가 완성한 논술문을 낱낱이 분석하고 해부하여 평가를 하게 된다.

〈표 2-3〉 **분석적 평가의 기준**

| 관점 | 평가 요소 | 세부 평가 기준 | 척도 |
|---|---|---|---|
| 문세 파악 | 1. 문제분석력 | 논술 과제의 요구를 올바로 파악했는가? | 5-4-3-2-1 |
| | 2. 논지의 정확성 | 과제의 의도에 맞게 논지를 설정했는가? | 5-4-3-2-1 |
| 내용 | 3. 내용의 통일성 | 내용이 통일되어 있고 주제가 명료한가? | 5-4-3-2-1 |
| | 4. 내용의 독창성 | 내용이 새롭고 독창적인가? | 5-4-3-2-1 |
| | 5. 내용의 정확성 | 다루는 내용은 정확한가? | 5-4-3-2-1 |
| 구성 | 6. 논의의 구체성 | 필자의 주장이나 의견은 구체적인가? | 5-4-3-2-1 |
| | 7. 논의의 일관성 | 필자의 주장이나 의견은 일관성이 있는가? | 5-4-3-2-1 |
| | 8. 근거의 타당성 | 근거는 적절성과 타당성이 있는가? | 5-4-3-2-1 |
| | 9. 문단의 연결 | 문단과 문단의 연결이 자연스러운가? | 5-4-3-2-1 |

| 관점 | 평가 요소 | 세부 평가 기준 | 척도 |
|---|---|---|---|
| | 10. 논술문의 구조 | 논술문의 전체적인 구성이 체계적인가? | 5-4-3-2-1 |
| 표현 | 11. 단어의 정확성 | 단어의 선택이 적절하고 정확한가? | 5-4-3-2-1 |
| | 12. 문장의 정확성 | 문장이 어법에 맞고 문장이 정확한가? | 5-4-3-2-1 |
| | 13. 문장의 연결 | 문장과 문장은 긴밀하게 연결되었는가? | 5-4-3-2-1 |
| | 14. 담화 관습 | 논술문의 담화 관습을 잘 따르고 있는가? | 5-4-3-2-1 |

제 3 장

# 학술적 글쓰기

학술적 글쓰기[1]는 학습과 연습을 통해 논리적으로 글을 읽고 쓰는 방법을 습득하고 수행하는 것을 전제로 한다. 학술적 글쓰기는 긍정적 태도와 효능감을 필요로 한다. 또한 학술적 논문의 목적과 독자에 부합해야 하며, 그 목적에 따른 내용과 형식 및 표현을 통해 예상 독자와의 의사소통을 필요로 한다. 아래에서는 학술적 글쓰기의 원리, 문단과 문장의 이해 등 학술적 글쓰기에 필요한 내용을 제시한다.

## 1. 학술적 글쓰기의 원리

학술적 글쓰기는 단계성, 논리성, 통일성 및 응집성을 고려하여 작성되어야 한다. 첫째, 단계성 원리는 논문의 시작과 맺음 사이의 여러 단계로 구성된다는 것이다. 즉, 교육학 논술은 서론, 본론, 결론 등으로 구성된다는 것이다.

둘째, 논리성 원리는 학술적인 글은 문단과 문장이 논리적인 순서에 따라 조직되

1) 이 장은 김규태, 권민석, 최경민(2016)의 '학위논문과 통계분석' 제2장을 그대로 옮긴 것이다.

어야 한다는 것이다. 즉, "구슬이 서말이라도 꿰어야 보배이다"라는 말처럼 학술적인 글도 문단과 문장의 논리적 체계를 통해서 조직되어야 한다는 것이다. 또한 이 원리는 논리적 전개에 있어서 중요한 것에서, 그리고 관계성 높은 것에서 그렇지 않은 것으로 제시한다는 것이다. 이는 논리 전개에 쓰일 수 있는 여러 논증이나 사례를 제시할 수 있지만 중요하거나 관계성이 있는 것들을 강조할 때 효과적인 논증을 할 수 있다는 것이다.

셋째, 통일성 원리는 하나의 주제 또는 하나의 화제와 관련이 있는 것으로만 문단과 문장으로 조직되어야 한다는 것이다. 통일성을 갖춘 논문을 작성하려면 논문 주제와 밀접한 관련이 있거나 직접 뒷받침할 수 있는 문헌들을 제시해야 한다. 반면, 응집성 원리는 문장과 문장, 문단과 문단이 긴밀하게 연결되어야 한다는 것이다. 문장과 문장이, 문단과 문단이 긴밀하게 연결되어 있지 않으면 독자들은 글의 논지가 분명하지 않으며 논리적인 비약이 일어났다고 생각하는 경우가 많다. 또한 글이 산만하게 구성되어 좋은 글이 아니라는 평가를 내리기도 한다. 그러므로 좋은 글은 지시어, 연결어 등을 표지로 사용하여 글의 응집성을 높인다. 좋은 글을 쓰기 위해서는 통일성과 응집성, 어느 것도 포기할 수 없다(이병환 등, 2013).

## 2. 문단의 이해

### 1) 문단의 의미

문단은 한 가지 중심주제(소주제)에 대하여 두 개 이상의 문장으로 구성되어 응집성, 결속성, 의미성을 가지고 있는 글의 단위이다. 문단은 2개 이상의 문장으로 구성되고, 결속장치로 결속되며, 의미의 응집성과 주제의 일관성을 갖추고 있어야 하고 누구든지 그 의미를 해석할 수 있어야 한다. 다음의 예들 중에서 어느 것이 문단으로 적합한지 판단해 볼 수 있다(박영순, 2004).

**예 1**

겨울이 지나면 새봄이 온다. 봄에는 만물이 소생하고 아름다운 꽃이 핀다. 그리고(그런데) 미국은 이라크와의 전쟁을 선포하였다.

**예 2**

겨울이 지나면 새봄이 온다. 봄이 되면 만물이 소생하고 꽃도 피며, 얼어붙었던 땅도 녹으면서 사람들의 마음도 훨씬 부드러워지고, 화합을 기대하게 한다. 그런데 미국은 이라크와의 전쟁을 선포하였다. 안타까운 일이다. 이 지구상에 진정한 봄이 올 날이 언제일까.

〈예시 1〉은 문장이 서로 결합되어 있으며, 결속장치인 접속어(그리고 또는 그런데)도 있고, 의미성도 있어 보이지만 문단으로 보기 어렵다. 그 이유는 세 문장 사이에 의미적인 결속성과 응집성이 없기 때문이다. 반면 〈예시 2〉는 다섯 개의 문장으로 결합되어 있으며, '그런데' 하나로 결속되어 있지만 '지구상에 진정한 의미의 봄이 올 날이 언제가 될지 알 수 없다'에 의미가 응집되어 있다. 이와 같이 문단은 최소한 두 개 이상의 문장이 결합되어 문단을 이루지만 그 문장이 결속되어 있고, 그 의미해석이 가능해야 하며, 내용이 응집되어 있어야 한다.

**✤ 결속장치**

결속장치(binder)는 문장과 문장, 문단과 문단을 이어주고 전체적인 응집성을 갖게 하며, 의미를 구성하게 하는 것으로 다음의 것들이 있음.

- 문법적 결속장치: 접속어, 지시어, 대용어
- 논리적 결속장치: 논증, 인과, 조건과 비교
- 어휘적 결속장치: 주제어 반복, 핵심어 반복, 부사의 사용, 어휘의 대치
- 의미적 결속장치: 첨가 및 강조, 화제 바꿈, 요약 및 응집, 답변
- 인용 장치

출처: 박영순, 2004

### 2) 문단 구성 원리

문단은 다음의 원리를 통해 구성된다(김해식, 2011). 첫째, 문단은 반드시 한 가지 중심관념만을 포함하도록 작성해야 한다. 둘째, 문단은 통일성을 유지하면서 작성되어야 한다. 이것은 한 가지 중심관념을 중심으로 각 문단이 독립성을 지니도록 일관성 있는 문장들로 구성되어야 한다는 것을 의미한다. 셋째, 문단은 연결성을 지니도록 작성되어야 한다. 또한 문단 내에서도 문장 간의 논리적 연결로 구성되어야 한다. 넷째, 문단은 전개하려고 하는 내용을 충분히 제시할 수 있도록 작성되어야 한다.

### 3) 문단 구성 방법

문단은 다음과 같은 방법으로 구성된다(김해식, 2011). 첫째는 도입문단으로 주로 논의할 문제를 알려 주기 위해 문제제기를 하거나 논술의 목적, 의도와 관련된 정보, 문제의 상황에 대한 정보 등을 제시하여 독자들에게 논문의 방향과 흥미를 불러일으키는 문단을 말한다. 둘째는 개념 활용 문단으로 어떤 사물이나 현상에 대한 개념을 밝히면서 주장을 뒷받침하는 것을 말한다. 셋째는 예시 문단으로 주장하는 바에 대해 구체적인 실례나 사례를 제공하면서 주장을 뒷받침하는 것을 말한다. 넷째는 분석 문단으로 대상을 이루는 여러 가지 요소들을 하나하나 밝힘으로 주장을 뒷받침하는 것을 말한다. 다섯째는 비교·대조 문단으로 드러내고자 하는 대상의 특성을 주장하는 내용에 맞게 비교와 대조의 방법을 활용하여 주장을 뒷받침하는 것을 말한다. 여섯째는 반박 문단으로 상대 주장의 근거나 주장 과정에서 어떤 부분이 잘못되었는지 따져, 그것을 자신의 주장으로 활용하는 것을 말한다. 일곱째는 인과관계 문단으로 원인에 따른 결과를 보여주면서 자신의 주장을 뒷받침을 말한다. 여덟째는 문제 해결책 문단으로 문제점들에 대해 해결책을 제시하는 것을 말한다. 아홉째는 마무리 단락으로 앞의 내용과 같은 논리를 유지하면서 핵심 내용을 간결하고 명확하게 요약하면서 제안과 전망 등을 제시하는 것을 말한다.

# 3. 문장의 이해

## 1) 문장의 의미

문장은 생각이나 감정을 말과 글로 표현할 때 완결된 내용을 나타내는 최소의 단위를 말한다. 그것은 주어와 서술어를 갖추고 있는 것이 원칙이나 때로는 생략될 수도 있다. 문장의 끝에 '.', '?', '!' 따위의 문장부호를 사용하여 의미를 전달한다. 예를 들면, '철수는 몇 살이니?', '세 살.', '정말?' 등을 들 수 있다(표준국어대사전).

## 2) 문장의 원리

문장은 정확성, 간결성, 통일성, 평이성, 신중성 등을 고려하여 작성되어야 한다(김규태 등, 2013). 첫째, 정확성은 문장표현은 문법적으로 정확해야 하고 학술적 용어나 술어의 사용 역시 정확하고 적절해야 하며 논리적으로 정연한 문장으로 작성되어야 한다는 것이다. 둘째, 간결성은 자기의 주장이나 생각을 정확하고 이해하기 쉽게 전달하여 설득하는데 있음으로 짧고 간결한 문장으로 작성되어야 한다는 것이다. 셋째, 통일성은 한 문장에 하나의 중심문제를 다루도록 작성(문단도 동일)하는 것을 강조한다. 논문 전체에 걸쳐 문체와 용어 등도 통일되도록 작성해야 한다는 것이다. 넷째, 평이성은 일반적인 말로도 쉽게 표현할 수 있는 문구나 내용으로 작성되어야 한다는 것이다. 다섯째, 신중성은 극단적이거나 단정적인 표현은 삼가(예: 가장 올바른, 절대적으로 옳은, 이 주장은 터무지 없다, 이것은 명약관화하다 등)해야 하며, 또한 경어와 경칭을 쓰지 않고 3인칭 단어를 활용해야 한다는 것이다.

### 3) 좋은 문장을 쓰는 방법

① 주어와 서술어 관계가 분명하게 제시되어야 한다.

- 그의 생각은 나에게 감동이었다 → 그의 생각은 나에게 감동을 주었다.
- 이 프로그램은 15세 미만의 어린이나 청소년이 시청하기에 부적절하므로 부모의 시청지도가 필요한 프로그램입니다. → 이 프로그램은 15세 미만의 어린이나 청소년에게 부적절하므로 부모의 시청지도가 필요한 프로그램입니다.
- 축구경기에서 포지션 이동이 자유로운 선수를 가리켜 리베로라고 하는데, 그 대표적인 선수였다. → 축구경기에서 포지션 이동이 자유로운 선수를 가리켜 리베로라고 하는데, 홍명보는 그 대표적인 선수였다.
- 중요한 것은 항상 책을 읽으며 생활하는 것이 반드시 필요하다. → 항상 책을 읽으며 생활하는 것이 반드시 필요하다.

**좋은 문장을 쓰는 15가지 방법**

① 주어와 서술어 관계가 분명하다.
② 반복되는 문장을 제거하여 명료하게 뜻을 전달한다.
③ 간결하고 명료하게 하나의 사실이나 생각을 전달한다.
④ 적절한 단어(어휘)를 사용한다.
⑤ 지시어를 적절하게 활용한다.
⑥ 부시어와 서술어의 호응 관계를 갖도록 쓴다.
⑦ 목적어를 분명하게 쓴다.
⑧ 단어, 어구, 어절을 잘 이어 쓴다.
⑨ 적절한 접속부사를 활용한다.
⑩ 꾸미는 말과 꾸밈을 받는 말의 배열을 잘한다.
⑪ 조사의 어미를 잘 활용한다.
⑫ 영어식표현(피동태)을 피하고 능동적 표현을 쓴다.
⑬ 원인과 결과를 나타날때 비약적인 표현은 피한다.
⑭ 띄어쓰기를 잘 한다.
⑮ 문장부호를 잘 활용한다.

② 반복되는 문장을 제거하여 명료하게 뜻을 전달한다

- 운동의 기능 중 가장 중요한 기능은 건강증진 기능이다. → 건강증진은 운동의 가장 중요한 기능이다. 또는 운동의 가장 중요한 기능은 건강증진이다.
- 믿어 의심치 않고 확신한다 → 확실히 믿는다.
- 타고난 선천적 재능 → 타고난 재능 또는 선천적 재능
- 차갑고 냉담한 반응 → 냉담한 반응
- 미리 예약하다 → 예약하다.

③ 한 문장에 간결하고 명료하게 하나의 사실이나 생각을 전달한다

- 나는 지난주 토요일에 현정이하고 바닷가에 가기로 했는데 아버지께서 갑자기 교통사고를 당하시는 바람에 하는 수 없이 약속을 못 지킬 것 같다고 현정이에게 급히 문자를 보냈다. → 나는 지난주 토요일에 현정이하고 바닷가에 가기로 했다. 그런데 아버지께서 갑자기 교통사고를 당하셨다. 나는 하는 수 없이 약속을 못 지킬 것 같다고 현정이에게 급히 문자를 보냈다.

④ 적절한 단어(어휘)를 사용한다

- 정답을 맞추신/맞히신 분께 → 정답을 맞히신 분께
  cf. 계산/시간을 맞추다, 예방주사를 맞히다.
- 네 생각과 내 생각은 틀리다 (↔ 옳다) → 네 생각과 내 생각은 다르다 (↔ 같다)
- 돈이 작다 → 돈이 적다 (↔ 많다) 집이 적다 → 집이 작다 (↔ 크다)
- 빈대떡을 붙이다 → 빈대떡을 부치다 cf. 회의에 부치는 안건, 책상을 벽에 붙이다.
- 선생님은 학생을 가리키다 → 선생님은 학생을 가르친다.
- 목표를 지양하다 → 목표를 지향하다.

⑤ 지시어를 적절하게 활용하거나 모양이 같은 단어나 구절 등을 '이', '그', '이처럼', '그처럼' 등 활용하여 간결하게 쓴다

- 철수는 공부를 잘한다. 철수는 얼굴도 잘 생겼다. → 철수는 공부를 잘한다. 그는 얼굴도 잘 생겼다.
- 혜미는 영화를 보았다. 윤석이도 영화를 보았다. → 혜미는 영화를 보았다. 윤석이도 그랬다.
- 축구는 축구를 좋아하는 사람들에게는 종교와 같다. → 축구는 이를 좋아하는 사람들에게는 종교와 같다.

⑥ 부사어와 서술어의 호응 관계를 갖도록 쓴다

- 왜냐하면 ~ 때문이다
- 여간, 별로 ~ 아니다, 없다, 않다 (부정)
- 결코, 절대로, 전혀, 그렇다고 해서 ~ 아니하다, 못하다, 아니다 (부정)
- 오로지, 오직, 다만, 단지 ~ 뿐이다.
- 오죽 답답하면 그렇게 했으랴, 했을까, 냐?, 랴?
- 아무리 ~더라도, ~다손 치더라도 ~ 아니다 ~ 없다
- 어쩌면(추측) ~ 모른다
- 모름지기 ~ 해야 한다
- 하물며 ~는가, ~으랴, ~하랴, ~하겠는가
- 차마 ~ 할 수 없었다
- 비록 ~ 일지라도, ~만, ~하더라도
- 별로 ~ 하지 않았다, ~할 수 없었다
- 마땅히 ~ 해야 한다
- 아마 ~거야, ~일거야
- 자칫 ~할지도 모르겠다
- 아무쪼록 ~했으면 좋겠다

- 마치 ~처럼 보인다, ~같다
- 당연히 ~해야 한다
- 다만(오로지, 단지) ~할 뿐이다, ~하면 그만이다.

⑦ 목적어를 분명하게 쓰며, 그것에 맞는 서술어를 쓴다.

- 나는 읽어서 알았다 → 나는 책을 읽어서 새로운 사실을 알았다.
- 어릴 적부터 학원과 과외수업에 익숙해졌기 때문에 요즘 대학생들은 잃어가고 있다. → 어릴 적부터 학원과 과외수업에 익숙해졌기 때문에 요즘 대학생들은 스스로 학습할 수 있는 능력을 잃어가고 있다.
- 청소년들은 원대한 꿈을 갖고 이루기 위해서 부단히 노력해야 한다. → 청소년들은 원대한 꿈을 갖고 이를/그것을 이루기 위해서 부단히 노력해야 한다.
- 부모들은 자식이 건강하게 자라는 모습에서 많은 기쁨을 생긴다. → 부모들은 자식이 건강하게 자라는 모습에서 많은 기쁨을 얻는다.
- 우리대학과 한국대학은 자매결연을 체결되었다. → 우리대학과 한국대학은 자매결연을 체결했다.

⑧ 단어, 어구, 어절을 잘 이어 쓴다. 이것은 문장에서 단어, 어구, 어절을 이어 쓸 때 주어와 서술어가 내용상 호응을 이루는지, 서로의 관계가 대등한지, 종속적인지도 검토해야 한다는 것을 말한다.

- 그는 골프, 등산, 수영, 레저스포츠에 관심이 많다. → 그는 골프, 등산, 수영과 같은 레저스포츠에 관심이 많다.
- 편지를 쓰고 받았다. → 편지를 주고받았다.
- 문자메시지를 보내고 읽었다. → 문자메시지를 주고받았다.
- 아이들의 나약함과 자신감을 키워주어야 한다. → 아이들이 나약하지 않도록 자신감을 키워주어야 한다.

- 지속적인 노력과 실력을 연마해 주시기 바랍니다. → 지속적으로 노력해서 실적을 키워주시기 바랍니다.
- 신입사원의 업무능력 향상과 구조개혁을 지속적으로 추진해야 한다. → 신입사원의 업무능력을 향상시키고 구조개혁을 지속적으로 추진해야 한다.

⑨ 적절한 접속부사를 활용한다. 즉, 그리고, 그러므로, 그러나, 하지만, 또한, 그래서, 따라서, 그런데 등 접속부사를 잘 활용한다.

- 나는 너를 사랑하지 않아. 하지만 헤어지는 거야. → 나는 너를 사랑하지 않아. 그래서 헤어지는 거야.
- 지금까지는 아는 것이 힘이었다. 미래 사회에서는 단순히 아는 것만으로는 큰 힘을 발휘할 수 없다. 그러므로 창조적 역량이 필요하다는 것이다. → 지금까지는 아는 것이 힘이었다. 그런데 미래 사회에서는 단순히 아는 것만으로는 큰 힘을 발휘할 수 없다. 즉, 창조적 역량이 필요하다는 것이다.

⑩ 꾸미는 말과 꾸밈을 받는 말의 배열을 잘한다. 일반적으로 꾸미는 말은 꾸밈을 받는 말 앞에서 쓴다.

- 김연아는 제일 우리나라에서 피겨 스케이팅을 잘 한다. → 김연아는 우리나라에서 피겨 스케이팅을 제일 잘 한다.
- 취직을 하려면 완벽한 전공분야의 실무능력을 갖추어야 하지 않을까.
  → 취직을 하려면 전공분야의 완벽한 실무능력을 갖추어야 하지 않을까.
  → 취직을 하려면 전공분야의 실무능력을 완벽하게 갖추어야 하지 않을까.
- 경영자는 반드시 합리적으로 조직을 이끌어가는 능력을 터득해야 한다.
  → 경영자는 조직을 합리적으로 이끌어가는 능력을 반드시 터득해야 한다.

⑪ 조사의 어미를 잘 활용한다.

- 현경이는 진수를 사랑한다 vs. 현경이는 진수만 사랑한다.
- 시청 광장에 열린 촛불문화제 → 시청 광장에서 열린 촛불문화제
- 휴대전화가 삶을 윤택하게 만든 것이 아니다. → 휴대전화가 삶을 윤택하게 만든 것만은 아니다.
- 우리나라의 선수들의 신체의 특성 → 우리나라 선수들의 신체 특성

⑫ 영어식표현(피동태)을 피하고 능동적 표현을 쓴다.

- 나는 자연을 사랑한다 vs. 자연은 나에게 사랑을 받는다.
- 홍보활동이 계속되어야 한다 → 홍보활동을 계속해야 한다.
- 그동안 아무 생각 없이 살아져 왔다 → 그동안 아무 생각 없이 살아왔다.
- 물의 부족으로 인해서 → 물의 부족으로
- 오늘도 화창한 날씨가 계속되겠다 → 오늘도 날씨가 화창하겠다

⑬ 원인과 결과를 나타날때 비약적인 표현은 피한다.

- 일기를 꾸준히 쓰면 (원인) 문장력이 좋아진다 (결과)
- 우리나라 대학생들이 학업을 소홀히 하는 것은 대학생 각자의 잘못이 아니라 교육환경에 문제가 있기 때문이다. (어떤 사람은 교육환경의 열악해도 열심히 하는 경우도 있으니까) → 우리나라 대학생들이 학업을 소홀히 하는 것은 대학생 각자의 잘못도 있지만 근본적으로는 교육환경에도 문제가 있기 때문이다.
- 방학 중 보충수업은 일부 학생들의 성적 향상에 도움을 줄 수 있음으로 모든 학생들을 이에 참여시켜야 한다. → 방학 중 보충수업은 일부 학생들의 성적 향상에 도움을 줄 수 있음으로 모든 학생들을 이에 참가시키는 것은 바람직하지 않다.

⑭ 띄어쓰기를 잘 한다. 즉, 띄어쓰기에 따라 의미가 달라질 수 있기 때문이다.

- 한민족 vs 한 민족
- 나보다 더 덜렁거린다. (비교를 뜻하는 보다는 붙여 쓴다)
  cf. 나 보다(나를 보다)
- 의존명사, 단위를 나타내는 명사는 띄어 쓴다
  - 나도 할 수 있다. 뜻한 바를 알다. 신발 두 켤레, 집 한 채, 차 한 대
  cf. 제1과, 102동 1303호
- 의존명사 중 합성어는 붙여 쓴다.
  - 이것, 저것, 별것, 옛것, 이쪽, 위쪽, 아래쪽, 오른쪽, 이번, 저번, 이편, 저편, 요즈음
- "데" 가는데 (철수는 대학 가는데 너는 안가냐), 가는 데 (장소인 경우 띄어 쓴다)
- "지" 가지마라 vs. 떠난 지도 오래다 (시간의 경과를 나타나는 지 는 띄어 쓴다)
- "간" 가는지 말든지 간에, 대전 통영 간 고속도로
  cf. 몇일간, 십일간, 남녀간, 좌우간 등 하나의 단어로 굳어진 말은 붙여 쓴다
- "만" 형만한 아우 없다(비교할 경우 붙여 쓴다), 사흘 만에 왔다 (시간을 의미할 때는 띄어 쓴다)
- "없다" 아무도 없다, 돈이 없다 vs. 한없다, 맥없다, 덧없다(무엇인가 결여되어 있는 경우는 붙여 쓴다)
- 두 말을 이어 주거나 열거할 때에 쓰이는 말들은 띄어 쓴다.
  - 국장 겸 과장, 한국 대 일본, 연필, 볼펜, 샤프 등등

⑮ 문장부호를 잘 활용한다

- 마침표(.) 온점이라고도 함): 서술, 명령, 청유 등을 나타내는 문장의 끝에서 쓴다. 그러나 표제어나 표어에는 쓰지 않는다. 아리비아 숫자만으로 연연월을 표시하거나 준말을 나타낼 때 쓴다.
  - 복합어는 여러 형태를 취한다.
  - 2001. 1. 1.

  ※ 참고: 1. 서론 2. 본론 cf. ① 서론, 2) 본론 (3) 결론

- 쉼표 (, 반점이라고도 함)
  - 자격이 같은 어구를 쓸 때: 공부를 할 때는 책, 연필, 노트가 필요하다.

  c.f. 그러나 조사 연결 경우 붙이지 않는다. 공부를 할 때는 책과 연필과 노트가 필요하다.
  - 단어나 어구가 짝지어 구별할 때: 전주와 광주, 대구와 부산은 호남과 영남을 대표하는 도시이다.
  - 다음 말을 꾸미지 않을 때

    나는 어제 내가 좋아하는 현주의 동생 명주를 만났다.(이때는 현주를 좋아한다)

    나는 어제 내가 좋아하는, 현주의 동생 명주를 만났다.(이때는 명주를 좋아한다)
  - 대등하거나 종속적인 절이 이어질 때

    감독관은 일정을 지시하였고, 피실험자들은 충실하게 따랐다.
  - 문장 중간에 끼어들 때: 피험자는, 고등학생으로 구성된, 실험 A에 참여하였다.
  - 문장 첫머리의 접속이나 연결을 나타내는 말 다음에. 다만 그러나, 그러므로, 그런데, 그리고 뒤에는 쓰지 않는다.

- 가운데점( · )
  - 여러 단위가 대등하거나 밀접한 관계가 있을 때: 사회 · 역사적 관점, 조사 · 연구
  - 특정한 의미 있는 날의 월일: 3 · 1 운동
  - 쉼표로 열거한 어구를 여러 단위로 나눌 때: 민수는 축구 · 농구 · 배구와 같은 스포츠를 좋아하고, 정희는 영화 · 미술 · 예술 분야를 좋아한다.

- 작은 따옴표(' '): 문장에서 중요한 부분을 두드러지게 할 때, 영화, 음악, 미술, 문학 작품을 제시할 때
  - 지금 필요한 것은 '지식'이 아니라 '실천'이다.

- 큰 따옴표(" "): 단어나 구가 새롭게 만들어진 표현이거나 강조되어 소개되는 경우, 논문을 쓸 경우 남의 말을 인용할 경우, 작품이 실린 책이나 전시된 작품의 전시회 이름을 쓸 경우
  - 피관찰자의 행동은 "정상적인" 행동으로 간주되기 어렵다.
  - "도서관은 성장하는 유기체이다"라는 의미를 새로 해석하면,

- 쌍점(:): 표제어 다음에 해당 항목을 들거나 설명을 붙일 때 쓰거나, 희곡 따위에서 대화 내용을 제시할 때, 시(時)와 분(分), 장(章)과 절(節) 따위를 구별할 때, 의존 명사 대(對)가 쓰일 자리에 쓰인다.
  - 내포되는 종류를 들 적에 쓴다(문장 부호: 마침표, 쉼표, 따옴표, 묶음표 등. 문방사우: 붓, 먹, 벼루, 종이)
  - 소표제 뒤에 간단한 설명이 붙을 때에 쓴다(일시: 1984 년 10 월 15 일 10 시. 마침표: 문장이 끝남을 나타낸다.)
  - 저자명 다음에 저서명을 적을 때에 쓴다(정약용: 목민심서, 경세유표)
  - 시(時)와 분(分), 장(章)과 절(節) 따위를 구별할 때나, 둘 이상을 대비할

때에 쓴다(오전 10:20 (오전 10 시 20 분) 요한 3:16 (요한복음 3 장 16 절) 대비 65:60 (65 대 60)

- 쌍반점(;): 이미 쉼표들을 포함하고 있는 어구를 열거할 때, 문장을 일단 끊었다가 이어서 설명을 더 계속할 경우에 쓴다. 주로 예를 들어 설명하거나 설명을 추가하여 덧붙이는 경우에 쓴다.

- 소괄호 ( ( ) ): 원어, 연대 등을 넣을 때, 본문에서 간접 인용한 참고문헌을 표기할 때, 주석, 설명, 약어 등을 넣을 때
  - 워싱턴시(Washington D. C.)에서는
  - 자유도(degree of freedom)를 계산하자면
  - Organization for Economic Cooperation and Development(OECD)

- 줄표 (-): 문장 중간에 앞의 내용을 보충하거나 부연하는 말이 끼어들 때
  - 마지막 두 개의 표는 - 표 12와 표 13 - 실제 이용자의 요구 사항을 정리한 것이다.

# 제 2 부

# 교육학 논술: 배경

# 제 4 장

# 최근 학교교육 동향의 이해

최근 교육 현장에는 2015 개정 교육과정의 현장 착근과 함께 4차 산업혁명 시대를 대응할 수 있는 창의융합인재 육성을 위한 여러 정책과 프로그램들이 추진되고 있다. 그 주요 양상은 1) 현장 중심 역량 강화를 위한 교원양성과정 개편, 2) 2015 개정 교육과정 실현을 위한 현장 적응력 배양, 3) 학생 참여, 과정 중심 수업 및 평가 강조, 4) 지능정보사회 대응을 위한 소프트웨어 교육 강화, 5) 학습자의 특성과 진로지도를 위한 생활지도 및 상담 강화, 6) 현장 교육 실천을 위한 리더십 및 배움의 공동체 운영 등으로 제시할 수 있다. 아래에서는 이들 여섯 방면에 대해 구체적으로 살펴볼 것이다.

## 1. 현장 중심 역량 강화를 위한 교원양성과정 개편

교육부는 2015개정 교육과정 등 교육정책의 현장 정착을 위해 이에 적합한 예비교원을 양성하기 위한 교원양성과정 개선 계획을 수립·발표하였다(교육부, 2016. 8. 17., 보도자료 참조). 그 주요 내용은 다음과 같다.

① 자유학기제 전면 실시, 2015 교육과정 개정, 인성교육진흥법 시행, 진로교육 강화, 소프트웨어 교육, 안전 및 정서행동 대처 등과 같은 교육 정책을 교원 양성과정에 반영하고, 이를 실현할 수 있는 예비교사의 현장 중심 역량을 강화한다.

② 예비교사가 교실수업에서 학생참여 중심 수업과 과정중심 평가를 실현할 수 있는 역량을 향상시키고, 입직 단계에서 학교 현장에 대한 적응력을 제고한다.

**교원양성과정 주요 개선 사항**

- (교육과정) 창의적 체험활동 및 진로와 직업 교육과정 단원 개설 포함
- (교육평가) 평가문항 개발의 실제와 환류방법 반영
  ☞ 과정중심 평가 내용 확대
- (교직실무) 교직윤리, 사회변화와 교육, 진로교육, 학교·학급경영, 학사·인사·행정실무
  ☞ 진로교육 등을 강화위해 교과영역 재구성
- 학교폭력예방 및 학생의 이해(과목명 변경)
  ☞ 학교폭력예방 외에 학생생활문화, 학생정서행동발달 등 내용 포함
- (교과교육론) 수업의 실제와 과정중심 평가 내용 반영
  ☞ 실제수업과 과정중심 평가 확대
- (교과교재연구 및 지도방법)교육 실습과의 연계 강화 및 교과 통합 교육과정 운영 반영
  ☞ 실제수업과 융합교육 확대

③ 교직과목(교육과정, 교육평가 등)과 교과교육과목(교과교육론, 교과교재연구 및 지도법 등)에 다양한 수업 실현, 과정중심 평가방법, 진로교육, 융합교육, 창의적 체험활동 등을 확대 또는 신설

④ 예비 교원들이 자유학기제를 접할 수 있는 기회를 확대하기 위하여 '자유학기제 수업지원단'을 구성 · 운영하고, 자유학기제 연구 · 시범학교와 연계하여 교육봉사활동을 강화한다.

⑤ 예비교원들이 학생의 정서행동상의 특성을 이해하고 발생할 수 있는 교육활동 상황들에 대한 대처능력을 기르기 위한 상담역량을 강화한다.

## 2. 2015 개정 교육과정 실현을 위한 현장 적응력 배양

교육부는 2015년 9월 23일에 창의융합형 인재 양성을 목표로 하는 「2015 개정 교육과정」을 확정 · 발표하였다(교육부, 2015. 9. 23., 보도자료 참조). 그것은 모든 학생들이 인문·사회·과학기술에 대한 기초 소양을 함양하여 인문학적 상상력과 과학기술 창조력을 갖춘 창의융합형 인재로의 성장을 목표로 하고 있다.

- **창의융합형 인재**: 인문학적 상상력, 과학기술 창조력을 갖추고 바른 인성을 겸비하여 새로운 지식을 창조하고 다양한 지식을 융합하여 새로운 가치를 창출할 수 있는 사람

이 교육과정을 통해 육성하고자 하는 인간상은 '자주적인 사람', '창의적인 사람', '교양 있는 사람', '더불어 사는 사람'이다.

- **자주적인 사람**: 전인적 성장을 바탕으로 자아정체성을 확립하고 자신의 진로와 삶을 개척하는 사람
- **창의적인 사람**: 기초 능력의 바탕 위에 다양한 발상과 도전으로 새로운 것을 창출하는 사람
- **교양 있는 사람**: 문화적 소양과 다원적 가치에 대한 이해를 바탕으로 인류 문화를 향유하고 발전시키는 사람
- **더불어 사는 사람**: 공동체 의식을 가지고 세계와 소통하는 민주 시민으로서 배려와 나눔을 실천하는 사람

2015 개정 교육과정은 교과와 창의적 체험활동, 그리고 학교생활 전반에 걸쳐 학생의 실제적 삶 속에서 무언가를 할 줄 아는 실질적인 능력을 함양하도록 핵심역량을 강조한다. 총론에는 '자기관리 역량', '지식정보처리 역량', '창의적 사고 역량', '심

미적 감성 역량', '의사소통 역량', '공동체 역량' 등 6가지를 제시하였고, 교과 각론에는 총론의 역량과 연계하여 교과에 맞는 역량을 제시하고, 교과의 특성에 맞는 교육과정을 운영하도록 하고 있다.

- **자기관리 역량**: 자아정체성과 자신감을 가지고 자신의 삶과 진로에 필요한 기초 능력과 자질을 갖추어 자기주도적으로 살아갈 수 있는 능력
- **지식정보처리 역량**: 문제를 합리적으로 해결하기 위하여 다양한 영역의 지식과 정보를 처리하고 활용할 수 있는 능력
- **창의적 사고 역량**: 폭넓은 기초 지식을 바탕으로 다양한 전문 분야의 지식, 기술, 경험을 융합적으로 활용하여 새로운 것을 창출하는 능력
- **심미적 감성 역량**: 인간에 대한 공감적 이해와 문화적 감수성을 바탕으로 삶의 의미와 가치를 발견하고 향유할 수 있는 능력
- **의사소통 역량**: 다양한 상황에서 자신의 생각과 감정을 효과적으로 표현하고 다른 사람의 의견을 경청하며 존중하는 능력
- **공동체 역량**: 지역 · 국가 · 세계 공동체의 구성원에게 요구되는 가치와 태도를 가지고 공동체 발전에 적극적으로 참여하는 능력

2015 개정 교육과정은 핵심역량 계발을 강조하고 있으며, 이를 위해 토론학습, 협력학습, 탐구활동, 프로젝트학습 등 교과 특성에 따라 다양한 교수·학습이 이루어지면서 학생들의 활발한 수업 참여와 과정 중심의 수행평가를 강조하고 있다.

2015 개정 교육과정은 인문 · 사회 · 과학기술에 관한 기초 소양 교육을 강화한다. 이를 위해 초 · 중등 교과 교육과정을 개편하여 인문학적 소양을 비롯한 기초 소양 함양 교육을 전반적으로 강화하고, 특히 고등학교에 기초 소양 함양을 위해 문 · 이과 구분 없이 모든 학생이 배우는 공통 과목을 도입하고, 통합적 사고력을 키우는 '통합사회' 및 '통합과학' 과목을 신설 운영한다. 또한 학생의 진로와 적성에 따른 맞춤형 교육과정 운영이 가능하도록 선택과목을 『일반선택』과 『진로선택』으로 구분하였다.

- 『통합사회』는 초・중학교 사회의 기본 개념과 탐구방법을 바탕으로 지리, 일반사회(정치, 경제, 법 등), 윤리, 역사의 기본적 내용을 대주제 중심의 통합적 접근을 통해 사회 현상을 종합적으로 이해할 수 있도록 구성되는 과목이다. 이것은 복잡하고 급변하는 사회 현상에 대한 종합적 이해와 사회적 갈등 해결 능력 등을 함양하기 위해 토의·토론학습, 프로젝트 학습, 탐구 학습 등 다양한 활동 중심의 수업이 이루어질 수 있도록 구성된다.
- 『통합과학』은 중학교까지 학습한 자연과학의 핵심 개념을 적용하여 자연 현상을 통합적으로 이해하여, 미래 사회에 필요한 과학적 기초 소양을 함양할 수 있도록 학습 내용과 난이도를 재구조화하여 모든 학생들을 대상으로 한 필수과목이다. 이것은 여러 분야의 기초 개념의 융합과 동료 간 탐구 협업을 통해 새로운 가치 창출 및 역량 습득이 가능한 대주제 학습*, 학교 밖 현장 체험을 통한 실생활 연계, 전통적인 과학-기술-사회 연계 STS 학습 등으로 구성된다.
- 『일반선택』: 고등학교 단계에서 필요한 각 교과별 학문의 기본적 이해를 바탕으로 한 과목으로, 기본 이수단위는 5단위이며 2단위 범위 내에서 증감 운영이 가능하다.
- 『진로선택』은 교과 융합학습, 진로 안내학습, 교과별 심화학습 및 실생활 체험학습 등이 가능한 과목으로, 학생들은 진로선택 과목을 통해 보다 심화된 학습이나 자신의 진로에 도움이 되는 과목을 배울 수 있으며, 기본이수단위는 5단위이고, 3단위 범위 내에서 증감 운영을 허용한다.

2015 개정 교육과정은 한 학기를 '자유학기'로 운영할 수 있는 근거를 마련함으로써, 학생들이 중간·기말고사에 대한 부담에서 벗어나 체험 중심의 교과 활동과 함께 장래 진로에 대해 마음껏 탐색할 수 있도록 하고 있다. 또한, 학생들이 소프트웨어에 대한 기초 소양을 충실히 갖추어 나갈 수 있도록, 소프트웨어 교육 중심의 정보 교과를 필수 과목으로 지정 운영하도록 하고 있다. 그리고, 창의적 체험활동 교육과정으로 자율활동, 동아리활동, 봉사활동, 진로활동 등 4개 영역 체제로 현행 유지하고 있다.

- **자율활동**: 자치・활동, 창의주제활동 등
- **동아리활동**: 예술・체육활동, 학술문화활동, 실습노작활동, 청소년단체활동 등
- **봉사활동**: 이웃돕기활동, 환경보호활동, 캠페인활동 등
- **진로활동**: 자기이해활동, 진로탐색활동, 진로설계활동 등

이상에서 제시한 2015 개정 교육과정의 특징에 따른 주요 개정 사항을 제시하면 다음과 같다.

〈표 4-1〉 **2015 개정 교육과정의 주요 내용**

<table>
<tr><th colspan="3">구분</th><th>주요 내용</th></tr>
<tr><td colspan="3">교육과정 개정 방향</td><td>• 창의융합형 인재 양성<br>• 모든 학생이 인문·사회·과학기술에 대한 기초 소양 함양<br>• 학습량 적정화, 교수·학습 및 평가 방법 개선을 통한 핵심역량 함양 교육<br>• 교육과정과 수능·대입제도 연계, 교원 연수 등 교육 전반 개선</td></tr>
<tr><td rowspan="6">총론</td><td rowspan="6">공통사항</td><td>핵심역량 반영</td><td>• 총론 '추구하는 인간상' 부문에 6개 핵심역량 제시<br>• 교과별 교과 역량을 제시하고 역량 함양을 위한 성취기준 개발</td></tr>
<tr><td>인문학적 소양 함양</td><td>• 연극교육 활성화<br>- (초·중) 국어 연극 단원 신설<br>- (고) '연극'과목 일반선택으로 개설<br>• 독서교육 활성화</td></tr>
<tr><td>소프트웨어 교육 강화</td><td>• (초) 교과(실과) 내용을 SW 기초 소양교육으로 개편<br>• (중) 과학/기술·가정/정보 교과 신설<br>• (고) '정보' 과목을 심화선택에서 일반선택 전환, SW 중심 개편</td></tr>
<tr><td>안전교육 강화</td><td>• 안전 교과 또는 단원 신설<br>- (초 1~2) 「안전한 생활」 신설(64시간)<br>- (초 3~고3) 관련 교과에 단원 신설</td></tr>
<tr><td>범교과학습 주제 개선</td><td>• 10개 내외 범교과학습 주제로 재구조화</td></tr>
<tr><td>NCS 직업 교육과정 연계</td><td>• 교육과정 구성의 중점 등에 반영</td></tr>
<tr><td rowspan="3">총론</td><td rowspan="3">고등학교</td><td>공통과목 신설 및 이수단위</td><td>• 공통과목 및 선택과목으로 구성<br>• 선택과목은 일반선택과 진로선택으로 구분<br>- 진로선택 및 전문교과를 통한 맞춤형 교육, 수월성 교육 실시</td></tr>
<tr><td>특목고 과목</td><td>• 보통교과에서 분리하여 전문교과로 제시</td></tr>
<tr><td>국·수·영 비중 적정화</td><td>• 기초 교과(국 · 수 · 영 · 한국사) 이수단위 제한 규정(50%) 유지 (국·수·영90단위→84단위)</td></tr>
</table>

| 구분 | | | 주요 내용 |
|---|---|---|---|
| | | 특성화고 교육과정 | • 총론(보통교과)과 NCS 교과의 연계 |
| | 중학교 | 자유학기제 편제 방안 | • 중학교 '교육과정 편성 · 운영의 중점'에 자유학기제 교육과정 운영 지침 제시 |
| | 초등학교 | 초1,2 수업시수 증배 | • 주당 1시간 증배, '안전한 생활' 신설<br>- 창의적 체험활동에서 체험중심 교육으로 실시 |
| | | 누리과정 연계 강화 | • 초등학교 교육과정과 누리과정의 연계 강화(한글교육 강화) |
| 교과교육과정 개정 방향 | | | • 총론과 교과교육과정의 유기적 연계 강화 |
| | | | • 교과교육과정 개정 기본방향 제시<br>- 핵심개념 중심의 학습량 적정화<br>- 핵심역량을 반영<br>- 학생참여중심 교수·학습방법 개선<br>- 과정중심 평가 확대 |
| 지원체제 | | 교과서 | • 흥미롭고 재미있는 질 높은 교과서 개발 |
| | | 대입 제도 및 교원 | • 교육과정에 부합하는 수능 및 대입 제도 도입 검토<br>- 수능 3년 예고제에 따라 '17년까지 '21학년도 수능 제도 확정<br>• 교원양성기관 질 제고, 연수 확대 |

## 3. 학생 참여, 과정 중심 수업 및 평가 강조

최근 학교 현장에는 모든 교과 및 창의적 체험활동 교육과정 속에서 인성 중심 융합 교육과정을 구성 운영할 수 있고, 프로젝트, 주제, 참여 중심 인성교육 중심 수업을 구성 실시하며, 활동 및 과정 중심으로 학생의 성장을 파악할 수 있는 평가 방법을 개발, 적용하는 것을 강조하고 있다. 또한, 실생활 사례 등을 중심으로 쉽고 재미있는 교과서를 분석, 구성할 수 있는 예비교사의 교수 · 학습과 평가 역량을 강화하여 질 높은 수업을 운영하도록 지도할 것을 강조하고 있다. 아울러, 학습설계 단계에서부터 학습결과 단계까지 학생이 주도적으로 참여하고, 수업활동과 연계되거나, 교과 학습발달 상황이나 독서 · 자유학기 등 비교과활동을 구체적으로 기록할 수 있는 과정평가를 강조하고 있다(2016년 교육부 업무보고 참조).

〈표 4-2〉 **학습자 참여 중심 수업 및 평가**

| 학습설계 | 수업 및 평가 | 학습기록 |
|---|---|---|
| [교사 ⟷ 학생]<br>학습내용과 활동 선정 ·<br>자기주도적 학습 설계 | [교사] 기본개념 설명, 활동 안내, 과정평가 실시<br>[학생] 자기주도적 학습 활동 | [교사 ⟷ 학생]<br>학습결과에 대한 학생<br>맞춤형 피드백 |
| • **(학습설계)** 학생 수준을 고려한 학습활동 설계, 학습단계별 과정 평가 계획 수립 | • **(학습설계)** 토의 · 토론, 조사 · 발표 프로젝트 학습, 실험 · 실습 등<br>• **(과정평가)** 수업활동과 연계 실시 | • **(학습기록)** 학습과정을 학생성장 중심으로 기록 (학교생활기록부 개선) |

| 과정평가1 | 과정평가2 | … | 기말고사 |
|---|---|---|---|
| 자기+상호 | 상호+교사 | … | 교사 |

출처: 2016년 교육부 업무보고

## 4. 지능정보사회 대응을 위한 소프트웨어 교육 강화

교육부는 학생 수업 선택권 확대, 교사의 수업 및 평가 자율성 대폭 강화, 첨단 미래학교 육성 프로젝트 추진, 지능정보기술 분야 핵심인력 양성 등을 골자로 하는 '지능정보사회에 대응한 중장기 교육정책의 방향과 전략(시안)'을 2016년 12월 22일에 발표했다(교육부, 2016. 12. 23., 보도자료 참조). 교육부가 미래 전망과 한국 교육 현실을 토대로 제시한 다섯 가지 중장기 교육방향과 핵심 키워드는 다음과 같다.

- **(유연화) 학생들의 흥미와 적성을 최대한 발휘할 수 있는 교육**
  학생의 흥미와 적성을 최대한 발휘할 수 있는 교육이 실현될 수 있도록 수업 선택권을 확대하고, 학교 뿐 아니라 지역사회·온라인을 통한 다양한 학습활동이 이루어질 수 있도록 학사제도를 유연화

- **(자율화) 사고력, 문제해결력, 창의력을 키우는 교육**
  학교 현장에서 다양한 수업혁신이 일어날 수 있도록 교육과정 운영 및 평가에 대한 교사의 자율성을 충분히 보장하고, 총괄평가, 상대평가 등 경쟁 중심의 평가체제를 더욱 완화하여 현재의 강의식, 암기식 수업을 토론, 실습, 협력학습, 프로젝트 수업 등 학생 참여형 수업과 과정 중심 평가 실시

- **(개별화) 개인의 학습능력을 고려한 맞춤형 교육**
  빅데이터, 인공지능 등 지능정보기술을 활용한 에듀테크 산업의 발달로 기존 학급단위의 집합식 교육에서 개개인의 특성과 역량에 최적화된 맞춤형 교육 제공하며, 이를 위해 지능형 학습 플랫폼은 수행결과물, 학습시간, 참여횟수 등 학생의 모든 학습 빅데이터를 체계적으로 분석하여 학생의 강·약점, 수준, 흥미 등을 고려한 적절한 학습경로를 안내해주는 시스템 구축

- **(전문화) 지능정보기술 분야 핵심인재를 기르는 교육**
  초, 중학교 SW 교육을 단계적으로 필수화하고, 2020년에는 모든 초·중·고에 학생 SW 동아리가 최소 1개씩 운영될 수 있도록 지원하고, 지능정보 핵심 우수인재 양성을 위해 어려서부터 재능을 발굴하여 꾸준히 지원할 수 있도록 초·중등 영재교육을 강화

- **(인간화) 사람을 중시하고 사회통합을 이루는 교육**
  인간만이 가질 수 있는 감성·사회성·윤리성 등을 키우는 교육을 강화하고 변화에 뒤처지기 쉬운 소외계층에 대한 교육적 지원을 확대하는 등 4차 산업혁명이 초래할 부작용에 대비한 준비

이와 함께 2015 개정 교육과정에는 중학생들에게 논리적 사고력과 창의력 증진을 위해 컴퓨터를 이용한 문제해결 능력을 함양하는 소프트웨어(SW) 교육 실시를 의무화하고 있다. 소프트웨어 교육은 다양한 문제를 창의적이고 효율적으로 해결하는 컴퓨팅 사고력을 함양하고 협업적 문제해결 과정을 통해 의사소통능력, 공동체 의식을 함양하는 교육과정으로 운영될 것이다. 구체적으로 살펴보면, 초등학교는 실과교과의 ICT 활용 중심의 정보 관련 단원을 소프트웨어 기초소양 내용 중심으로 확대 개편된다. 중학교는 선택교과의 『정보』를 소프트웨어 내용 중심으로 개편하고, 『과학/기술·가정/정보』 교과군에 필수과목으로 포함된다. 고등학교는 심화

선택 『정보』 과목을 소프트웨어 중심으로 내용을 개편하고, 일반선택 과목으로 전환될 것이다.

## 5. 학습자 특성의 이해 및 생활지도 강화

「인성교육진흥법」('15.1.20 제정)과 「인성교육진흥법 시행령」('15.7.21 제정) 등에 따른 "인성교육 5개년 종합계획"에 부응할 수 있도록 체험 · 실천적인 인성교육을 강화하고 예비교원의 인성역량 함양을 지원하고 있다(교육부, 2015. 7. 14., 보도자료 참조). 또한, 학생들이 범람하는 매체정보를 정확하게 이해하고 분석 · 활용할 수 있는 능력인 '미디어 리터러시' 향상을 도모하고, 언어문화 개선, 교육 주체 간 상호 관계 개선을 위한 관계 증진 능력을 배양이 필요하다. 그리고, 장기결석, 학교 부적응, 학교폭력 및 정서문제행동 치유 등을 위한 학생 상담 및 예방 역량을 갖출 것을 요청하고 있다. 아울러, 학생들이 과도한 입시경쟁에서 벗어나 꿈과 끼를 키워나갈 수 있도록 하기 위해 도입된 자유학기제의 효과적 운영을 위해 진로탐색활동, 주제선택활동, 동아리활동, 예술체육활동 등 교육과정 지원, 명사 · 전문가 특강, 독서 등의 간접 체험학습을 직접적인 체험 학습과 연계하여 폭넓은 진로 탐색의 기회 제공과 함께 토론, 실험 · 실습, 프로젝트학습 등 학생 참여형 수업 지원을 위한 '사범대생 수업지원단' 운영을 권장하고 있다.

## 6. 현장 교육 실천 및 역량 계발을 위한 교사리더십 및 배움의 공동체 운영

전문가로서의 교사는 교수·학습에 관한 이론적 이해를 바탕으로 교수방법 및 수업기술 등과 관련된 전문 지식을 체계적으로 습득함은 물론, 학생들의 효과적인 학습동기 및 생활지도를 위한 리더십 역량을 계발해야 한다. 또한 교사는 공식적인 위계와 구조 속에서 주어진 과업과 역할만을 수행하는 수동적 실천가가 아닌 능동적인 리더로서 역할을 수행해야 할 것이다. 전문가들은 멘토, 교육과정 개발자, 의사결정자, 문제해결자, 변화촉진자, 그리고 현장연구자로서 그 역할을 수행해야 한다. 이를 위하여 교육 현장에서는 교사 개인뿐 아니라 동료들의 공동 성장을 위해 효과적인 수업과 평가 실시를 위해 함께 연구하고 성찰할 수 있도록 학년 협의회 및 교과 협의회, 동료장학, 수업 동아리 등 다양한 배움의 공동체를 구성 운영을 지원하고 있다.

이상의 내용을 종합해 보면, 최근 학교교육의 동향은 2015 개정 교육과정과 지능정보사회를 위한 창의융합인재 육성을 기축으로 역량중심교육, 융합교육, 소프트웨어 교육, 학습자 중심 수업, 과정중심평가, 학생이해 및 상담, 진로지도 및 자유학기제와 교사리더십 및 배움의 공동체 등으로 정리해 볼 수 있으며, 그 주요 특징을 제시하면 [그림 4-1], 〈표 4-3〉과 같다.

[그림 4-1] **최근 교육동향 키워드**

〈표 4-3〉 **최근 교육동향의 특징**

| 교육 동향 | 특징 |
|---|---|
| 핵심역량 계발을 위한 교육과정 | 핵심역량을 계발하기 위한 교과활동 및 창의적 재량활동 제공 |
| 창의융합인재 육성을 위한 통합 및 융합교육 | 문이과 통합을 위한 공통과목(공통사회, 공통과학) 운영과 교과간 통합/융합 수업늘 통한 창의융합인재 육성 |
| 지능정보사회 대응을 위한 소프트웨어 교육 | 지능정보사회에 필요한 논리적 사고력과 창의력 증진을 위한 소프트웨어(SW) 교육 실시 |
| 학습자 참여를 강조하는 수업 제공 | 수업의 주체가 학습자가 되며, 학생의 참여를 강조하는 토의・토론, 액션러닝, 문제기반학습, 팀기반학습, 프로젝트수업, 플립러닝 등 구성주의 수업 방법의 활용 |
| 과정을 중시하는 수행평가 | 학생의 학습 수행에 대한 성취기준을 설정하고, 학습결과뿐 아니라 학습 과정을 중시하는 수행평가 실시 |

| 교육 동향 | 특징 |
|---|---|
| 학생의 이해 및 돌봄을 위한 상담 | 장기결석, 학교부적응, 학교폭력 및 정서문제행동 치유 등을 위한 학생 상담 및 예방 프로그램 개발 운영 역량 개발 |
| 자유학기제 및 진로지도 | 학생들이 중간·기말고사에 대한 부담에서 벗어나 체험 중심의 교과 활동과 함께 장래 진로 탐색과 선택 지원 |
| 교사리더십과 전문적 학습공동체 | 현장 교육에 대한 현장 중심 전문가로서 갖추어야 할 리더십 함양과 함께 교직 현장에서 전문가들이 실천적 과정에 대해 함께 연구하고 성찰하는 전문적 학습공동체 운영 |

# 제 3 부

# 교육학 논술: 실제

제5장

# 기출문제 분석

## 1. 교육학 논술 문제 구성

교사 임용시험에서 출제되는 교육학 논술 기출문제는 일반적으로 1) 시험안내 및 수험번호 작성, 2) 논술문제, 3) 논술지문, 4) 논술작성방법 및 배점 등 네 가지 부문으로 구성되어 있다. 교육학 논술에서 중요한 것은 논술문제, 논술지문, 배점 부문이라 할 수 있다. 여기서는 2017학년도 중등교사 교육학논술 기출문제를 예로 들어 분해해 보겠다.

### 1) 논술문제

논술문제는 논술의 주제와 범위를 제시한 부문에 해당된다. 여기서 논술의 주제는 2015 개정 교육과정 구현 방안이고, 그것을 위한 논술 영역은 단위학교에서의 교육기획, 교육과정 내용 조직, 참여 중심 수업, 과정 중심 평가에 해당된다.

다음은 신문 기사의 일부이다. 이를 바탕으로 '2015 개정 교육과정의 실질적 구현 방안'이라는 주제로 서론, 본론, 결론의 형식을 갖추어 단위 학교 차원에서의 교육기획, 교육과정 내용의 조직, 학생 참여 중심 수업과 그에 따른 평가의 타당도를 논하시오. [20점]

## 2) 논술지문

논술지문은 논술의 주제와 범위에 대한 구체적인 정보를 제시하는 부문이다. 다시 말해, 논술 작성을 위한 구체적인 내용에 대한 배경과 설명이 담겨 있는 부문이다.

○○ 신문 2016년 ○○월 ○○일

**교육부 「2015 개정 교육과정」 발표 이후, 학교 현장의 준비는?**

교육부는 핵심역량을 갖춘 창의융합형 인재 양성을 위한 「2015 개정 교육과정」을 발표하였다. 개정 교육과정에 따르면, 학교 교육에서는 인문 · 사회 · 과학기술에 대한 기초 소양 함양을 위한 교육과정을 마련하고, 학생 참여 중심의 수업을 진행하며, 배움의 과정을 평가하는 방향으로 나아가야 한다는 것이다. 새 교육과정을 적용하기 위해 노력하고 있는 중 · 고등학교 현장의 목소리를 들어 보았다.

학교 현장의 목소리

**◆교육기회의 중요성 부각**

A 교장은 단위 학교에서 새 교육과정이 체계적으로 운영되도록 돕는 교육기회(educational planning)을 강조하였다.

"새 교육과정은 교육의 핵심인 교수 · 학습 활동의 중심을 교사에서 학생으로 이동시키는 근본적인 전환을 강조하고 있습니다. 저는 실질적 의미에서 학생 중심 교육이 우리 학교에 정착할 수 있도록 모든 교육활동에 앞서 철저하게 준비할 생각입니다."

**◆교육과정 재구성 확대**

개정 교육과정의 취지에 따른 교과 내용 재구성에 대해 B 교사는 다음과 같이 말했다.

"교사는 내용 조직의 원리를 제대로 파악할 필요가 있습니다. 저는 몇 개의 교과를 결합해 교육과정을 편성 · 운영해 보려고 합니다. 각 교과의 내용이 구획화되지 않도록 교과 교사들 간 협력을 강화하고자 합니다. 이러한 시도는 교육과정 설계에서 교과 간의 단순한 연계성 이상을 의미합니다."

**◆학생 참여 중심 수업 운영**

C 교사는 학생 참여 중심의 교수 · 학습을 준비하기 위해서 교사 연수 프로그램에 참여하고 있다고 말했다.

"저는 구성주의 학습환경 설계에 관한 연수에 참여하고 있습니다. 문제 중심이나 프로젝트 중심의 학습 활동을 실행하기 위해서는 적합한 학습 지원 도구나 자원을 학생들에게 제공해야 한다는 것을 알게 되었고, 학습 활동 중에 교사가 수행해야 할 역할에 대해서도 이해하게 되었습니다."

**◆학생 평가의 타당도 확보**

학생 중심 수업에서의 평가와 관련하여 D 교사는 다음과 같이 말했다.

"학생 참여 중심 수업에서도 평가의 타당도는 여전히 중요합니다. 타당도에는 준거 타당도와 구인 타당도 등이 있습니다. 그러나 저는 이원분류표를 작성해 평가가 교육목표에 부합하는지를 확인하는 방법으로 타당도를 높이는 방안을 고려하고 있습니다."

### 3) 논술배점

논술배점은 작성할 논술의 내용과 그 배점을 제시한 부문이다. 이 배점 내용과 기준은 교육학 논술의 단락 구성 및 문장의 수를 암시할 수 있는 부문에 해당된다. 예를 들면, 아래의 배점을 통해 논술 개요 작성에 있어서 최소 6문단으로 구성되어야 함을 암시된다. 즉, 서론 1문단, 본론에 해당되는 A교장 관련 1문단, B 교사 관련 1문단, C 교사 관련 1문단, D 교사 관련 1문단, 결론 1문단 등이 그것이다. 또한 개요 작성 시 문단별 제시할 항목 또는 문장의 수도 짐작된다. 예를 들면, A 교장 관련 문단에는 A 교장의 발언 취지 1문장, 교육기획의 개념 1문장, 그 효용성 2가지에 해당되는 2문장 등 최소 4 문장으로 구성되어야 함을 보여준다.

✣ **배점**

- 논술의 내용 [총 15점]
  - A 교장이 강조하고 있는 교육기획의 개념과 그 효용성 2가지 제시 [4점]
  - B 교사가 채택하고자 하는 원리 1가지와 그 외 내용 조직의 원리 2가지(연계성 제외) 제시 [4점]
  - C 교사가 실행하려는 구성주의 학습 활동을 위한 학습 지원 도구・자원과 교수 활동 각각 2가지 제시 [4점]
  - D 교사가 고려하고 있는 타당도의 유형과 개념 제시 [3점]

- 논술의 구성 및 표현 [총 5점]
  - 논술의 내용과 '2015 개정 교육과정의 실질적 구현 방안'의 연계 및 논리적 형식 [3점]
  - 표현의 적절성 [2점]

## 2. 교육학 논술 문제 분석

교육학 논술 문제를 받으면 무엇보다도 논술의 주제가 무엇이고 그 범위가 어떠하며, 또한 어떠한 내용으로 작성되어야 하는지를 파악하는 것이 무엇보다도 중요하다. 그렇다면 어떻게 파악하고, 논문 개요를 작성하는 것이 효과적인가? 그것은 여러 방식이 있을 수 있으나, 필자는 다음과 같이 순서로 읽고 개요 작성을 권장한다.

첫째, 논술 문제를 읽어 논술에서 요구하는 주제와 범위(내용 영역)를 파악하고, 논술 주제와 각 내용 영역을 작성한다.

둘째, 논술 영역별 작성해야 할 주요 내용이 배점 부문의 논술내용에 제시되어 있어서 그 내용을 읽으면서 바로 논술 주제의 내용 영역 하위 내용으로 작성한다.

셋째, 논술지문을 읽으면서 논술 작성에 필요한 구체적인 정보나 방향을 생각하면서 구체적으로 제시할 항목들을 개괄적으로 작성한다.

| ① 논술문제 읽기 → ② 논술배점의 논술내용 읽기 → ③ 논술지문 읽기 |
| --- |

■ **예시:** 교육학 논술 분석 및 개요 작성 방법

■ **논술주제:** 2015 개정 교육과정의 실질적 구현 방안

■ **논술문제 분석 및 개요**

| 논술문제 | | 논술내용 | | 논술지문 |
|---|---|---|---|---|
| 단위학교 차원의 교육기획 | | - 교장의 교육기획 개념<br>- 기획의 효용성 2가지 | | - A교장은 학생중심교육을 위한 기획 강조<br>- 개념: 교육목표의 효과적, 효율적 달성을 위한 전략 및 방법을 사전 강구하는 활동<br>- 효용 1. 학교교육의 발전 방향과 전략에 대한 합리성 확보<br>- 효용 2. 학교교육을 위한 행재정 지원의 효율성 확보 |
| 교육과정 내용 조직 | → | - B교사가 채택한 원리 1가지<br>- 또 다른 원리 2가지 | → | - 채택원리: 통합형(실생활 문제 해결을 위해 여러 교과 내용을 통합하여 재구성)<br>- 기타원리: 병합형(관련 교과목의 성격을 유지하면서 주제나 쟁점에 대한 교과 내용을 교과목별로 제시하도록 구성)과 공유형(여러 교과목에서 공통 내용을 추출하여 새로운 단원으로 재구성) |
| 학생 참여 중심 수업 | | - C교사가 실행하려는 구성주의 학습도구/자원 2가지<br>- 관련 교수활동 2가지 | | - 인지도구, 사례나 정보자원 대화/협력도구(SNS) 등 활용<br>- 모델링, 코칭, 비계설정 등 교수전략으로 문제중심학습, 프로젝트중심학습 등 실시 |
| 학생 평가의 타당도 | | - D교사가 고려하는 타당도 유형과 개념 | | - 내용타당도<br>- 가르치는 교과 및 수업 목표에 부합되는 수행목표와 성취기준을 설정하고 그것을 교과협의회나 수석교사를 통해 타당성을 확보하는 것 |

# 3. 교육학논술 기출문제 경향 분석

중등 교육학 논술의 기출문제는 역량 및 융합 중심 교육과정, 참여중심수업과 과정중심평가, 학생이해 및 상담, 진로교육, 교육공동체(학교조직) 및 교사리더십 등 앞에서 제시한 최근 교육동향 등을 반영하고 있는 것으로 나타났다.

| 구분 | | 역량중심 교육과정 | 융복합 교육 | 참여중심 수업 | 과정중심 평가 | 학생이해 및 상담 | 진로교육 및 자유학기제 | 교사리더십 및 교육공동체 |
|---|---|---|---|---|---|---|---|---|
| 중등 교육학 논술 기출문제 | 2017 | | 융합/통합 교과 내용 조직 방법 | 구성주의 학습 지원 도구 및 자원과 관련 교수학습 방법 | 학생 참여 및 활동의 평가에서의 타당성 확보 | | | 교육기획의 개념과 효용 |
| | 2016 | 학습자 중심(경험중심) 수업을 지향하는 교육과정의 장단점 | | 학생의 경험, 참여와 흥미 증진을 위한 수업 방법 | 형성적 평가의 기능과 전략 | | 진로정체성, 진로탐색 및 선택의 효능감 등에 대한 에릭슨과 반두라 개념 | 교내 전문적 학습공동체의 순기능과 역기능 |
| | 2015 B | 자유교육 관점에서의 교육목적<br>백워드 교육과정 설계 | | 학습동기 향상을 위한 학습과제 제시 방안 | | | | 배움의 공동체(학습조직) 구축 원리 |
| | 2015 A | | | 일반적 교수체제설계에서 분석 및 설계 과정의 주요 활동 | 준거지향 평가의 개념과 장점 | | | 기능론 관점에서 학교교육의 기능과 한계<br>학교 조직의 관료적, 이완결합 특성 |

| 구분 | | 역량중심 교육과정 | 융복합 교육 | 참여중심 수업 | 과정중심 평가 | 학생이해 및 상담 | 진로교육 및 자유학기제 | 교사리더십 및 교육공동체 |
|---|---|---|---|---|---|---|---|---|
| | 2014 B | 잠재적 교육과정 관점에서수업에서의 소극적 행동 문제 진단 | | 협동학습 실행 측면에서 학습 동기 향상 방안 | 형성평가 측면에서 학습동기 향상 방안 | 문화실조 관점에서 수업에서의 소극적 행동 문제 진단 | | 교사리더십 행동 측면에서 학습동기 향상 방안 |
| | 2014 A | 학문중심 교육과정의 이해 | | 학문중심 교육과정에 따른 수업전략 | | 비행이론 이론 행동 중심, 인간중심 상담 기법 | | 교사 전문성 개발을 위한 장학(수업코칭 등) 활동 |

한편, 초등 교직논술에서는 2015개정 교육과정, 참여중심수업, 과정중심평가, 학급 및 학생관리 등에 대한 교직 수행 능력을 평가하고 있는 것으로 나타났다.

| 구분 | | 교육과정 | 참여중심수업 | 과정중심평가 | 학급 및 학생관리 |
|---|---|---|---|---|---|
| 초등 교육학논술 기출문제 | 2017 | 2015 개정 교육과정에서의 교수학습 중점 사항 | 모둠성취분담(STAD) 모형의 보상 방식과 그것의 협동학습 촉진 근거 | 정의적 능력에 대한 평가의 중요성과 방법 | |
| | 2016 | | 학생 행동 관리를 위한 학습이론과 그 근거 | | 수업 상황에서 학생 행동 관리의 필요성과 그 성공 조건 |
| | 2015 | | 수업에서의 안전사고 예방 수칙 | | 학생 대상 안전교육의 필요성과 안전사고 대처를 위한 교사 및 학교 업무 |
| | 2014 | | 교사의 수업분석 능력의 필요성<br>학습목표 진술방식의 문제와 합리적 대안 | | 특수한 요구를 지닌 학습자에 대한 지원의 문제점과 합리적 대안 |
| | 2013 | | 학습동기의 유발 이유와 관련 수업방법<br>학습동기를 유발하지 못하는 이유 | | |

# 4. 교육학 논술 분석 연습

## 1) 기출문제(중등 2014 1차)

다음은 A 중학교 초임 교사인 박 교사와 경력 교사인 최 교사의 대화 내용이다. 다음 대화문을 바탕으로 학생들이 수업에서 소극적으로 행동하는 문제를 2가지 관점(① 잠재적 교육과정, ② 문화실조)에서 진단하고, 수업에 소극적인 학생들의 학습 동기를 유발하기 위한 방안을 3가지 측면(① 협동학습 실행, ② 형성평가 활용, ③ 교사지도성 행동)에서 각각 2가지씩만 논하시오. [20점]

박 교사: 선생님께서는 교직 생활을 오래 하셨으니 학교의 일상적인 업무뿐만 아니라 가르치는 일에서도 큰 어려움이 없으시죠? 저는 새내기 교사라 그런지 아직 수업이 힘들고 학교 일도 낯섭니다.

최 교사: 저도 처음에는 선생님과 마찬가지로 교직 생활이 힘들었지요. 특히 수업 시간에 반응을 잘 보이지 않으면서 목석처럼 앉아 있는 학생이 있을 때는 어떻게 해야 할지 모르겠더군요.

박 교사: 네, 맞아요. 어떤 학급에서는 제가 열심히 수업을 해도, 또 학생들에게 질문을 던져도 몇몇은 그냥 고개를 숙인 채 조용히 있습니다. 심지어 어떤 학생은 수업 시간에 아예 침묵으로 일관하기도 하고, 저와 눈도 마주치지 않으려고 해요. 또한 가정 환경이 좋지 않은 몇몇 학생은 다양한 문화적 경험을 가질 기회가 상대적으로 부족해서 그런지 수업에 관심도 적고 적극적으로 참여하지도 않는 것 같아요.

최 교사: 선생님의 고충은 충분히 공감해요. 그렇다고 해서 수업 시간에 학생들을 그대로 방치해서는 안 됩니다. 교육적으로 바람직하지 않아요.

박 교사: 그럼 수업에 소극적인 학생들을 적극적으로 참여시킬 수 있는 동기 유발 방안을 고민해 보아야겠네요. 이를테면 수업방법 차원에서 학생들끼리 서로 도와 가며 학습하는 형태로 수업을 진행하면 어떨까요?

최 교사: 그거 좋은 생각이네요. 다만 학생들끼리 함께 학습을 하도록 할 때는 무엇보다 서로 도와주고 의존하도록 하는 구조가 중요하다는 점을 유의해야겠지요. 그러한 구조가 없는 경우에는 수업활동에 열심히 참여하지 않는 학생들이 많아진다는 문제가 발생할 수 있어요.

박 교사: 아, 그렇군요. 그런데 선생님, 요즘 저는 수업방법뿐만 아니라 평가에서도 고민거리가 있어요.

저는 학기 중에 수시로 학업성취 결과를 점수로 학생들에게 알려 주고 있는데요. 이렇게 했을 때 성적이 좋은 몇몇 학생들을 제외하고는 나머지 학생들은 자신의 성적을 보고 실망하는 것 같아요.

최 교사: 글쎄요. 평가결과를 선생님처럼 그렇게 제시할 수도 있겠죠. 하지만 학습 동기를 유발하기 위해서는 평가를 어떻게 활용하느냐가 중요해요.

박 교사: 그렇군요. 그런데 제가 보기에는 학생들의 수업 참여 정도가 교사의 지도성에 따라서도 다른 것 같아요.

최 교사: 그렇죠. 교사의 지도성 행동에 따라 달라질 수 있죠. 그래서 교사는 지도자로서 학급과 학생의 상황을 고려하여 학생들의 학습동기를 불러일으킬 수 있는 지도성을 발휘해야겠지요.

박 교사: 선생님과 대화를 하다 보니 교사로서 더 고민하고 노력해야겠다는 생각이 듭니다.

최 교사: 그래요, 선생님은 열정이 많으니 잘하실 거예요.

✤ **배점**

- 답안의 논리적 구성 및 표현 [총 5점]
- 논술의 내용 [총 15점]
  - 잠재적 교육과정 관점에서의 진단 [3점]
  - 문화실조 관점에서의 진단 [3점]
  - 협동학습 실행 측면, 형성평가 활용 측면, 교사지도성 행동 측면에서의 동기 유발 방안 논의 [9점]

■ 교육학 논술 분석 연습

■ 논술주제:

■ 논술문제 분석 및 개요

| 논술문제 | 논술내용 | 논술지문 |
| --- | --- | --- |
| | | |
| | | |
| | | |
| | | |
| | | |

## 2) 기출문제(2014년 중등)

다음은 A고등학교의 최 교사가 작성한 성찰 일지의 일부이다. 일지 내용을 바탕으로 철수의 학교 부적응 행동의 원인을 청소년 비행이론에서 2가지만 선택하여 설명하고, 철수의 학교생활 적응을 향상시키기 위한 상담 기법을 2가지 관점(① 행동중심 상담, ② 인간중심 상담)에서 각각 2가지씩만 논하시오. 그리고 최 교사가 수업 효과성을 높이기 위하여 선택한 2가지 방안(① 학문중심교육과정 이론에 근거한 수업전략, ② 장학 활동)에 대하여 각각 논하시오.

**일지 #12014년 4월 ○○일 ○요일**

우리 반 철수가 의외로 반 아이들과 잘 지내지 못하는 것 같아 마음이 쓰인다. 철수와 1학년 때부터 친하게 지냈다는 학급 회장을 불러서 이야기를 해 보니 그렇지 않아도 철수가 요즘 거칠어 보이는 동네 친구들과 어울려 다니는 모습을 자주 보게 되어 학급 회장도 걱정을 하던 중이라고 했다. 그런 데다 철수가 반 아이들에게 괜히 시비를 걸어 싸움이 나게 되면, 그럴 때마다 아이들이 철수를 문제아라고 하니까 그 말을 들은 철수가 더욱 더 아이들과 멀어지고 제멋대로 행동한다고 한다. 오늘도 아이들과 사소한 일로 다투다가 갑자기 소리를 지르고 물건을 던지고는 교실에서 나가 버렸다고 한다. 행동이 좋지 않은 친구들과 몰려다니며 그 아이들의 행동을 따라 해서 철수의 행동이 더 거칠어진 걸까?1학년 때 담임 선생님 말로는 가정 형편이 그리 넉넉하지 않고 부모님이 철수에게 신경을 쓰지 못함에도 불구하고 행실이 바른 아이였다고 하던데, 철수가 왜 점점 변하는 걸까? 아무래도 중간고사 이후에 진행하려고 했던 개별 상담을 당장 시작해야겠다. 그런데 철수를 어떻게 상담하면 좋을까?

**일지 #22014년 5월 ○○일 ○요일**

중간고사 성적이 나왔는데 영희를 포함하여 몇 명의 점수가 매우 낮아서 답안지를 확인해 보았다.OMR카드에는 답이 전혀 기입되어있지 않거나 한 번호에만 일괄 기입되어 있었다. 아이들이 시험 자체를 무성의하게 본 것이다. 점심시간에 그 아이들을 불러 이야기를 해 보니 학교에서 배우는 내용이 대학 진학을 하지 않고 취업할 본인들에게는 전혀 쓸모없이 느껴진다고 했다. 특히 오늘 내 수업 시간에 휴대전화만 보고 있어서 주의를 받았던 영희의 말이 아직도 귀에 생생하다. "저는 애견 미용사가 되려고 하는데, 생물학적 지식 같은 걸 배워서 뭐 해요? 내신 관리를 해야 하는 아이들조차 어디 써먹을지도 모르는 개념을 외우기만 하려니까 지겹다고 하던데, 저는 얼마나 더 지겹겠어요."라고 말하는 것이었다. 학교에서 배우는 기초 지식이나 원리가 직업 활동의 근간이 되기도 한다는 것을 어떻게 아이들이 깨닫게 할 수 있을까? 내가 일일이 다 설명해 주지 않아도 아이들이 스스로 교과의 기본 원리를 찾을 수 있게 하려면 어떤 종류의 과제와 활동이 좋을까? 이런 생각들로 머릿속이 복잡하던 중에, 오후에 있었던 교과협의회에서 수업 전문성 개발을 위한 장학 활동을 몇 가지 소개받았다. 이제 내 수업에 대해 차근차근 점검해 봐야겠다.

✤ **배점**

- 답안의 논리적 구성 및 표현 [총 5점]
- 논술의 내용 [총 15점]
  - 청소년 비행이론 관점에서의 설명 [3점]
  - 행동중심 상담 관점에서의 기법 논의 [3점]
  - 인간중심 상담 관점에서의 기법 논의 [3점]
  - 학문중심교육과정 이론에 근거한 수업 전략 논의 [3점]
  - 교사 전문성 개발을 위한 장학 활동 논의 [3점]

■ 교육학 논술 분석 연습

■ 논술주제:

■ 논술문제 분석 및 개요

| 논술문제 | 논술내용 | 논술지문 |
| --- | --- | --- |
| | | |
| | | |
| | | |
| | | |
| | | |

### 3) 기출문제(중등 2015 1차)

다음은 A 고등학교 초임 교사들을 대상으로 진행한 학교장의 특강 내용 중 일부를 발췌한 부분이다.발췌한 특강 부분은 학교에 대한 이해 차원에서 1)학교 교육의 기능과 2)학교 조직의 특징,수업에 대한 이해 차원에서 3)수업 설계와 4)학생 평가에 대한 내용이다. 이를 바탕으로 1)~4)의 요소를 활용하여 '다양한 요구에 직면한 학교 교육에서의 교사의 과제'라는 주제로 서론, 본론, 결론의 형식을 갖춰 논하시오.

여러분들도 잘 아시겠지만 최근 우리 사회는 학교가 다양한 역할을 수행하도록 요구하고 있습니다. 이에 따라 선생님들께서는 학교 및 수업에 대한 기본적인 이해가 필요하다고 생각합니다. 먼저 교사로서 우리는 학교 교육의 기능을 이해해야 합니다. 지금까지 학교는 학생들이 사회 구성원으로서 올바로 성장할 수 있는 보편적 가치와 규범을 가르쳐 왔습니다. 그러나 최근 사회는 학교 교육에 다양한 요구를 하게 되면서 학교가 세분화된 직업 집단의 교육 요구를 충족시켜 주기를 원하고 있고, 학교 교육의 선발 · 배치 기능에 다시 주목하고 있습니다. 그러므로 여러분은 학교 교육의 선발 · 배치 기능을 이해하는 한편, 이것이 어떤 한계를 갖는지도 생각해야 할 것입니다.

이와 함께 학교에 대한 사회의 요구에 효율적으로 대응하기 위해서 학교장을 포함한 모든 학교 구성원들은 서로의 행동 특성을 이해해야 합니다. 이를 위해서 학교 조직의 특징을 먼저 파악해야 합니다. 학교라는 조직을 합리성의 측면에서만 파악하면 분업과 전문성, 권위의 위계, 규정과 규칙, 몰인정성, 경력지향성의 특징을 갖는 일반적 관료제의 틀로 설명할 수 있습니다. 그러나 교사들의 전문성이 강조되는 교수 · 학습의 측면에서 보면 학교 조직은 질서 정연하게 구조화되거나 기능적으로 분명하게 연결되어 있지 않은 이완결합체제(loosely coupledsystem)의 특징을 지닙니다. 따라서 우리는 관료제적 관점과 이완결합체제의 관점으로 학교 조직의 특징을 이해할 필요가 있습니다.

한편, 사회가 학생들에게 새로운 역량을 요구하고 있고,이를 키우기 위해 교사는 다양한 수업을 설계할 수 있어야 합니다. 제가 경험했던 많은 교사들은 다양한 수업을 시도해 보고자 하는 열정은 높았지만 새로운 수업 방법이나 모형을 활용하여 수업을 설계하거나 수업 상황에 맞게 기존의 교수 · 학습 지도안을 적용하는 데 어려움을 느꼈습니다. 다양한 교수체제설계 이론과 모형이 있지만 분석, 설계, 개발, 실행, 평가의 과정은 일반적이라고 생각합니다. 이 중 분석과 설계는 다른 과정의 기초가 되기 때문에 중요합니다.수업 요소들이 서로 어떻게 관련되어 있는지 파악하여 여러분의 수업에 적용해 보시기 바랍니다.

수업 설계를 잘 하는 것 못지않게 수업 결과를 평가하는 것 또한 중요합니다. 여러분이 어떤 평가

기준을 활용하느냐에 따라 평가 유형이 달라질 수 있습니다. 자칫하면 평가로 인해 학생들 사이에 서열 주의적 사고가 팽배하여 서로 경쟁만 하는 문제가 발생할 수 있습니다. 이를 보완할 수 있는 평가 유형에 대해 고민해 볼 필요가 있습니다.

✤ **배점**

- 논술의 내용 [총 15점]
  - 기능론적 관점에서 학교 교육의 선발・배치 기능 및 한계 각각 2가지만 제시 [4점]
  - 학교 조직의 관료제적 특징과 이완결합체제적 특징 각각 2가지만 제시 [4점]
  - 일반적 교수체제설계에서 분석 및 설계 과정의 주요 활동 각각 2가지만 제시 [4점]
  - 준거지향평가의 개념을 설명하고,장점 2가지만 제시 [3점]
- 논술의 구성 및 표현 [총 5점]
  - 논술의 내용과 '학교 교육에서의 교사의 과제'와의 연계 및 논리적 형식 [3점]
  - 표현의 적절성 [2점]

■ **교육학 논술 분석 연습**

■ **논술주제:**

■ **논술문제 분석 및 개요**

| 논술문제 | 논술내용 | 논술지문 |
| --- | --- | --- |
| | | |
| | | |
| | | |
| | | |
| | | |

## 4) 기출문제(중등 2015 2차)

다음은 A 중학교의 학교교육계획서 작성을 위한 워크숍에서 교사들의 분임 토의 결과의 일부를 교감이 발표한 내용이다. 이 내용을 바탕으로 A 중학교가 내년에 중점을 두고자 하는 1) 교육 목적을 자유교육의 관점에서 논하고, 2) 교육과정 설계 방식의 특징, 3) 학습 동기 향상을 위한 학습 과제 제시 방안, 4) 학습조직의 구축 원리를 각각 3가지씩 설명하시오. [20점]

이번 워크숍은 우리 학교의 교육에서 드러난 몇 가지 문제점을 확인하고, 개선 방안을 제시하는 방식으로 진행되었습니다. 주요 내용을 말씀드리면 다음과 같습니다.

먼저, 교육 목적에 관한 문제점과 개선 방안입니다. 우리 학교는 학생들의 합리적 정신을 계발하기 위해 지식 교육을 추구해 왔습니다. 그런데 지난해 도입된 국어, 수학, 영어 교과에 대한 특별 보상제 시행으로 이들 교과의 성적은 전반적으로 상승하였지만, 학교가 추구하고자 한 것과 달리 반별 경쟁에서 이기거나 포상을 받기 위한 것으로 교육 목적이 왜곡되는 경향이 있었습니다. 이러한 교육 목적의 왜곡으로 인하여 교사는 주로 문제 풀이식 수업이나 주입식 수업을 하게 되었고, 학생들은 여러 교과에 스며 있는 다양한 사고방식을 내면화하지 못하는 결과가 초래되었습니다. 이러한 문제점을 보완하기 위하여 내년에는 교육 개념에 충실한 지식 교육, 즉 자유교육(liberal education)의 이상을 구현하는 데 중점을 두고자 합니다.

다음으로, 교육과정 설계 방식 및 수업 전략에 관한 문제점과 개선 방안입니다. 교육과정 설계 방식 측면에서, 종전의 방식은 평가 계획보다 수업 계획 중심으로 설계되어 있어서 교사가 교과의 학습 목표에 비추어 학생들이 배우는 내용을 올바르게 이해하였는지를 확인하는 데 한계가 있었습니다. 교사는 계획한 진도를 나가기에 급급한 나머지, 학생들의 학습 결손을 예방하지 못하였습니다. 내년에는 학생들의 학습 목표 달성 정도를 확인하는 데 유용한 교육과정 설계를 하고자 합니다.

또한 수업 전략 측면에서 볼 때, 수업에 흥미를 잃어 가는 학생들이 있음에도 불구하고 교사는 학생들의 학습 동기를 높일 수 있는 전략을 적극적으로 사용하는 데 소홀했습니다. 수업 상황에서 학생들이 배워야 할 학습 과제 그 자체는 학생들에게 흥미로울 수도 있고 그렇지 않을 수도 있습니다. 교사가 수업에 흥미를 잃은 학생들에게 학습 과제를 어떻게 제시하느냐에 따라 학습 동기를 높일 수 있습니다. 내년에는 이들의 학습 동기를 향상할 수 있는 학습 과제 제시 방안을 마련하는 데 관심을 기울이고자 합니다.

내년에 우리 학교는 교육 개념에 충실한 지식 교육을 하고, 학생들의 학업 성취와 학습 동기를 향상하는 데 좀 더 세심한 관심을 가져야 할 것입니다. 이 일의 성공 여부는 교사가 변화의 주체로서 자발적인 노력을 얼마나 기울이느냐에 달려 있습니다. 그래서 우리 학교는 교사 모두가 교육 활동에 능동적으로 참여하여, 지식과 학습 정보를 서로 공유하면서 지속적으로 변화해 가는 학습조직(learning organization)을 구축하고자 합니다.

✤ **배점**

- 논술의 내용 [총 16점]
  - 자유교육 관점에서의 교육 목적 논술 [4점]
  - 교육과정 설계 방식의 특징 3가지 설명 [4점]
  - 학습 동기 향상을 위한 학습 과제 제시 방안 3가지 설명 [4점]
  - 학습조직의 구축 원리 3가지 설명 [4점]
- 답안의 논리적 구성 및 표현 [총 4점]

■ 교육학 논술 분석 연습

■ 논술주제:

■ 논술문제 분석 및 개요

| 논술문제 | 논술내용 | 논술지문 |
| --- | --- | --- |
| | | |
| | | |
| | | |
| | | |
| | | |

## 5) 기출문제(중등 2016)

다음은 A 중학교에 재직 중인 김 교사가 작성한 자기개발계획서의 일부이다. 김 교사의 자기개발계획서를 읽고 예비 교사 입장에서 '교사가 갖추어야 할 역량'이라는 주제로 교육과정 및 평가 유형, 학생의 정체성발달, 조직 활동에 대한 내용을 구성 요소로 하여 서론, 본론, 결론의 형식을 갖추어 논하시오. [20점]

**✤ 자기개발계획서**

| 개선 영역 | 개선 사항 |
|---|---|
| 수업 구성 | • 학생의 경험을 중시하는 교육과정을 실행할 것<br>• 학생의 흥미, 요구, 능력을 토대로 한 활동을 증진할 것<br>• 학생이 관심을 가지는 수업 내용을 찾고, 그것을 조직하여 학생이 직접 경험하게 할 것<br>• 일방적 개념 전달 위주의 수업을 지양할 것 |
| 평가 계획 | • 평가 시점에 따라 적절한 평가 방법을 마련할 것<br>• 진단평가 이후 교수·학습이 진행되는 중간에 평가를 실시할 것<br>• 총괄평가 실시 전 학생의 학습 진전 상황에 관한 정보를 수집·분석할 것 |
| 진로 지도 | • 진로를 결정하지 못한 학생의 경우 성급한 진로 선택을 유보하게 할 것<br>• 학생에게 다양한 진로를 접할 수 있는 충분한 탐색 기회를 제공할 것<br>• 선배들의 진로 체험담을 들려줌으로써 간접 경험 기회를 제공할 것<br>• 롤모델의 성공 혹은 실패 사례를 제공할 것 |
| 학교 내 조직 활동 | • 학교 내 공식 조직 안에서 소집단 형태로 운영되는 다양한 조직 활동을 파악할 것<br>• 학교 구성원들의 욕구 충족을 위한 자발적 모임에 적극 참여할 것<br>• 활기찬 학교생활을 위해 학습조직 외에도 나와 관심이 같은 동료 교사들과의 모임 활동에 참여할 것 |

✤ **배점**

- 논술의 구성 요소 [총 15점]
  - '수업 구성'에 나타난 교육과정 유형의 장점 및 문제점 각각 2가지 [4점]
  - 김 교사가 실시하려는 평가 유형의 기능과 효과적인 시행 전략 각각 2가지 [4점]
  - 에릭슨(E. Erikson)의 정체성발달이론에 제시된 개념 1가지(2점)와 반두라(A. Bandura)의 사회인지학습이론에 제시된 개념 1가지(1점) [3점]
  - '학교 내 조직 활동'에 나타난 조직 형태가 학교 조직과 구성원에 미치는 순기능 및 역기능 각각 2가지 [4점]
- 논술의 구성 및 표현 [총 5점]
  - 논술의 구성 요소와 '교사가 갖추어야 할 역량'과의 연계 및 논리적 형식 [3점]
  - 표현의 적절성 [2점]

■ 교육학 논술 분석 연습

■ 논술주제:

■ 논술문제 분석 및 개요

| 논술문제 | 논술내용 | 논술지문 |
| --- | --- | --- |
| | | |
| | | |
| | | |
| | | |
| | | |

### 6) 기출문제(2013 초등)

학생의 수업 참여 정도는 학생이 학습하고자 하는 열의를 얼마나 가지고 있는가에 의해 영향을 받는다. 1)교실 수업에서 교사가 학생들의 학습동기를 유발시켜야 하는 이유 2가지를 논하시오. 다음에서 2) 민아가 적정 수준의 학습동기를 갖지 못하는 원인 4가지를 민아의 진술을 토대로 논하고, 3)각각의 원인으로 발생한 민아의 문제를 해결하기 위해 김 교사가 활용할 수 있는 수업 방안 4가지를 논하시오. (총 20점)

> 다음은 6학년 담임인 김 교사의 수업 장면과 두 학생이 주고받은 대화 내용의 일부이다.
> (김 교사의 수업 장면)
> 김 교사: 오늘은 선생님이 여러분을 위해서 활동지를 준비했어요. 각 모둠에서 한 명씩 나와서 받아 가세요.
> 민 아: (활동지를 받아 보고는 혼잣말로) 어휴,전부 글자만 빼곡히 있네. 정말 재미없어 보여!
> 김 교사: 자, 그럼 우리 열심히 공부해 볼까요?
> …… (중략)……
> 김 교사: 계속해서 이번에는 문제를 한번 풀어 볼까요? 하연아, 네가 한번 풀어 볼래?
> 하 연: (고민하면서) 처음 보는 문제인데, 너무 어려운 것 같아요. 전혀 모르겠어요.
> 김 교사: 어려워? 그렇게 어려워 보이지 않는데…….
> 민 아: (혼잣말로)오늘 문제는 왜 이리 어려운거야? 어제 주신 문제지는 너무 쉽더니, 오늘 문제지는 너무 어려워!
> (일주일 후, 하연과 민아가 주고받은 대화 내용)
> 하 연: 야, 신난다. 다 끝났다! 민아야, 너는 시험 어떻게 봤니?
> 민 아: 글세……. 지난번과 비슷하겠지 뭐. 그저 그럴 거야.
> 하 연: 그래도 넌 나보다는 공부 잘하잖니? 난 네가 부러워.
> 민 아: 어머 그러니? 하지만 솔직히 말해서 성적이 잘 나온다 해도 그다지 만족스럽지 않아. 단지 점수를 잘 받은 것뿐이잖아.
> 하 연: 아, 그래?
> 민 아: 음……. 그리고 사실 난 수업 시간에 공부하는 내용이 도대체 나와 무슨 관련이 있는지 정말 모르겠어. 그냥 무조건 공부해.

**✣ 답안 작성 시 유의 사항**

- 어법과 원고지 작성법에 맞게 서술하시오.
- 주어진 원고지(1,200자)에 맞게 서술하시오. (1,100자 이하 또는 1,200자 초과 시 감점)
- 글의 체계를 논리적으로 짜임새 있게 구성하시오.
- 글의 명료성, 타당성, 일관성을 고려하여 서술하시오

**✣ 배점**

- 논술의 체계(총 10점)
  - 분량(3점)
  - 맞춤법 및 원고지 작성법(3점)
  - 글의 논리적 체계성(4점)
- 논술의 내용(총 10점)
  - 교실 수업에서 교사가 학생들의 학습동기를 유발시켜야 하는 이유 2가지(2점)
  - 민아가 적정 수준의 학습동기를 갖지 못하는 원인 4가지(4점)
  - 김 교사가 활용할 수 있는 수업 방안 4가지(4점)

■ 교육학 논술 분석 연습

■ 논술주제:

■ 논술문제 분석 및 개요

| 논술문제 | 논술내용 | 논술지문 |
|---|---|---|
| | | |
| | | |
| | | |
| | | |
| | | |

## 7) 기출문제(초등 2014)

김 교사가 실시한 다음의 3학년 과학과 수업에 대해 분석하고자 한다.1)교사가 수업 분석 능력을 갖추어야 하는 이유를 2가지 제시하시오.그리고 2) 3가지 준거(① 학습목표 진술 방식, ② 교실 행동 관리,③ 특수한 요구를 지닌 학습자에 대한 지원)에 의거하여 김 교사의 수업 행동에 나타난 문제점과 이에 대한 합리적 대안을 다음 수업 사례를 들어 구체적으로 각각 1가지씩 논하시오.[총 20점]

김 교사: 바다는 넓고 깊어서 육지만큼 많은 동물이 살고 있어요.어떤 것이 있는지 함께 생각해 봐요.
충 민: (쳐다보지도 않고 만화 캐릭터만 그리고 있다.)
연 주: 고등어, 참치, 고래, 물개요.
민 서: (손을 들고) 상어, 오징어, 옥돔, 가오리, 그리고 전복과 조개요.
김 교사: 그럼, 오늘은 바다에 사는 동물의 특징에 대해 살펴볼 거예요. 오늘의 학습목표는…….
(학습목표가 진술된 문장카드를 제시한다.)

| 바다에 사는 동물의 특징에 대해 알아보자. |
|---|

충 민: (못 들은 척 계속 만화 캐릭터를 그리면서)물고기 그리고 싶어요.
지 민: (충민이를 툭 건드리면서)얘는 만화 캐릭터만 그려요.
김 교사: 자, 바다에 사는 동물들은 어떤 특징이 있는지 알아볼까요? (스크린을 가리키면서)모둠별로 여기에 제시된 동물들을 자세히 관찰하고 바다에 사는 동물의 특징을 찾아보세요. (스크린에 동물 그림을 제시하고, 학생들의 모둠 활동을 관찰한다.)
…… (중략)……
김 교사: 바다에 사는 동물의 특징을 발표해 봅시다. 어떤 특징이 있나요?
민 서: 지느러미가 있고, 아가미로 호흡을 합니다. 그리고 알을 낳아요.
김 교사: 맞아요. 지느러미가 있고, 아가미로 호흡하며, 알을 낳아요. 그런 동물의 예를 들어볼까요?
충 민: (캐릭터 그리기에 열중하다가 큰 소리로)지느러미요.
지 민: (충민이의 팔을 툭 치며) 야! 그건 선생님이 이미 말씀하셨잖아.
연 주: 고등어, 참치, 상어, 그리고 고래요.
김 교사: 하지만 고래는 달라요.
동 규: 선생님, 고래는 상어와 크기도 비슷하고 생김새도 닮았는데, 왜 달라요?
김 교사: 그건 고래가 허파로 숨을 쉬고 새끼를 낳기 때문이에요.

충 민: (안절부절 엉덩이를 들썩거리다가 갑자기 큰 소리로) 선생님, 재미가 없어요.
김 교사: 그러면 전복과 조개는 어떤 특징이 있나요? 충민이가 말해 볼까요?
지 민: (충민이를 손으로 밀치면서) 얘는 그런 거 몰라요.
충 민: (자리에서 벌떡 일어나) 몰라요. (화를 내며 교실 밖으로 나간다.)
김 교사: (순간 당황하며) 자, 그럼 다른 친구가 말해 볼까요? 선생님의 질문에 대답할 친구 누구 없나요?
…… (생략)……

✤ **답안 작성 시 유의 사항**

- 어법과 원고지 작성법에 맞게 서술하시오.
- 주어진 원고지(1,200자)에 맞게 서술하시오. (1,100자 이하 또는 1,200자 초과 시 감점)
- 글의 체계를 논리적으로 짜임새 있게 구성하시오.
- 글의 명료성, 타당성, 일관성을 고려하여 서술하시오

✤ **배점**

- 논술의 체계(총 10점)
  - 분량(3점)
  - 맞춤법 및 원고지 작성법(3점)
  - 글의 논리적 체계성(4점)
- 논술의 내용(총 10점)
  - 교사가 수업 분석 능력을 갖추어야 하는 이유(2점)
  - 학습목표 진술 방식의 문제점과 합리적 대안(2점)
  - 교실 행동 관리의 문제점과 합리적 대안(3점)
  - 특수한 요구를 지닌 학습자에 대한 지원의 문제점과 합리적 대안(3점)

- **교육학 논술 분석 연습**

- **논술주제:**

- **논술문제 분석 및 개요**

| 논술문제 | 논술내용 | 논술지문 |
|---|---|---|
| | | |
| | | |
| | | |
| | | |
| | | |

## 8) 기출문제(초등 2016)

다음은 ○○초등학교의 교사 협의회에서 수업 중 학생 행동 관리에 대해 교사들이 나눈 대화의 일부이다. 1) 수업 상황에서 학생 행동 관리가 필요한 이유를 2가지 제시하고, 2) 신 교사와 김 교사가 각각 학생 행동 관리의 기본 원리로 채택하고 있는 학습이론을 대화 내용에서 근거를 찾아 논하시오. 3) 학습 원리의 측면에서 신 교사와 김 교사의 학생 행동 관리 방법이 성공하기 위한 조건을 각각 1가지씩 제시하고, 4) 정 교사의 의견이 신 교사와 김 교사의 학생 행동 관리에 시사하는 바를 2가지 논하시오. [총 20점]

강 교사: 오늘은 교단생활의 경험을 이야기하고 고민을 나눔으로써 수업 상황에서 학생 행동 관리를 어떻게 하면 잘 할 수 있는지 논의하기 위해 모였습니다.

신 교사: 수업을 잘 하려면 평소 구체적 학습이론에 기반하여 학생들의 행동을 잘 관리하는 것이 중요하다고 생각해요. 그래서 저는 학기 초에 아이들과 함께 수업 행동 규칙을 4~5가지 정하고 엄격하게 지키려고 노력하죠. 이를 위하여 상벌 기준을 명확히 제시하고 일관성 있게 적용하고 있어요. 규칙을 지킨 아이에게는 스티커를 주어 10개를 모을 때마다 상을 주고, 규칙을 어기는 아이에게는 벌점을 주고 일정 점수를 넘으면 정해진 벌칙을 적용합니다.

김 교사: 저는 좀 생각이 달라요. 무엇보다 교사인 제가 솔선수범하다 보면 아이들은 따라오기 마련이죠. 그래서 저는 수업 중에 지켜야 할 행동을 설명하고 아이들 앞에서 적극적으로 실천하고, 모범적인 학생을 발굴하려고 적극적으로 노력해요. 예를 들면, 수업 시작 전에 먼저 인사를 나누고 수업 중에 요구나 질문 사항이 있으면 어떻게 해야 하는지를 이야기하고 시범을 보인 후, 귀감이 되는 학생을 찾아서 '모범 어린이'로 정해요.

정 교사: 저도 신 선생님이나 김 선생님처럼 해 보았는데 수업 중 학생 행동 관리가 항상 잘 되는 것은 아니더라고요. 그래서 저는 아이들과 함께 수업하면서 내 자신이 어떻게 행동하고 무엇을 느끼는지 교단 일지를 쓰면서 자주 되돌아보곤 합니다. 특히, 수업 중에 아이들이 힘들어하는 것이 무엇인지 생각해 보고 그들의 마음을 읽고 공감하려고 노력해요. 이렇게 하다 보면 아이들도 제 마음을 잘 이해하고 수업도 더 재미있어 하는 것 같아요.

강 교사: 어려운 가운데에서도 다양한 방법을 적용하려고 노력하고 계시네요. 모두 장단점이 있는 것 같습니다. 수업 중 학생 행동 관리에 대한 각각의 방법을 좀 더 논의해 볼까요?

…(하략)…

### ✤ 답안 작성 시 유의 사항

- 어법과 원고지 작성법에 맞게 서술하시오.
- 주어진 원고지(1,200자)에 맞게 서술하시오. (1,100자 이하 또는 1,200자 초과 시 감점)
- 글의 체계를 논리적으로 짜임새 있게 구성하시오.
- 글의 명료성, 타당성, 일관성을 고려하여 서술하시오

### ✤ 배점

- 논술의 체계(총 10점)
  - 분량(3점)
  - 맞춤법 및 원고지 작성법(3점)
  - 글의 논리적 체계성(4점)
- 논술의 내용(총 10점)
  - 수업 상황에서 학생 행동 관리의 필요성(2점)
  - 신 교사와 김 교사가 각각 채택한 학습이론과 그 근거 (4점)
  - 신 교사와 김 교사의 학생 행동 관리 방법이 성공하기 위한 조건(2점)
  - 정 교사 의견이 주는 시사점(2점)

■ 교육학 논술 분석 연습

■ 논술주제:

■ 논술문제 분석 및 개요

| 논술문제 | 논술내용 | 논술지문 |
|---|---|---|
| | | |
| | | |
| | | |
| | | |
| | | |

## 9) 기출문제(초등 2017)

다음은 2015 개정 교육과정에 대한 초등학교 교사들의 대화이다. 대화에 근거하여 1) 2015 개정 교육과정에서 강조하는 교수·학습의 중점 사항 3가지를 제시하시오(단, 협동학습은 제외). 그리고 2) 모둠성취분담(STAD) 모형의 보상 방식을 구체적으로 설명한 후 그것이 협동학습의 촉진에 어떻게 기여하는지 쓰고, 3) 정의적 능력에 대한 평가의 중요성과 방법을 각각 2가지씩 논하시오. [총 20점]

김 교사: 이번 2015 개정 교육과정에서는 특별히 교수·학습의 질 개선을 강조하는 것 같더군요.

박 교사: 네, 저도 그렇게 느꼈어요. 교과의 핵심 개념을 중심으로 학습 내용을 구조화하는 데 교육과정 구성의 중점을 둔 것도 그것 때문이라 생각해요.

김 교사: 맞아요. 진도를 나가야 한다는 부담감에 단편적 지식의 암기에 치중하거나, 학생의 수준을 고려하지 않은 채 교과서 내용을 단원 순서에 따라 기계적으로 가르치는 것을 지양해야 할 것 같아요. 교과 울타리에 갇힌 수업 관행도 개선해야 하고요.

박 교사: 이런 측면에서 협동학습의 중요성도 강조한 것 같은데, 김 선생님 반에서는 예전부터 협동학습 자주 하셨죠?

김 교사: 네, 저는 주로 과제분담학습(Jigsaw, 직소) 모형을 활용했어요. 처음에는 이른바 '직소 I' 모형을 활용했는데, 개별 보상만 하다 보니까 협동학습의 취지가 약해지더라고요. 그래서 모둠성취분담(STAD) 모형의 보상 방식을 적용해 보았더니 협동학습이 훨씬 잘 이루어졌어요.

박 교사: 오, 그러셨군요. 저도 그렇게 해 봐야겠네요.

김 교사: 교수·학습을 개선하려면 이에 어울리는 평가 방법의 개선이 함께 이루어져야 한다고 생각해요.

박 교사: 맞아요. 그동안 우리 교육은 지나치게 인지적 능력 중심으로 이루어지고, 평가 또한 인지적 능력에 치중되어 왔다고 할 수 있죠. 그러다 보니까 자아개념, 태도, 동기와 같은 정의적 능력의 발달과 이에 대한 평가가 상대적으로 소홀히 여겨진 측면이 있어요.

김 교사: 그렇죠. 정의적 능력이 학업 성취를 비롯한 인지적 능력의 발달과도 뗄 수 없는 관계에 있고, 초등학교의 교육목표에 비추어 보면 정의적 측면이 특히 중요한데도 말이에요. 앞으로 인지적 능력과 정의적 능력에 대한 평가를 균형 있게 실시해야겠어요.

박 교사: 그렇게 하려면 정의적 능력을 평가하는 다양한 방법을 상황에 맞게 적절히 활용하는 법을 익혀야 할 것 같아요.

김 교사: 우리 다음 공부 모임에서는 그 주제로 같이 토의해 봐요.

## ✤ 답안 작성 시 유의 사항

- 어법과 원고지 작성법에 맞게 서술하시오.
- 주어진 원고지(1,200자)에 맞게 서술하시오. (1,100자 이하 또는 1,200자 초과 시 감점)
- 글의 체계를 논리적으로 짜임새 있게 구성하시오.
- 글의 명료성, 타당성, 일관성을 고려하여 서술하시오

## ✤ 배점

- 논술의 내용 [총 15점]
  - 교수 · 학습의 중점 사항 [6점]
  - 모둠성취분담(STAD) 모형의 보상 방식(2점)과 그 보상 방식이 협동학습 촉진에 기여하는 점(1점) [3점]
  - 정의적 능력에 대한 평가의 중요성(4점)과 방법(2점) [6점]
- 논술의 체계 [총 5점]
  - 분량 [1점]
  - 맞춤법 및 원고지 작성법 [1점]
  - 글의 논리적 체계성 [3점]

■ **교육학 논술 분석 연습**

■ **논술주제:**

■ **논술문제 분석 및 개요**

| 논술문제 | 논술내용 | 논술지문 |
| --- | --- | --- |
| | | |
| | | |
| | | |
| | | |
| | | |

Memo

# 제 4 부

# 교육학 논술: 이론 및 응용

제 6 장

# 역량중심교육과 융합교육

## 셀프진단평가

다음은 A 대학의 예비교사가 단위학교에서의 효과적인 학습자 중심 교육과정 운영과 관련한 프로젝트를 위해 현장 교사들을 대상으로 실시한 인터뷰 내용을 발췌한 것이다. 이를 읽고 여러분이 작성할 논술 내용을 제시해 보자.

이 교사: 2015 개정 교육과정에 따라 앞으로 교사들이 제공할 수업의 목표, 내용 및 방법 등에서 6대 핵심역량 계발에 부합되도록 설계되어야 한다.

김 교사: 앞으로 우리 학생이 살아갈 사회는 복잡하고 불확실한 상황에서 협력적으로 문제를 해결하는 능력이 강조되고 있고, 또한 타인을 존중하고 배려하는 사회정서능력이 요청되고 있어 이를 위한 다양한 교수학습방법 및 평가 방법을 개발 운영할 필요가 있다.

정 교사: 미래 사회를 살아가는 우리 학생들에게 필요한 것은 종합적이고 비판적 사고가 요청된다. 이를 위해서 각 교과는 문제나 이슈 중심으로 통합적으로 재구성될 필요가 있다.

박 교사: 4차 산업혁명과 지능정보사회를 맞이하는 현 시점에서 학생들에게 지식정보처리역량을 갖추도록 교육과정 개편이 시급하며, 우리 학생들이 디지털 원주민임을 고려하여 교실의 교수·

학습 환경은 물론 학생 생활 및 진로지도에 있어서도 디지털 기반으로 운영될 필요가 있다.

한 교사: 지능정보사회에 적합한 진로를 탐색하고 이를 위한 다양한 체험을 제공함으로서 학생들의 진로정체감을 형성할 필요가 있다. 이를 위해서는 무엇보다도 효과적인 진로계발을 위한 창의적 체험활동이나 교내 프로그램이 개발 운영되어야 한다.

최 교사: 제4차 산업혁명 등 변화하는 사회 속에서 교사들의 리더십 배양 및 함께 연구하고 성찰할 수 있는 학습조직 운영이 필수적이다.

❶ 이교사가 제시하는 2015 개정 교육과정의 특징은 무엇인가? 또한 6대 핵심역량과 그것을 위한 교육과정 구성 및 운영 방법은 무엇인가? 최근 강조되고 있는 백워드 교육과정 구성은 무엇인가?

❷ 김교사가 제시하는 협력적 문제해결과 사회정서역량을 강화하는 교수학습 내용과 방법 및 평가는 어떠해야 하는가? 인성함양을 위한 수업을 위한 방법과 평가는 어떤 것들이 있는가?

❸ 정교사가 제시하는 학생들의 종합적, 비판적 사고 신장을 위한 통합적 교과 구성 및 운영 방법은 어떠한 것들이 있는가?

❹ 박교사가 말하는 4차 산업혁명 대비를 위한 디지털 기반 교수학습 도구와 방법은 무엇인가? 또한 디지털 기반으로 학생들의 학습, 진로, 생활 등을 지도할 수 있는 디지털 도구와 그 효과는 무엇인가? (☞ 지능정보사회와 학습테크놀로지 참조)

❺ 한교사가 제시하는 진로 탐색과 체험을 통한 진로정체감 형성을 위한 창의적 체험활동이나 교내 프로그램은 무엇인가? 이를 교실 수업으로 진행한다면 어떠한 방법으로 실시되어야 하는가? (☞ 진로지도 참조)

❻ 2015 개정 교육과정의 내실화 도모를 위해 교사들이 발휘해야 하는 리더십과 이를 위한 배움의 공동체는 어떠한 것들이 있는가? (☞ 배움의 공동체 참조)

## 1. 주요 이론

아래에서는 최근 현장 교육의 동향 중 하나인 역량중심, 통합형 교육과정의 구성 및 운영 방식을 이해하고 적용할 수 있는 능력을 함양하는데 필요한 내용들을 개괄해 볼 것이다. 구체적으로 피터스의 자유교육, 교육의 목적론, 교육과정 유형 등이, 통합형 교육과정 관련해서는 교과 및 학문중심 교육과정, 융합교육, STEAM 등을 살펴볼 것이다.

### 1) 핵심역량

핵심역량은 구체적인 맥락(교육, 일, 개인/전문성 개발)에서 적절하게 학습결과들을 응용하는데 필요한 기본적이고 보편적이며 공통적인 능력으로 정의될 수 있다(김규태, 최경민, 2015). 핵심역량은 OECD가 1997년부터 7년간 DeSeCo프로젝트를 진행하면서 제시한 개념이라고 알려져 있다. 이 프로젝트는 핵심역량을 미래의 성공적인 삶과 지속적인 사회발전을 위해 모든 인간은 지식을 창조하고 활용하는 고차원적인 능력을 갖춰야 하며, 이러한 성공적인 삶을 살아가기 위해 필요한 능력으로 정의하였다. 그리고 핵심역량을 세 가지로 범주화하였다. 첫째, 사회적으로 이질적인 집단에서의 상호작용 역량(인간관계 역량, 협업역량, 갈등관리 및 해결 역량), 둘째, 자율적인 행동 역량(전체 조직 내에서 협력적 자율적으로 행동할 수 있는 역량, 자신의 인생계획 프로젝트를 구상 실행하는 역량, 자신의 권리, 필요 등을 옹호 주장하는 역량), 셋째, 여러 도구를 상호작용적으로 활용하는 역량(언어 상징 텍스트 등 다양한 소통 도구 활용 역량, 지식과 정보를 상호작용적으로 활용하는 역량, 새로운 기술 활용 역량)이다. 국내에서도 핵심역량에 대하여 여러 연구자들에 의해 다양한 하위범주로 제시되고 있다. 그 예로 한국교육과정평가원이 창의력, 문제해결능력, 의사소통능력, 정보처리능력, 대인관계능력, 자기관리능력, 기초학습능력,

시민의식, 국제사회 문화이해, 진로개발능력 등으로 제시한 핵심역량을 들 수 있다(김규태, 최경민, 2015).

핵심역량은 교과전공지식, 읽고 쓰기, 수학 등과 관련된 기본적 스킬인 Hard skill과 구별되는 비인지적 스킬들(문제해결력, 책임감, 리더십, 창의력 등)을 말한다. 또한 핵심역량은 특정 영역의 능력과 영역-특수(domain-specific) 스킬보다는 다양한 영역의 능력과 스킬에 적용할 수 있는 영역-일반(domain-generic) 스킬과 관련 있다(Schunk, 2006). 일반적으로 3R's와 같은 기본지식이나 교과전공지식 등 하드스킬(hard skills)은 문제해결력, 책임감, 창의성 같은 소프트스킬(soft skills)과 연계될 때 학습전이를 갖는다고 알려져 있다(Adams, 2013). Billing(2007)은 학습맥락과 과정에서 핵심역량 강화를 위한 전이가능성 조건으로 하드스킬과 소프트스킬 관계를 다음과 같이 제시하였다.

① 원리 및 개념 학습은 유사하지 않은 문제들에 대한 전이를 촉진한다. 그러나 반복/암기/주입 학습은 전이를 방해할 수 있다.
② 추론/추리/논리적 사고의 일반적 원리는 자기점검(모니터링, 성찰) 실행과 함께 가르쳐질 때 촉진된다.
③ 비판적 사고는 추상적 원리와 규칙들이 예시(examples)와 결합될 때 효과적으로 전이된다.
④ 성과에 대한 피드백이 있을 경우 전이는 촉진된다.
⑤ 학습자가 문제들이 서로 유사하거나(공통점 파악), 다른 상황에 적용해보거나, 서로 다른 맥락 속에서 심층논리와 구조를 찾아낼 수 있을 때 전이가 일어난다.
⑥ 메타 인지 전략에 대한 학습은 전이에 있어서 특히 중요하다.

### 2) 지식의 유형

라일(G. Ryle)은 명제적 지식(knowing that)과 방법적 지식(knowing how)으로 지식의 개념을 구분한다. 명제적 지식은 일종의 신념으로서, ~라는 사실이나 명제를 아는 것을 의미한다. 종이는 불에 탄다, 빛은 직진한다 등의 명제들이 여기에 속한다. 이에 비해 방법적 지식은 일종의 능력으로서, ~을 할 수 있는 기술이나 방법을 아는 것을 의미한다. 수영을 할 줄 알거나 자전거를 탈 줄 아는 것은 명제적 지식과는 다소 다른 종류의 앎을 의미한다. 유사한 맥락에서 폴라니는 형식지와 암묵지로 지식의 개념을 구분하고 있다. 형식지는 문서 등을 통해 외부로 표출되어 여러 사람이 공유할 수 있는 지식이다. 말하자면 이것은 객관적인 지식, 언어로 표현된 지식인 셈이며, 보고서나 신문 등을 통해 형상화 된다. 이에 비해 암묵지는 학습과 체험을 통해 습득되지만 언어로 명확하게 드러나지 않는 지식을 의미한다. 이것은 주관적인 지식, 언어로 표현되지 않는 지식으로서, 음식 맛보기, 효과적인 악기 연주 방법 등이 여기에 속한다(한민석, 2016).

### 3) Peters의 교육받은 사람

핵심역량을 계발하거나 발휘하는 사람은 어떤 의미에서 Peters가 제시한 교육받은 사람과 비슷한 측면을 지니고 있다고 볼 수 있다. 그 이유는 Peters가 말한 교육받은 사람은 특정한 지식과 스킬에 한정되기 보다는 학제적 관점과 다양한 안목으로 자신의 일과 학습에 대해 폭넓고 깊게 사고하고 탐구하는 사람이기 때문이다. 피터스가 주장한 교육받은 사람은 교육의 내재적 목적을 추구하며, 교육이 외재적인 목적을 위한 수단이 되는 것을 경계하는 사람이다. 즉, 가치 있는 정신의 상태, 지성, 탁월성의 도야 등과 같은 내재적인 목적을 지향하는 사람이다. 또한 교육받은 사람은 가치 있는 것을 통달하고 또 그것을 배려하며 인지적 안목에서 바라보는 것을 특징으로 하는 정신 상태를 성취한 사람이다. 또한 교육받은 사람은 가치 있는 일에 헌신하는 사람이어야 한다. 또한 교육받은 사람은 사물을 전체적으로 보는 안목을 지니고 자기가 하는 학문과 다른 분야와의 관계를 알며, 그것이 인생의 어떤 위치에 있는가를 아는 인지적 안목을 가진 사람이다. 그래서 교육받은 사람은 잡다한 지식을 많이 갖고 있거나, 한 분야에만 뛰어난 능력을 갖춘 사람이 아니라도 할 수 있다. 그래서 교육받은 사람은 적어도 지식의 체계를 알고 그 분야가 자신의 삶에 어떤 의미를 갖고 있는가를 아는 안목을 소유한 사람이다(이인학, 이기영, 김규태 등, 2013)

Peters가 말한 교육받은 사람은 교육을 통해 새로운 눈을 가질 뿐만 아니라 삶을 바라보는 안목이 보다 다양해진다는 것이다. 교육받은 사람은 지식의 체계, 사실을 조직하는 원리에 대한 이해능력을 갖추어야 하며, 고도로 발달된 과학적 지식을 갖고 있다고 할지라도 지식의 범위가 지나치게 협소하거나 자기가 하고 있는 일을 인생의 다른 분야와 관련시키지 못한다면 그를 교육받은 사람이라 할 수 없고 훈련받은 전문가에 불과하다. 훈련이라는 것은 제한된 기술이나 사고방식을 길러주는 것임에 비하여 교육은 보다 넓은 신념체계를 다룬다. '훈련받은 마음'을 가진 사람은 자기 앞에 놓인 특정한 문제를 꼼꼼하고 유능하게 해결할 수 있다. 그러나 '교육받은 마음'은 그러한 분위기의 여러 국면 내지 차원을 넓게 의식하고 있다는 뜻이 들어 있다. 뿐만 아니라 어떤 사람이 알기만 하고 그것을 생활에 관련시키지 못할 때 그를 교육받은 사람과 구별하기 위하여 알기만 하는 사람(knowledgeable man)이라 부른다. 왜냐하면 교육받은 사람은 자신이 갖는 지식에 따라서 자신의 견해를 변화시키는 사람이다. 이러한 의미에서 볼 때 많이 배운 자가 정직하지 못하면 문제는 심각해진다. 무지한 자들의 술수는 금방 탄로가 나지만, 배운 자들의 기만 술수는 한참 세월이 지나야 밝혀지기 때문이다(김규태, 박찬호, 유현숙 등, 2016).

### 4) 교육의 목적

교육의 목적은 외재적 목적과 내재적 목적으로 구분해 볼 수 있다(황정규, 이돈희, 김신일, 2013). 먼저 외재적 목적은 교육과 개념상 별개의 것으로 교육 바깥에 존재하는 활동의 수단적 가치를 추구한다. 이런 가치들은 교육과 사실적, 경험적, 우연적으로 관련되어 있다. 이런 관점은 교육 행위를 수단화하거나 교육을 바꾸는 데 관심을 가지고 있기 때문에 사실적 관련 혹은 목적과 수단에 입각해서만 정당화될 수 있다. 일을 위한 교육을 주장하는 관점은 외재적 목적을 추구하는 교육의 전형이라 할 수 있다. 이런 관점에 의하면, 교육은 좋은 직장을 얻을 수 있는 능력을 갖추는 데 있다. 따라서 교육은 현실과 동떨어져서는 안 되며, 현실 세계와 연관성을 유지하기 위해 사람들이 현실 세계를 살아갈 수 있도록 준비시켜 주어야 한다. 실제 삶을 영위하는 데 있어 일 혹은 직업은 핵심적인 역할을 담당한다.

반면, 교육의 내재적 목적은 교육 그 자체가 가지는 목적으로서 교육 활동 그 자체 안에 들어 있는 목적이다. 교육의 내재적 목적은 교육과 개념적, 논리적, 필연적으로 관련되어 있으며, 이런 관점에서 보면 교육은 여타 다른 활동의 수단이 될 수 없다. 피터스는 교육의 내재적 목적을 강조하고 있는 대표적인 학자 중 한명이다. 피터스에 의하면, 교육받는다는 것이 무엇인가를 이해한다면, 그것은 다른 어떤 것을 위한 수단이 될 수 없다. 교육이란 내재적 가치를 지닌 활동으로 입문시키는 과정이며, 이 점에서 교육의 목적을 묻는 것은 성취할만한 가치가 무엇인가를 묻는 것이지 교육에 외재하는 결과의 산출을 찾는 질문이 아니다.

### 5) 포워드 vs. 백워드 교육과정

교육과정 모형은 여러 학자들에 다양하게 제시되고 있다. 여기서는 파워드 교육과정 모형의 고전적 모형이라고 할 수 있는 타일러 모형과 최근 주목받고 있는 백워드 모형을 개괄적으로 제시해 보고자 한다(권낙원, 김민환, 한승록, 추광재, 2011).

타일러 모형은 '교육과정과 수업을 계획할 때 고려해야 할 네 가지 질문들, 첫째, 학교가 달성해야 할 교육목표가 무엇인가(교육목표)? 둘째, 목표를 달성하기 위하여 어떤 학습경험을 제공해야 하는가(학습경험의 설정)? 셋째, 학습경험을 효과적으로 조직하는 방법은 무엇인가(학습경험의 조직)? 넷째, 목표가 달성되었는지 어떻게 알 수 있는가(학습 성과의 평가)'을 특징으로 한다. 이것은 교육과정의 포워드 모형의 전형이라고도 할 수 있는데, 교육목표가 설정되면 이를 토대로 학습경험의 선정과 조직이 이루어지고, 다음에 학습 성과에 대한 평가를 실시하며, 평가결과는 다시 교육목표설정에 송환되어 교육과정을 수정, 보완하는 과정으로 진행되어야 한다는 점을 강조한다.

백워드(Backward) 모형은 Tyler의 모형과 같이 교육목적설정 → 학습경험의 선정과 조직 → 교육평가 로 이어지는 것과 달리, 교육목적설정 → 교육평가계획 → 학습경험 및 수업계획의 순서로 진행된다. 즉, 백워드 모형은 수업이 이루어지는 난 뒤에 평가를 하는 것이 아니라 학습경험 및 수업계획보다 평가계획을 먼저 세운다는 점을 강조한다. 쉽게 말해, 시험문제를 먼저 내놓고 수업하는 것이다. 또한 이 모형은 현재 실시되고 있는 교육목표 설정 이후 그 성취기준을 설정하고 그에 따라 수업과 평가를 진행한다는 취지를 지닌 성취기준평가제와도 부합되는 모형이라고도 볼 수 있다.

### 6) 교육과정 유형[1)]

#### (1) 교과중심 교육과정

교과중심 교육과정은 교과를 중심으로 교육과정을 조직하고자 하는 것이다. 이 입장은 교육을 문화로부터 다음 세대에 전달할 가치가 있는 것을 추출하고, 논리적으로 조직하여, 학습자들에게 전달하는 것을 강조한다. 따라서 교과란 인류의 문화유산을 논리적으로 조직한 것이며, 학생들의 중요한 학습자원이다. 이러한 점에서 교육의 주체는 교사가 되며, 학습자들은 수동적 존재가 되며, 강의나 설명 및 암송 등이 주요 교수방법으로 활용된다. 교과중심 교육과정은 새로운 지식이나 사실을 설명하고 조직하는데 논리적이고 효과적이며, 학생들의 지적 능력을 발전시키는데 적합하며, 교과조직이 단순하고 명료하며 학습결과에 대한 평가가 객관적 기준에 따라 분명하게 이루어질 수 있는 장점이 있다. 반면, 교과조직이 학생들의 흥미나

1) 통합적 교육과정 구성 및 운영에 대한 내용은 권낙원, 김민환, 한승록, 추광재(2011). 교사를 위한 교육과정론, pp. 142-171의 내용을 요약, 재구성한 것임

필요 및 능력을 고려하는 심리적 조직에 적합하지 않고, 활동보다 교과체계에 더 관심을 갖고, 교과조직이 단편적이고 분과적인 관계로 지식을 통합하는 구조가 약한 단점을 지닌다.

교과중심 교육과정에서 교과를 구성하는 방식은 분과형, 상관형, 융합형과 광역형으로 구분하고 있으며 그 개념과 주요 특징은 다음과 같다.

① **분과형**: 국어, 영어, 수학, 음악, 체육처럼 각 교과나 과목 간의 경계가 확고하여 다른 과목의 연계를 갖지 않는 구성방식이다.

② **상관형**: 두 개 이상의 교과나 과목이 각각의 교과형태를 유지하면서 서로 관련된 내용들을 공유하도록 하는 구성방식으로, 수학과 물리 교과의 경우 수학공식을 물리교과에서 활용하거나 가르치며, 동시에 수학교과에서 물리현상을 예제로 제시하는 경우를 예로 들 수 있다.

③ **융합형**: 각 교과목의 성질을 유지하면서 그 사이에 존재하는 다소 간의 공통적 내용이나 특성을 추출하여 교과를 재조직하는 구성방식으로 식물학, 동물학, 생물학의 과목들 간에 관계되는 요소를 추출하여 생물학을 만들고, 지리, 역사, 사회 등의 관계요소를 추출하여 공통사회를 만드는 것을 예로 들 수 있다.

④ **광역형**: 동일 학문영역에 속하는 몇몇 과목들 간의 경계를 허물고 이들을 포괄하는 하나의 교과로 조직하는 일종의 통합적 교육과정이라 할 수 있다. 이것은 물리, 화학, 생물 및 지학을 공통과학으로 만드는 경우나 초1, 2학년의 교과 등을 그 예로 들 수 있다.

### (2) 경험중심 교육과정

경험중심 교육과정은 학생들이 앞으로 사회생활을 하는 과정에서 당면할 문제를 해결하는 문제해결능력이나 사고력 향상을 중시하며, 학생들의 사회적응능력을 신장하기 위해서 아동의 흥미와 필요에 맞는 교육을 강조한다. 그래서 실천을 통한 학습(learning by doing)과 반성적 사고(reflective thinking)를 강조하는 학습과정의 설계를 중시하며, 또한 강의보다는 관찰, 견학, 조사 및 토론 등 참여 중심 방법을 강조한다. 이는 최근 학습자 중심 수업의 이론적 근거이기도 하다. 경험중심 교육과정은 학생의 흥미나 필요를 바탕으로 함으로 자기주도적 학습, 실생활에서 경험할 문제에 대한 반성적 사고와 문제해결력 증진에 효과적이지만, 일반적인 법칙이나 원리 학습 부족, 기초학력의 저하 등의 문제를 지니고 있다.

### (3) 학문중심 교육과정

학문중심 교육과정은 단순한 교과내용이나 아동의 생활경험보다는 학문에 내재해 있는 기본적인 아이디어, 개념, 원리를 중시하며, 사고방식이나, 사물을 보는 안목인 지식의 구조를 가르쳐야 한다는 점을 강조한다. 지식의 구조를 가르쳐야 할 이유는 학습자들이 기본 개념을 이해하면 교과를 쉽게 이해할 수 있고, 개별적 사실이나 지식들을 전체 구조 속에서 파악하지 않으면 쉽게 잊으며, 기본적 개념이나 원리를 학습하는 것이 전이효과가 크기 때문이다. 그래서 교과목의 지식의 구조를 학습하기 위해서 동일한 교과(구조, 개념, 원리)가 학년이 올라감에 따라 점차로 확대되어 가도록 조직하는 나선형 교육과정을 강조한다. 또한 교사의 주된 역할은 학생들이 교과의 기본 아이디어나 지식의 구조를 발견하도록 하여 탐구활동 과정에서 지적 희열과 같은 내적 동기를 유발하도록 올바른 탐구과정으로 안내하고 조언하는 것으로 본다. 그래서 학문중심 교육과정의 교수학습방법은 탐구활동, 실험, 토론 및 설명법 등이 주로 제공된다. 이러한 교육과정은 학문의 체계나 논리적 구조를 통해 지식의 체계적 습득과 이해, 탐구능력 배양과 고등정신 신장 등에 효과적이나, 모든 학생에게 지식의 구조를 발견, 탐구하기가 어려우며, 사회생활에 유용한 지식과 경험을 제공하지 못한다는 한계를 지니고 있다.

### (4) 인간중심 교육과정

인간중심 교육과정은 학생 개인의 전인적 성장과 통합 및 자율성, 즉 자아실현을 증진하도록 학생 개인의 능력을 최대한 발휘하며, 훌륭한 품성을 갖추며, 타인들과 바람직한 인간관계를 유지하여, 성공적인 사회생활을 영위할 수 있도록 돕는 교육활동을 강조한다. 이를 위해 교사는 학생들 스스로 자신을 발견하고 자율성을 실현하도록 개방적이고 독립적인 사고를 하며, 자기주도성을 실현할 수 있도록 돕는 역할을 수행해야 한다. 또한 평가에 있어서도 학습수행 결과보다는 학습이 이루어지는 과정에서 이루어진 수행에 대한 평가를 강조한다. 인본주의 교육과정은 자아실현을 위한 전인교육, 학습의 과정과 수행평가를 통한 학생의 자기주도성 신장 등에 효과적이지만, 인간중심 교육과정에서 무엇을, 왜, 어떻게 가르쳐야 하는가에 대한 구체적인 이론이나 방법을 제시하지 못한 한계를 지니고 있다.

### 7) 잠재적 교육과정과 영 교육과정

잠재적 교육과정은 공식적 교육과정에서 의도하거나 계획하지 않았음에도 불구하고 수업시간 또는 학교생활동안 학생들이 은연중에 배우게 되는 가치, 태도, 행동양식으로 경험되는 교육과정을 말한다. 예를 들면, 과학시간에 실험도구가 부족하여 개인실험 대신 조별실험을 시켰더니 학생들이 협동심이 길러진 경우에 해당된다. 반면, 영 교육과정은 공식적 교육과정(공적인 문서에 담긴 교육계획)에 속하지 않아서 학교에서 학생들이 배울 기회가 없는 교육내용을 말한다. 다시 말해서, 교육적으로 학습할만한 가치가 있는 내용, 학습자의 발달수준에 적합한 내용, 학교가 설정한 교육목적에 부합된 내용인데도 교육과정의 편성되어 있지 못해 학생들이 배울 기회가 없는 상태를 말한다.

### 8) 통합적 교육과정 구성[2)]

융합교육을 위한 교과 구성 및 운영은 분리, 독립되어 있는 과목들을 상호 관련

2) 통합적 교육과정 구성 및 운영에 대한 내용은 권낙원, 김민환, 한승록, 추광재(2011). 교사를 위한 교육과정론, pp. 186-190, 201-206의 내용을 요약, 재구성한 것임

짓고 통합함으로서 새로운 의미 있는 교과로 재구성하는 것을 필요로 한다. 통합적 교육과정은 교육내용의 통합을 의미하며, 나아가 학습자들의 학습 통합을 지향하고, 궁극적으로는 학습자들의 인격통합을 목적으로 한다. 통합적 교육과정은 여러 교과들을 새롭게 조직한다는 뜻이며, 분과된 상태로서의 교과 내의 통합이 아니라 여러 독립 교과가 서로 관련된 상태로서의 제3의 교육과정을 의미한다. 또한 그것은 실생활 문제를 중시하며, 이를 위해 학습과제, 프로젝트 주제, 토픽 등을 선정 개발하는데 학생들이 직접 참여하며 그 평가도 단편적 지식이나 기능 습득을 파악하기 보다는 아동의 성장과정 그 자체에 둔다.

교과 간 통합이 이루어지면, 무엇보다도 교과에 포함된 지식의 변화를 반영한 새로운 지식과 정보를 교과 내용으로 활용하는데 유용하다. 또한, 학생들의 실제 생활과 관련된 경험을 제공하거나 학생들의 발견 및 탐구학습, 문제해결학습, 프로젝트학습 등 학습과정을 진행하는데 유용하다. 그리고, 교과 내용 선정이나 교과 활동에 있어서 팀별 자료조사와 분석 및 토론 등 교사 간, 교사와 학생, 학생 간 협동학습을 촉진할 수 있다. 아울러, 간학문적 접근을 통해 현대 사회의 문제를 다루고 해결방안을 모색하는 창의적, 협력적 문제해결도 가능할 뿐 아니라 그 문제 해결을 위해 학교와 지역사회의 연계도 강화하는 측면이 있다.

교육과정 통합의 유형은 여러 학자들에 의해 제시되고 있다. 여기서는 Forgaty의 분류와 Drake와 Burns의 분류를 살펴볼 것이다. Forgaty는 교과 내의 통합방식으로 분절형, 연결형 및 동심원형을, 교과 간 통합 방식으로 계열형, 공유형, 거미줄형, 실로 꿰맨 형 및 통합형을, 학습자 내부 및 학습자 연계를 통한 통합방식으로 몰입형과 네트워크형을 제시했으며, 그 내용은 다음의 〈표 6-1〉과 같다.

〈표 6-1〉 Fogarty의 교육과정 통합 유형

| 통합차원 | 유형 | 통합방식 | 특징 및 사례 |
|---|---|---|---|
| 교과 내 통합 | 분절형 | 전통형 분과형 교육과정으로 하나의 교과에 초점을 두는 구성방식이다. | 교과 그 자체가 통합된 것으로 본다. |
| | 연결형 | 각 교과를 분리 조직해 가르치나 특정 주제나 개념 및 아이디어들을 서로 연결하는 구성방식이다. | 분수 개념을 십진법이나 화폐 등에 연관 |
| | 동심원형 | 동심원 중앙에 가르칠 내용을 위치시키고, 관련 내용을 점차 확대하면서 통합하는 구성방식이다. | |
| 교과 간 통합 | 계열형 | 서로 쉽게 묶여질 수 있는 두 교과나 학문영역의 통합에 적합한 것으로 통합 초기 단계에서 고려될 수 있는 방식이다. 개별 교과영역이 유지된 채 가르칠 주제를 계열화하거나 교과들을 병렬로 배열함으로써 학생들의 학습을 도와주는 구성방식이다. | 주제 중심 통합 |
| | 공유형 | 독립적으로 존재하는 두 교과가 공유하고 있거나 중복되고 있는 개념, 기능, 태도 등을 각 교과 담당교사가 공동으로 수업계획을 세우고 가르치는 구성방식이다. | 개념중심 통합, 특정 교과 내에서만 공유<br>수학과 과학교과에서 각 교사들은 두 교과가 공유하고 있는 자료수집 방법이나 도표 및 그래프 그리기 등을 함께 가르치는 경우 |
| | 거미줄형 | 특정 주제를 중심으로 다양한 교과에서 관련 있는 내용을 추출해 통합하는 구성방식이다. | 과학이나 기술 교과의 기계 연구 등 주제 중심 통합 |
| | 실로 꿰맨 형 | 특정 사고기능을 목표로 설정하고, 이를 위해 모든 교과내용을 통합, 메타적 접근 | 예측이란 개념을 위해, 수학, 일기예보, 과학, 소설 등에서 사용하는 기술 |
| | 통합형 | 주요 교과에서 모두 중복되는 개념이나 기능 및 태도 등을 찾아내어 그것들을 혼합시키는 구성방식이다. | 언어, 사회, 수학, 과학, 미술, 실과 등에서 각각 중요한 개념이나 기능 및 태도를 찾아내고, 이들 중에서 핵심적인 사항을 추출한 다음, 교과간 중복되는 내용 중심으로 통합 |
| 학습자 내부 통합 | 몰입형 | 모든 교과내용을 학습자의 관심과 전문지식에서만 보는 것 | 학습자 개인관점의 교과통합으로 극히 개인적임 |
| | 네트워크형 | 학습자가 전문적 안목을 갖고 다양한 학습을 여과하며, 외부 전문가들과 연계해 학습하는 것 | 건축가가 컴퓨터를 활용해 디자인하며, 실내 디자이너와 연계활동 |

한편, Drake와 Burns는 교육과정 통합 유형으로 다학문적 통합, 간 학문적 통합, 범(탈)학문적 통합으로 구분하였다. 우선, 다학문적 통합은 하나의 주제를 중심으로 다양한 학문으로부터 내용을 선정하고 조직하는 방식이다. 예컨대, 하나의 주제를 중심으로 관련 학문들, 즉 역사, 수학, 과학, 지리, 영어, 음악, 체육, 기술 및 드라마 등으로부터 내용을 선정해 조직하는 것이다. 이는 다시 학문 내적 접근방식, 융합방식, 주제중심 단원 등 방식으로 구성된다.

① 학문 내적 접근 방식은 한 교과 영역 내의 하위 학문분야를 통합하는 것으로, 사회과에 역사, 지리, 경제 및 정치 등으로, 과학에 물리, 화학, 생물, 지구과학 및 천문학 등으로 통합하는 것이다.
② 융합방식이란 특정 지식이나 태도 및 기능 등을 여러 교과영역에서 각각 가르칠 수 있도록 교육과정을 개발하는 것이다. 예컨대, 환경이나 평화 등의 특정 주제를 여러 교과, 즉, 국어, 사회 및 과학 교과 등에서 가르칠 수 있도록 구성하여 가르치는 것이다.
③ 주제중심단원은 특정 주제를 집중적으로 다루기 위하여 개발하는 것으로, 대개 세 개 이상의 교과내용들이 혼합되어 구성되는 것이다.

다음으로, 간 학문적 통합은 몇 가지 학문분야에 걸친 공통학습 주에나 개념을 중심으로 교육과정을 조직하는 것이다. 교육과정 조직의 중점이 각 학문분야의 공통된 학습요소이다. 예컨대 간 학문적 기능으로 볼 수 있는 독해력, 계산능력, 사고능력 등을 향상하기 위해 영어, 과학, 역사 및 지리 등의 교과에서 관련 요소를 추출해 교육과정을 조직하는 것이다. 또한, 학생들이 노래하며 춤을 추고 조작하면서 동시에 수학과 과학의 개념과 기능을 가르치고자 할 때 음악, 미술, 무용, 수학 및 과학에서 공통요소를 추출해 조직된 것이다.

마지막으로, 범(탈) 학문적 통합은 교사들이 학생들의 질문이나 관심사를 중심으로 조직하는 방식을 말한다. 이는 궁극적으로 학생들의 생활능력을 길러주기 위한 것으로, 학생들의 실생활에 관련된 문제나 특정 주제, 개념 및 생활기능 등을 중심으로 범교과적으로 조직하는 것이며, 프로젝트 학습법이 대표적이다.

Drake와 Burns의 유형을 과학 · 기술 · 공학 · 예술 · 수학 등 교과 간 통합적 교육 방식으로 다양한 분야의 학습 내용을 융합적으로 학습함으로써 학생들의 창의력과 실천력을 기를 수 있는 교육인 STEAM에 적용해 보면 다음의 그림과 같다.

다학문적 접근 간학문적 접근 탈학문적 접근

## 2. 전문가 오피니언[3)]

미래 학교 교육 환경의 변화는 지식의 단순 축적보다는 지식 활용의 중요성을 강조하고 있으며, 이에 따라 기존 교과 중심 교육과정을 탈피한 핵심역량(core competencies) 중심 교육과정 설계 및 적용의 필요성이 제기되고 있다. 이를 위해 학교 교육과정 과 수업, 평가를 통하여 효과적으로 형성하도록 하는 학교교육의 변화가 요청된다.

3) 본 내용은 한국교육개발원에서 발간한 교육정책포럼(통권 제283호, 2017년 1월 발간)에서 다룬 "역량중심교육", 교육정책포럼(통권 제257호, 2014년 10월 발간), 한국교육과정평가원에서 발간한 '미래 사회 대비 핵심역량 함양을 위한 국가 교육과정 구상(2013년)' 및 '미래 핵심역량 계발을 위한 교과 교육과정 탐색(2014)' 보고서 등에서 발췌한 것임

> 핵심역량이란 선천적으로 타고나는 것이 아니라 학습될 수 있는 것으로, 지적능력, 인성(태도), 기술 등을 포괄하는 다차원적(multidimensional) 개념이며, 향후 직업세계를 포함한 미래의 삶에 성공적으로 대처하기 위해 필수적으로 요청되는 능력이다. (한국교육과정평가원, 2013)

2015 개정 교육과정 총론은 역량중심 교육과정과, 문·이과 통합형 교육과정을 구현하도록 개발되었다. 역량 중심 교육에 대한 강조는 이미 주요 선진국인 핀란드, 영국, 프랑스 등에서 미래 핵심역량을 도출하고 이를 반영한 교육과정을 추진하는 데에서 확인할 수 있다. 교육 강국인 핀란드에서는 2020년까지 전통적인 수업과정을 4C(소통능력. 장의 력, 비판적 사고력, 협업능력)를 강조하는 교육으로 대체할 것이라고 발표한 바 있다. 우리나라도 이에 부응하여 창의융합형 인재양성을 목표로 하는 2015 개정 교육과정을 추진하고 있고, 핵심역량으로 자기관리 역량, 지식정보처리 역량, 창의적 사고 역량, 심리적 감성 역량, 의사소통 역량, 공동체 역량 등 6개 역량을 제시하고 교과별로 연계하여 미래사회가 요구하는 핵심역량 신장이 가능한 교육과정을 시행하려고 한다.

역량중심교육과 함께 통합형 교육과정 운영도 2015 개정 교육과정의 주요 핵심 사항이다. 이것은 교육부가 제시한 문·이과 통합형 교육과정의 추진배경에서 잘 나타나 있다. "문·이과 칸막이 없는 학교교육을 통해 학생들이 인문·사회·과학기술에 대한 기초 소양을 함양하여 인문학적 상상력과 과학기술 창조력을 갖춘 창의·융합형 인재로 성장할 수 있도록 우리 교육을 근본적으로 개혁하려고 하는데 있다." 이러한 예는 고등학교 '통합사회' 과목과 '통합과학' 과목 신설과 소프트웨어(SW) 교육 강화 등에서 찾을 수 있다.

2015 개정 교육과정에서 제시한 역량중심교육과 통합형 교육과정의 성공적 착근을 위해서는 다음과 같은 노력들이 요청된다. 우선, 지식을 전달하는 강의식 수업이 아니라 학습자들이 스스로 의미 있는 역할을 수행해 볼 수 있는 교육방법의 전환, 즉 거꾸로 수업, 프로젝트 기반 학습, 문제 중심 수업, 사례기반학습, 현장 중

심 학습 등 학습자 중심적 교육방법으로의 변화가 요청된다. 이들 학습자 중심적인 교육방법들은 실제 세계의 문제들을 학생들이 스스로 조사하고 조사결과를 다른 친구들과 협의하면서 해결책을 직접 만들어 본다는 공통점을 갖는다. 학생 중심적 교육방법은 학습자나 교사들의 적극적인 참여와 새로운 교육방법에 대한 관심이 없이는 성공이 어렵다. 학습자 측면에서는 거꾸로 수업과 같은 새로운 수업방법에 적극적으로 참여하기 위해서 어떠한 학습기능이나 전략들이 요구되는지를 알려주는 것과 함께, 교사에게는 새로운 수업방법을 시도하고 적용해 볼 수 있도록 보다 많은 자율성을 부여하고 다양한 교수학습방법 자료들을 지원해 주어야 한다.

둘째, 학교 단위에서 교육과정 재구성 방향, 교수·학습 전략, 평가 방법을 포괄하는 교수·학습 지도안 작성이 필요하다. 핵심역량 계발을 위한 교수·학습 방법은 수업 계획 및 실행에 있어서는 체계성이, 수업 운영에 있어서는 유연성과 민감성이 전제되어야 할 것이다. 이를 위하여 교수·학습 지도안은 교육과정 재구성 방법과 세부적인 운영 방안을 아우르도록 구성되어야 할 것이다. 교수·학습 지도안은 교사가 이용 가능한 범위의 교육과정 재구성 예시를 포함하여야 하며, 이를 통하여 구현할 수 있는 탐구주제, 협력 방법이 연계되어 제시되어야 한다. 또한 수업 평가 방안은 학생이 습득해야 할 성취기준과 더불어 교과와 주제간 연계를 통해, 혹은 탐구와 협력을 통해 획득할 수 있는 핵심역량 관련 요소를 포함해야 할 것이다. 핵심역량 계발을 위한 수업은 구조화된 계획 수립과 동시에 비구조화된 생성적 특성을 반영하여야 할 것이다. 전자는 교사의 교육과정 전문성을 요구하며, 후자는 교사의 조력자로 서의 역할을 강조하는 것이다.

넷째, 역량중심교육을 위해서는 평가도 전통적인 평가의 관점과는 다른 관점과 방법들을 활용할 필요가 있다. 역량은 다양한 맥락과 상황에서의 행동들에 기초하여야 판단이 가능하다. 평가방법으로는 학습일지, 일기, 포트폴리오 등을 활용한 과정중심평가가 이루어져야 할 것이다. 역량중심교육을 통한 개별 학습자들의 역량 향상 과정을 평가할 수 있기 위해서는 교실수업에서도 개별 학습자별로 학습목표를 설정하고 자신의 학습속도에 따라 프로젝트를 수행하면서 학습결과를 분석 점검받을 수 있는 학습관리시스템 등도 마련될 필요가 있다.

다섯째, 성취평가제의 확대와 안정적 시행도 필요하다. 성취평가제는 기존의 평가제도가 석차에 대한 학생들의 과도한 스트레스를 유발하고 급우 간 배타적인 경쟁심을 조장하여 협동학습을 통한 나눔과 배려의 학습 경험이 부족하며, 학생의 적성과 소질, 진로에 따른 다양한 교육과정을 선택·운영하는데 제약이 있다는 문제의식에서 출발한 것이다. 학생중심의 수준별·맞춤형 교육과정이 운영될 수 있도록 하고, 학생이 무엇을 얼마만큼 알고 있는지에 대한 정확한 정보를 제공하여 학교교육의 책무성을 강화하기 위해서는 경쟁 중심의 상대적 평가제도를 극복할 필요가 있다. 따라서 핵심역량과 관련 있는 행동을 성취기준에 반영하고, 이 성취기준의 도달여부를 점검할 수 있는 다양한 평가 방법을 탐색하는 것이 필요하다.

여섯째, 교사들은 학생들의 학습에 있어 의미를 찾을 수 있도록 해야 한다. 실제 수업에 있어서 학생들에게 해당 교과를 배우는 의미, 목적, 해당 교과 고유의 사고방식과 탐구방법 등을 보다 메타적 관점에서 가르칠 필요가 있다. 학생들이 해당 교과를 배우는 의미를 자신의 삶과 연관지어 발견할 수 있도록 가르쳐야 한다. 또한, 교과 간 연결고리 등을 제시하여 학생들이 자신이 배우는 내용에 대한 통합적, 종합적 관점을 갖도록 도울 필요가 있다. 이를 도울 교수학습방법의 하나로 학생들이 스스로 문제를 정의하고 해당 교과에 대한 개념을 출발점으로 하여 다양한 교과의 지식을 자연스럽게 연결하며 문제를 해결해 가는 프로젝트 학습은 매우 유용한 방법이 될 것이다. 평가에 있어서는 교사의 평가 권한이 보다 강화되고 변별력과 객관성이 주요 기준이 되는 결과중심의 평가가 아니라, 학생들의 절대적인 성취와 성장이 타당하게 평가될 수 있는 과정 중심 평가의 비중이 높아져야 한다.

일곱째, 전통적 교사 전문성이 교육과정 편성과 계획된 교수·학습의 실천에 있었다면, 핵심역량 수업에서의 교사전문성은 교육과정 구성과 비구조적인 교육현상을 조율하는 것에서 찾을 수 있다. 이는 단기간의 교수·학습 방법 연수를 통해 전략적으로 습득하기 어렵기 때문에 교사 연수의 방향은 교사를 교육 연구자 및 교육실천가로서 전문성을 확보하는 방향으로 전개되어야 할 것이다. 교사들의 역량중심 교육에 대한 이해를 높이고 적합한 교육내용 구성과 적절한 교육방법을 위해 교사 역량 강화를 위한 프로그램을 지원하여야 한다. 또한 교사들 스스로 학생 역량 교육에 대해 연구하고 함께 실천할 수 있는 전문적 학습공동체 운영을 위한 지원도 필요하다.

여덟째, 통합형 교육과정 구현을 위해 교사들은 학생들이 자신의 전공으로 삼고자 하는 영역 이외의 영역에 대해서도 문해력을 가질 수 있도록 각 학문의 핵심적인 개념과 원리를 가르쳐야 한다. 사회가 복잡해지고 과학기술이 고도화되면서 우리가 당면한 문제는 한 전문 분야의 지식만으로 해결할 수 없으며 다양한 학문 분야의 협업을 통해서만 가능하게 되었다. 미래사회를 살아갈 학생들에게 요구되는 역량은 특정 분야의 전문성을 가지고 있되 다른 분야의 원리들을 접목시킬 수 있는 안목이다. 더 나아가 다른 분야의 사람들과 소통하며 문제를 해결하기 위해서는 타 분야의 핵심적인 개념과 원리에 대한 필요하다. 교사들은 교과교육에 있어서 지나치게 구체적이고 전문적인 내용을 많이 다루기보다는 해당 학문의 핵심적인 개념과 원리, 용어를 심도 깊게 다루어 줌으로써 자신이 전공하고자 하는 영역 이외의 학문의 핵심 개념과 원리에 대해서도 이해와 통찰을 가지도록 가르쳐야 한다.

## 교직 상황 중심 논술 연습

**다음은 2015 개정 교육과정에 따른 학교 현장 변화를 주제로 A 고등학교의 교육과정 관련 학습조직 소속 교사들의 대화 내용이다. 아래의 지문과 질문을 읽고 논술하시오.**

이 교사: 2015 개정 교육과정에 따라 앞으로 교사들이 제공할 수업에서도 6대 핵심역량이 계발될 수 있도록 통합적 교육과정 구성 운영이 필요합니다.

김 교사: 앞으로 우리 학생들은 학습과 일에서 협력적 문제해결 능력을 필요로 하고 있음으로 자유학기제를 이용하여 교과 간 벽을 허물 수 있는 교수학습방법과 평가 방법을 강구하여 실시해야 합니다.

박 교사: 4차 산업혁명과 지능정보사회를 살아야 할 우리 학생들의 특성을 고려하여 교사들의 생활지도 및 진로교육 방법도 혁신되어야 합니다.

한 교사: 제4차 산업혁명 등 변화하는 사회 속에서 교사들의 리더십 배양 및 함께 연구하고 성찰할 수 있는 학습조직 운영이 필수적이다.

❶ 핵심역량 중심 수업을 위한 통합적 교과 구성 방법 3가지를 제시하시오.

❷ 협력적 문제해결 능력 향상을 위한 자유학기제 수업을 위한 교수학습방법 2가지와 평가 방법 2가지를 제시하시오.

❸ 지능정보사회 등에서 활용될 수 있는 생활지도 및 진로교육 방법에 대해 각 2가지 제시하시오.

❹ 제4차 산업혁명 등 변화하는 사회에 적응하는데 요청되는 교사 리더십 2가지와 교내 학습조직 운영 전략 2가지 제시하시오.

■ 모의평가 연습지

■ 논술주제:

■ 논술개요

| 논술문제 | 논술내용 | 논술지문 |
|---|---|---|
| | | |
| | | |
| | | |
| | | |
| | | |

제 7 장

# 지능정보사회와 소프트웨어교육

## 셀프진단평가

다음은 A 교육감이 관내 한 고등학교에서 실시한 학생발명대회의 시상식에 참석하여 행한 연설을 요약한 것이다.

- 4차 산업혁명과 지능정보사회를 맞이하는 현 시점에서 학생들의 창의적 사고와 역량을 계발하는 것은 무엇보다 중요하다.
- 다양한 지능정보기술을 활용하여 교실 수업에서의 협력적, 창의적 능력 배양을 위해 집단지성을 강조하는 교수학습방법과 함께 그 활동을 적절하게 평가할 수 있는 방안 마련이 필요하다.
- 지능정보사회는 디지털/지식정보기술을 응용한 학습 테크놀로지를 활용한 수업이 보편화될 것이다. 이를 위해 필요한 교수학습환경과 수업방법을 계발하여 그 효과를 검증하는 활동이 필요하다.
- 지능정보사회에서 인간에게는 사회정서 관련 역량이 핵심역량으로 대두될 것이다. 앞으로 우리 수업은 학생 간 소통과 협력을 증진하는 인성계발 중심의 수업과 평가로 지향해야 할 것이다.

- 미래사회는 불확실성과 복잡성을 특징으로 하는데, 이를 위해 메타인지와 성찰능력이 가미된 학습 전략을 강구해야 한다.
- 4차 산업혁명과 지능정보사회에서는 학생 생활 및 진로교육도 이에 부합한 방법으로 실시될 필요가 있다.

❶ 4차 산업혁명 시대에서 학생들의 창의적 사고 능력의 필요성은 무엇인가? 또한 다중지능과의 관계는 무엇인가? 창의적 사고 신장을 위한 효과적인 교수학습방법은 무엇인가?

❷ 다양한 지능정보기술을 활용한 협력적 집단지성 활성화를 위해 고려될 수 있는 교수학습방법과 평가 방법은 무엇인가?

❸ 디지털/지식정보기술을 응용한 학습 테크놀로지는 어떤 것들이 있으며, 그것을 활용한 교수학습방법은 무엇인가?

❹ 지능정보사회에서 소통, 배려 및 협력 등 사회정서역량을 함양할 수 있는 인성 중심 수업과 평가 방법은 어떠한 것들이 있는가?

❺ 불확실성과 복잡성을 특징으로 하는 미래사회에서 메타인지와 성찰능력이 필요한 이유는 무엇인가? 또한 이를 증진할 수 있는 학습전략은 어떠한 것들이 있는가?

❻ 4차 산업혁명과 지능정보사회에 부합되는 학생 생활 및 진로교육 전략과 방법은 무엇인가?

## 1. 주요 이론

세계는 지능정보기술의 발전에 따라 제4차 산업혁명에 접어들고 있다. 제4차 산업혁명은 기하급수적인 속도로 진화하고 있으며, 국가, 기업, 산업 및 사회 전체 시스템에 혁신을 가져오고 있다. 미래 일자리 지형의 변화에 대응하는 교육 분야의 대변혁은 피할 수 없는 상황이다. 예를 들면, 현재 초등학교 입학생의 약 65%는 현존하지 않는 새로운 직업을 얻을 것이라고 전망, 또한 2020년까지 약 510만여 개 일자리가 감소된다는 전망 등을 그 예로 들 수 있다. 따라서 교사들은 미래사회를 위한 교육 패러다임과 변화를 주도하는 리더십과 전문성을 향상하도록 끊임없는 학습을 할 필요가 있다. 아래에서는 지식정보사회와 네트워크, 집단지성, 창의성, 다중지능, 성공지능, 창의적 사고, 체제적 사고, 메타인지, 멀티 리터러시, SNS, 디지털 학습 테크놀로지 등을 제시할 것이다.

### 1) 지식정보사회와 네트워크사회

지식정보사회는 인터넷, 디지털, 네트워크, 스마트 기기 등을 매개로 하여 지식과 정보를 탐색, 수집, 분석, 종합, 비판, 창조하며, 사이버공간을 통해 연결, 소통, 참여, 공유하고, 스마트하게 학습과 일을 할 수 있는 사회를 말한다. 지식정보사회는 토플러의 '제3의 물결'에서 제시되었다. 1차 물결은 농업혁명인데, 인류가 농경을 시작해 먹을 것을 풍부하게 생산해 낸 사회를, 2차 물결은 산업혁명을 통해 도래했고, 증기기관과 기계를 통한 대량 생산해 내는 사회를, 3차 물결은 지식정보혁명으로 정보와 지식을 대량생산하고, 대량생산된 지식과 정보가 대량으로 유통, 전달, 소비되는 사회를 말한다. 또한, 네트워크 사회는 정보와 상품, 자본과 사람과 지식이 컴퓨터 네트워크를 통해 서로 연결되고 이동하는 사회를 말한다. 즉, 정보와 지식이 인터넷망과 소셜네트워크서비스 등을 통해 수평적인 연결과 소통을 통해 통제와 감시의 규율을 벗어나 다양화와 자율성을 지향하는 사회를 말한다. 제4차 산업혁명은 이러한 지식정보사회와 네트워크사회에 더해 사물인터넷, 인공지능 등을 통해 초연결, 기계학습 등이 강화된 사회라고 할 수 있다(백욱인, 2013). 지능정보사회의 도입은 장밋빛 환상만은 아니다. 거기에는 우리가 해결해야 할 여러 문제가 산재되어 있으며, 그것들은 다음과 같다.

**지능정보사회의 병폐**

- 프라이버시와 잊혀질 권리
  ※ 잊혀질 권리: 개인이 온라인 사이트에 올라가 있는 자신과 관련된 각종 정보의 삭제를 요구할 수 있는 권리
- 사이버일탈(cyber deviation): 컴퓨터 및 인터넷 등과 같은 사이버 고간에서 발생하는 일탈 또는 일탈 행위. 사이버상의 범죄행위뿐 아니라 온라인 욕설이나 폭언, 음란/폭력 사이트 접촉 등
- 인터넷실명제, 리플, 선플 예절 등
- 정보격차(digital divide): 새로운 정보에 접그근할 수 있는 능력을 보유한 자와 그렇지 못한 자 사이에 경제적, 사회적 격차가 심화되는 현상.
- 인터넷 중독, 스마트폰 중독 → 디지털 단식, 디지털 디톡스
- 디지털 감시사회 → 교통카드, 신용카드, 위치추적, 감시카메라 등으로 감시받는 사회

출처: 이항우 등(2011). 정보사회의 이해

## 2) 집단지성

집단지성(Levy, 2002)은 사이버공간을 통한 지식과 정보의 자유로운 분배와 상호 교환을 통해 공동의, 사회적 문제를 해결해 나가는 집단 능력을 말한다. 또한 네트워크, 인터넷 공동체를 통해 다수의 개체들이 서로 협력 또는 정보공유 및 생산을 하는 학습공동체로 불린다. 집단지성은 집단 내의 성원들이 대화와 토론, 수정과 보완을 통해 최선의 결과물을 산출해내기 위한 일련의 과정으로 효율성과 합리성, 집단성과 호혜성을 함축하고 있다. 집단지성은 다수의 컴퓨터 이용자 간의 상호 협

동적인 참여와 소통이 만들어 내는 결과물, 협동적인 참여와 소통이 만들어 내는 결과물, 집합적 행위의 결과물, 판단과 지식의 축적물 혹은 그 과정을 말한다. 집단지성은 인터넷으로서로의 생각을 나누고 공유하는데서 한 걸음 나아가 현실의 집합행동으로 연결되기도 한다. 하지만 집단지성에 있어 동조(conformity) 현상이 발생할 수 있다. 동조 현상은 솔로몬 애쉬의 실험에서 제시된 것으로 대부분의 사람들이 A라는 음식을 선택하면 B를 선택하려는 마음을 바꾸어 A를 선택하는 것이다. 동조현상은 특정 조건 아래서 서로의 생각을 모아 발전시키고 구체화하기 보다는, 다른 집단의 의견에 쉽게 동의하고 그 의견의 합리성을 더해줌으로 오히려 집단에 의한 개인의 자율성 및 창의성을 감소시킬 수 있다.

**집단지성의 유형**

- **공유형(sharing)**: 특정 주제에 대한 자료나 정보를 공유하여 누구나 열람 활용할 수 있게 하는 게시판 같은 것임.
- **기여형(contributing)**: 상호 질문을 주고받는 형식을 통해서 특정 문제에 대한 해결책을 찾는 토론방이나 지식iN 같은 것임. 이것은 각자의 의견이 독립적으로 존재할 뿐, 이에 대한 평가나 추천은 가능하지만 의견의 차이나 모순을 조율하지 않음.
- **공동창조형**: 위키피디아나 오픈소스 등 같이 많은 사람이 참여하여 지속적으로 중립적이고 체계적인 지식을 축적해가는 과정을 말함. 이것은 내용을 보완하거나 수정하는 자율적인 상호 조율을 통해 새로운 지식을 창출이 가능함.

출처: 이항우 등(2011). 정보사회의 이해

**집단지성의 예: 오픈소스 기반의 S/W**

S/W 개발자들이 자신이 보유한 소스 코드를 서로 공개하고 협업을 통해 S/W를 공동 개발하는 것은 집단지성의 예임. 운영 체제로는 Linux, 응용 프로그램으로는 웹 서버인 Apache, 오피스 도구인 Open office 등이 있음.

출처: 이항우 등(2011). 정보사회의 이해

### 3) 창의성, 다중지능, 성공지능

Guilford는 창의성을 확산적 사고로 정의를 내리면서, 확산적 사고란 상상력을 동원하여 다양하면서도 많은 해결책을 만들어내는 사고로써 주요인으로는 많은 답을 산출하도록 하는 유창성, 다양한 범주의 답을 산출하도록 하는 융통성, 남과 다른 독특한 해결책을 제시하는 독창성이라고 정의내렸다. Torrance도 확산적 사고를 창의성의 핵심요소로 여기고, 이를 바탕으로 창의적 사고능력을 민감성, 유창성, 독창성, 정교성, 융통성 등으로 구분하였다(김규태, 최경민, 2015).

| | |
|---|---|
| 민감성 | 주변의 환경에 대해 예민한 관심을 보이고 이를 통해 새로운 탐색 영역을 넓히는 능력 |
| 유창성 | 특정한 문제 상황에서 가능한 한 많은 양의 아이디어를 산출하는 능력 |
| 독창성 | 기존의 것에서 탈피하여 참신하고 독특한 아이디어를 산출하는 능력 |
| 정교성 | 다듬어지지 않은 기존의 아이디어를 보다 치밀한 것으로 발전시키는 능력 |
| 융통성 | 고정적인 사고방식이나 시각 자체를 변환시켜 다양한 해결책을 찾아내는 능력 |

[그림 7-1] **창의적 사고능력의 기능**

Gardner는 창의성은 다중지능과 관련이 있다고 하였다. 다중지능은 문화적으로 가치 있는 물건을 창조해내거나 문제해결을 하는 문화적인 장면에서 정보를 처리하는 생물・심리학적인 잠재력으로, 다음의 8가지 지능으로 구분되고 있다(김규태, 최경민, 2015).

◆ 언어적지능
읽기, 말하기, 듣기, 쓰기 등에서 어휘를 효과적으로 사용하는 능력

◆ 논리수학적지능
논리적 사고와 추리력, 수학적 사고력과 숫자를 효과적으로 활용하는 능력

◆ 자연탐구지능
자신의 환경에서 생존하고 적응할 수 있는 능력

◆ 공간적지능
삼차원 상의 형태와 이미지를 정확하게 지각하고 이해하는 능력

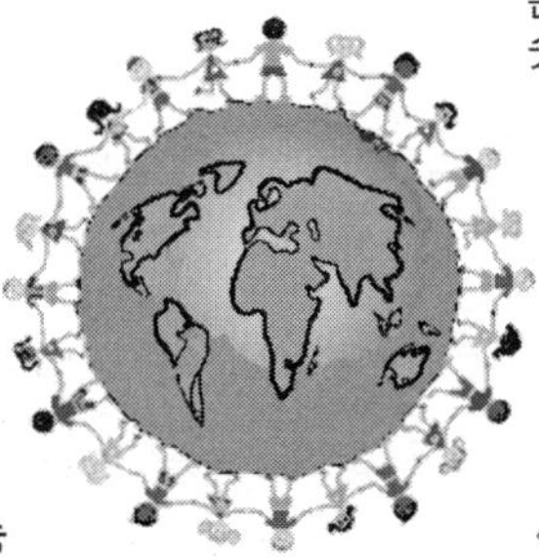

◆ 개인이해지능
자신에 대한 이해를 토대로 적극적인 행동을 할 수 있는 능력

◆ 신체운동학적지능
신체 전체나 부분을 완벽하게 통제하고 사용하며 물체를 솜씨 있게 다루는 능력

◆ 대인관계지능
타인을 이해하고 인간관계를 맺는 능력

◆ 음악적지능
음악적 형식의 자극을 이해하고 변별하며 표현하고 변환시키는 능력

출처: 구글 검색 자료

성공지능은 Sternberg에 의해 주창된 과정지향의 지능이론으로 모든 사람에게 공통적으로 나타날 수 있는 사고 과정을 말한다(Sternberg & Grigorenko, 2007). 성공지능은 구성적 지능, 경험적 지능, 상황적 지능으로 구성된다. 구성적 지능은 분석기능으로, 지적행동과 관련된 개인의 정신과정 상위요소, 수행요소, 지식획득요소로 이루어져 있다. 경험적 지능은 창의력으로 새로운 문제에 당면했을 때 낡고 부적절한 사고방식을 버리고 새로운 개념 체계를 적용하며, 또한 통찰할 수 있는 것으로, 통찰력에 해당하는 것으로는 선택적 부호화, 선택적 결합, 선택적 비교 능력 등이 있다. 상황적 지능은 실용적, 실천기능으로 외부환경에 대응하는 능력, 직업선택, 사회적 기술과 같은 실제적인 것과 관련된 지능을 말한다.

### 4) 창의적 사고

창의적 사고는 우선, 발산적(확산적) 사고로서, 아이디어가 많고, 다양하고, 독특한 것을 의미한다. 둘째, 새롭고 유용한 아이디어를 생산해 내는 정신적인 과정이다. 셋째, 통상적인 것이 아니라 기발하거나, 신기하며 독창적인 것으로 기존의 정보(지식, 상상, 개념 등)들을 특정한 요구조건에 맞거나 유용하도록 새롭게 조합시

킨 것이다. 이러한 창의적 사고를 촉진하는 기법으로 시네틱스, PMI, 스캠퍼, 육색 사고모자, 마인드맵, 브레인스토밍 등이 있다.

① **시네틱스(synetics)**: 비조직적인 문제를 제시하고, 참여자의 적극적인 참여를 통해 연관이 없는 요소들을 비유로 연결하는 연습을 통해 새로운 생각을 창출해 낼 수 있는 가능성을 높이는 방법이다. 이를 위해 직접유추(두 가지 사물, 아이디어, 현상, 개념들을 직접적으로 연관시키는 방법), 대인유추(학습자로 하여금 물리적인 어떤 실체나 그 중 한 부분이 되도록 하여 심리적인 감정이입을 경험하도록 하는 방법), 상징유추(두 개의 서로 모순되어 보이는 단어를 가지고 어떤 현상을 기술하도록 하는 방법) 등을 활용한다.

② **PMI(Plus-Minus-Interest)**: 아이디어의 좋은 점, 나쁜 점, 흥미로운 점을 찾아 기록하며 새로운 아이디어를 도출하는 방법이다.

③ **육색사고모자**: 서로 다른 사고의 유형을 상징하는 육색의 각기 다른 색의 모자를 쓰고 자신이 쓰고 있는 모자의 색깔이 표상하는 유형의 사고를 하게 하는 방법이다.

④ **마인드맵**: 생각을 종이 한가운데에 이미지로 표현해두고 가지를 쳐서 사고력, 창의력을 높이는 기법이며, 복잡한 아이디어 생성과정이 그림으로 나타내어 아이디어들 간의 관계가 명확하게 나타나게 하는 방법이다.

⑤ **브레인스토밍**: 여러 사람의 아이디어를 모아서 문제해결이나 의사 결정을 하는 방법이다. 브레인스토미의 원리는 비판금지(타인의 의견을 성급하게 판단하거나 비판하지 않는다), 자유개방(어떠한 생각도 자유롭게 발표한다), 아이디어 양산(양적축척이 질적 변화를 이끌어낸다), 결합과 개선(두 개 이상의 아이디어를 결합하여 새로운 아이디어는 내놓는다) 등이 있다.

⑥ **SCAMPER(스캠퍼)**: 브레인스토밍기법을 창안한 Osborn은 확산적 사고를 향상시키기 위해서 아이디어를 이끌어 내는 질문들을 사용할 것을 권고하였다. Eberle은 Osborn이 제안한 핵심적이 질문들을 한데 모아서 SCAMPER라 명명

하였고, 그 질문들은 다음과 같다.

- Substitute(대치하기): 대치할 수 있는 것은?
- Combine(결합하기): 결합될 수 있는 것은?
- Adapt(동화시키기): 이것과 비슷한 것은?
- Modify(수정하기): 색깔 혹은 모양을 바꾸면 나아질 것인가?
- Magnify(확대하기) / Minify(축소하기): 더 크게 / 작게 만들면?
- Put to other uses(다르게 사용하기): 다른 용도는?
- Eliminate(제거하기): 제거할 수 있는 부분이 있는가?
- Rearrange(재배열하기) 혹은 Reverse(반전시키기): 각 부분을 서로 바꿀 수 있는가?

## 5) 체제적 사고

창의융합인재는 주어진 현상을 종합적이고 체계적으로 바라보고 분석하는 사람이다. 종합적, 체계적 사고는 분석적 사고, 비판적 사고, 창의적 사고 등이 조화롭게 연결된 사고라고 할 수 있다. 이에 대해 구체적으로 살펴보면 다음과 같다(김규태, 강유정, 권민석, 최경민, 2017).

분석적 사고(analytic thinking)는 조직 내외부 요인, 요인 간, 환경 및 그 영향에 대해 논리적이고 합리적으로 사고하며 분석하는 것을 말한다. 이것은 문제해결을 위하여 주어진 단위 요소로서의 자료나 정보간의 논리적 관계를 분석하는 것, 즉 비교·대조(comparison, contrast), 속성 및 요소 파악(인과 관계, 내포·외연 관계, 포함 관계 파악), 핵심 아이디어 식별, 오류 확인(형식적, 비형식적 오류) 등과 관련된 사고라고 할 수 있다. 즉, 분석적 사고는 문제와 관련된 조직 하위 요소나 환경 영향 등에 대한 전후 관계나 논리적 관계를 살피고 그것에 대해 여러 원인과 문제 및 해결 대안을 구체적이고 다각적으로 모색하는 것을 말한다. 이러한 점에서 분석적 사고는 합리적 사고(rational thinking)라고도 할 수 있다.

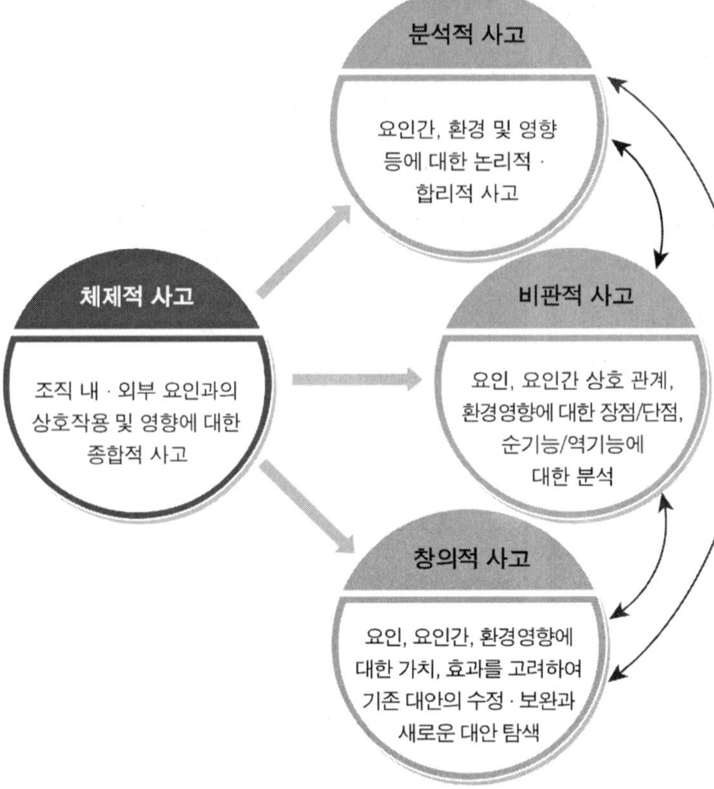


비판적 사고(critical thinking)는 조직 내외부 요인, 요인간 상호관계, 환경 및 그 영향에 대한 가치(강점과 약점), 효과(순기능과 역기능)을 객관적이고 균형 있게 판단해 보는 것을 말한다. 이것은 어떤 사태에 처했을 때 감정 또는 편견에 사로잡히거나 권위에 맹종하지 않고 합리적이고 논리적으로 분석・평가・분류하는 사고과정, 즉, 객관적 증거에 비추어 사태를 비교・검토하고 인과관계를 명백히 하여 여기서 얻어진 판단에 따라 결론을 맺거나 행동하는 과정을 말한다. 또한 비판적 사고는 선입견과 편견을 버리고 주어진 상황과 관련된 모든 것들에 대해 객관적으로 사고하고, 어떤 주제나 주장 등에 대해서 적극적으로 분석하고 종합하며 평가하는 사고라고 할 수 있다.

창의적 사고(creative thinking)는 조직 내외부 요인, 요인 간, 환경과 그 영향에 대한 가치와 효과를 종합적으로 분석한 결과를 바탕으로 기존의 조직 정책, 절차나 방법을 수정보완하거나 새로운 것으로 대체하는 것을 말한다. 이것은 해당 당면한 문제를 해결하기 위해 이미 알고 있는 경험지식을 해체하여 새로운 아이디어를 다시 도출하는 것으로, 개인이 가지고 있는 경험과 지식을 통해 새로운 가치 있는 아이디어로 다시 결합함으로써 참신한 아이디어를 산출하는 사고라고 할 수 있다.

### 6) 메타인지

메타인지는 일반적으로 사고에 대한 사고(thinking about thinking), 인지에 대한 인지(cognition about cognition)를 말하며, 자신의 사고에 대한 사고 또는 인지에 대한 지식, 인지에 대한 조절이며 문제 해결 과정에서 계획, 점검, 조절의 주요 기능을 하는 것으로 알려져 있다. 또한 메타인지는 계획, 점검, 조절 등으로 이루어진다. 계획(planning)은 어떤 전략과 정보처리를 사용할 것인지에 대한 생각을 말하는데, 시작 전에 목차부터 살펴보기, 무슨 내용에 대한 것인지를 대강 훑어보기, 문제를 풀기 전에 무엇을 묻고자 하는지를 추측하기, 문제에 대한 작업이 이루어지기 전 목표 설정하기 등을 예로 들 수 있다. 점검(monitoring)은 자신의 주의집중을 추적하면서 이해 정도를 확인하는 것으로, 그 예는 학습내용에 집중하기, 자신의 이해정도를 스스로 평가해 보기, 시험치는 동안 문제 푸는 속도 체크하기, 자신이 얼마나 이해했는지를 검증해보기 등이 해당된다. 조절(regulation)은 점검과 밀접한 관계가 있다. 자신의 인지활동을 점검하다가 문제가 생기게 되면 앞으로 되돌아가고, 이해하기 어려운 부분이 있으면 속도를 줄이는 것이 이에 해당한다. 조절은 과제 완성 후 일어나는 것으로 선택된 활동이 효과적이고 효율적이었는지를 계속적으로 체크하고 필요할 때 활동을 조정하도록 한다. 이러한 메타인지는 학습상황에서 학습자 스스로 개인의 인지 과정을 이해하고 사고와 문제해결 과정을 계획, 수행, 평가, 수정하는 기능을 갖는 것으로, 학습자의 몰입이나 자기주도적 학습능력과 밀접한 관련이 있다(이재신, 2009).

### 7) 멀티(다중)리터러시

지식정보사회에서는 단순히 읽고 쓰기 등 문해력을 의미하는 전통적 리터러시(old literacy)를 넘어서는 새로운 리터러시(new literacy)를 필요로 한다. 즉, 사회적, 경제적, 문화적, 기술적 변화 추세에 따라 단순한 읽고 쓰기 등 위주 전통적 리터러시를 넘어서 다양한 커뮤니케이션 채널과 미디어, 그리고 텍스트 등 복합적으로 융합됨에 따라 복합적인 리터러시가 요구되고 있다. 이를 멀티 리터러시(multiliteracies: New London Group, 1996) 또는 다중 리터러시(multiple literacies: Kellner, 2004)라고 그 하위 리터러시를 제시하면 다음과 같다.

〈표 7-1〉 **리터러시의 유형**

| 유형 | 특징 |
|---|---|
| 미디어 리터러시 | 미디어에 접근하는 능력, 미디어와 미디어 콘텐츠를 이해하고 비판적으로 평가하는 능력, 다양한 맥락에서 커뮤니케이션을 생산하는 능력을 말한다(전경란, 2015) |
| 디지털 리터러시 | 디저털 미디어를 통해 생산된 광범위한 정보원에서 나온 다양한 유형의 정보를 이해하고 사용하는 능력(전경란, 2015) |
| 스마트 리터러시 | 다양한 스마트 디바이스를 활용하는 기술적 능력뿐 아니라, 스마트 환경에 대한 이해를 토대로 일상에서 필요한 정보를 찾아 읽고 쓰고 사용하여 효과적으로 의사소통할 수 있는 능력(장상필, 김지일, 2013) |
| 비주얼 리터러시 | 시각적 이미지의 활용 능력으로서 시각적으로 생각하기, 시각적으로 읽기, 시각적으로 쓰기를 포함해 궁극적으로 시각적으로 의사소통하기 등을 포함(김정선, 2004).<br>다양한 시각적 미디어를 통한 그림이나 영상 또는 시각적인 진술들을 올바로 인지하고, 비평적으로 수용하며, 적절하게 활용하고 또 능동적이고 창의적으로 제작할 수 있는 능력들과 숙련된 기술들을 의미(황연주, 2001) |
| 멀티 리터러시 | 이미지와 영상, 청각 정보 등 다양한 양식을 통한 복합적인 의미 생성 방식에 주목하며, 거기에 함께 작용하는 소통 채널과 미디어의 복합성, 문화와 언어의 다양성, 사회적 담론에 대한 이해를 통해 일상생활 속에서 일어나는 다양한 의미 작용에 능동적이고 비판적으로 참여할 수 있는 능력(전경란, 2015) |
| 비판적 리터러시 | 세상에 대해 객관적이고 중립적인 정보를 제공하는 것이 아니라 특정한 관점과 이해관계에 따라 구성된 정보를 제공하며 이를 통해 우리의 의식과 사고에 영향을 준다는 점을 인 |

| 유형 | 특징 |
|---|---|
| | 식하고 분석하도록 함으로써, 비판적 안목과 커뮤니케이션 능력을 갖춘 사회적인 힘을 지닌 시민을 길러 내려 하는 것(전경란, 2015) |
| 문화적 리터러시 | 학습자가 과거와 현대의 수직적, 수평적 문화를 이해하고 그를 바탕으로 새로운 문화를 창조할 수 있는 능력이며, 나아가 사회문화적 소통에 기본적으로 필요한 문화적 지식(전경란, 2015) |
| 인터넷 리터러시 | 특정한 정보기술을 활용하는 일차적인 능력에 그치는 것이 아니라 비판적으로 정보에 접근하고 활용할 수 있는 능력과 함께 타인과 연대하는 능력(안정임, 2006) |
| 정보 리터러시 | 정보의 필요성을 인식하고, 유용한 정보원을 탐색하고, 정보에 접근하고, 비판적으로 판단하며, 필요한 정보를 이용해 문제해결을 수행할 수 있는 광범위한 능력(전경란, 2015) |
| 소셜 미디어 리터러시 | 소셜 미디어는 사람들의 관계망을 구축하는 것을 넘어 사회적, 경제적, 정치적으로 큰 영향력을 행사하는 미디어로 부상하고 있음. 소셜 미디어 리터러시는 인터넷 리터러시와 밀접한 관련성을 가지나 소셜 미디어를 통한 인간과 인간의 교류 및 소통, 그리고 그것을 가능하게 하는 참여의 문제를 중요하게 다룸(전경란, 2015) |
| 소프트웨어 리터러시 | 소프트웨어의 구조와 원리를 이해하고 프로그램을 통해 관련 지식을 활용하며, 인간에 대한 이해에 기반을 두고 창의적인 문제해결을 지향. 소프트웨어 리터러시는 모든 사람이 갖추어야 할 핵심역량으로 컴퓨팅적 사고를 강조함(전경란, 2015) |
| ICT 리터러시 | 지식정보사회의 일원으로서 학습자들이 직무를 수행하고 일상적인 삶을 영위해 가기 위해 ICT 기반의 커뮤니케이션 도구를 활용하고, 관련 기술과 네트워크에 접근, 관리, 활용, 평가 및 정보를 창출해 낼 수 있는 능력(전경란, 2015) |
| 트랜스 리터러시 | 신호 보내기와 구술성에서 문자, 인쇄, 텔레비전, 영화, 인터넷 그리고 모바일을 비롯한 스마트 미디어에 이르기까지 플랫폼, 도구, 미디어 등을 넘나들며 읽고 쓰고 상호작용하는 능력(전경란, 2015) |

**디지털 역량**

유럽위원회(European Commission)는 21세기 역량으로 디지털 역량을 주창했다. 이 역량은 일, 여가, 참여, 학습, 사회활동, 소비활동 등에서 과업을 수행하고, 문제를 해결하고, 의사소통하고, 정보를 관리하고, 협업하고, 콘텐츠를 창조하고 공유하며, 지식을 효과적으로, 효율적으로, 적절하게, 비판적으로, 창조적으로, 자율적으로, 신축적으로, 윤리적으로, 반성적으로 구축하기 위해 ICT와 디지털 미디어를 활용할 때 요구되는 일련의 지식, 기술 및 태도를 말한다(Ferrari, 2012).

- **지식(knowledge)**: 주요 컴퓨터 어플리케이션의 기능에 대한 이해, 인터넷 및 온라인 커뮤니

케이션의 위험에 대한 이해, 창조성과 혁신을 지원함에 있어서의 테크놀로지 역할에 대한 이해, 온라인 정보의 타당성과 신뢰성에 대한 이해, 협업적 도구의 활용에 따른 법적·윤리적 원리에 대한 이해

- **기술(skill)**: 정보관리능력, 현실세계와 가상세계를 분간하고 그 영역 간의 관계를 파악할 수 있는 능력, 인터넷 기반 서비스를 사용하는 능력, 비판적 사고, 창조성 및 혁신을 위해 테크놀로지를 활용하는 능력
- **태도(attitude)**: 정보에 대한 비판적이고 성찰적인 시민윤리, 온라인 코뮤니티와 네트워크에 대한 관심과 책임 있는 사용

## 8) SNS

쇼설 미디어와 SNS에서 social은 "관계를 형성하다, 사교하다" 뜻으로 쇼설 미디어는 관계를 기반으로 하면서 뉴스를 중심으로 하는 것을, SNS는 관계의 형성과 발전을 중심으로 하는 것으로 구분된다(이항우 등, 2011). 스마트폰은 휴대전화기에 PC급 OS가 결합된 이동통신기기로, 이동통신의 현장성과 즉서성 및 활용도가 결합된 기기이다. 쇼설 미디어나 SNS는 스마트폰을 통해 인터넷에 접속하여 정보 검색와 공유, 대인관계 및 상호작용을 할 수 있다는 점에서 상호 보완 효과를 지닌다. SNS나 스마트폰의 확산은 정보 유통방식의 변화를 초래하고 있다. 즉, 개인화, 소형화, 모바일화를 촉진한다. 개인화는 독립된 개인이 정보의 생산 및 소비를 포괄하는 유통의 주체라는 점을, 소형화는 SNS(작은 블로그라고도 함)를 통한 간결한 정보 유통을, 모바일화는 언제, 어디서나 인터넷에 접속 가능을 의미한다. 그러나 자신의 일상을 공개함에 따르는 프라이버시 침해와 악용, 그리고 콘텐츠나 정보의 이용이나 확산하는데 있어 리트윗, 펌질, 복붙으로 인한 콘텐츠의 무단 사용, 내용 변형이나 출처 삭제 등 저작권 문제가 초래될 수 있다.

Schwab(2016)에 따르면 2025년에는 전 세계 인구의 80%가 디지털 ID를 보유하고, 90% 이상이 인터넷과 스마트폰을 사용할 것으로 전망된다. 스마트폰의 급속한 보급과 SNS의 일상화로 인해 코세라의 MOOC와 TED.com에서의 세계 석학의 무료

강의, Facebook, Youtube 기반 학습 등 모바일 학습이 활성화되고 있다(신범석, 2016; Eid & Al-Jabri, 2016; Klimova & Poulova, 2016). SNS 기반 학습은 대학생의 학습동기 및 학습전략의 효율성 증진, 신속하고 풍부한 학습정보의 전달과 활용, 협력적 학습 활동 촉진, 참여자 간 소통과 관계 증진, 학습성과의 공유와 피드백 등에 효과가 있다고 한다(Pempek, Yermolayeva, & Calvert, 2009; Ryan & Xenos, 2011). 또한, 합리적 사고와 문제해결능력 향상을 위해 SNS 등을 통해 동료 토론과 전문가의 조언을 제공하는 피드백 및 성찰 활동을 제공하는 교수학습전략이라고 할 수 있다(주영주, 함유경, 정보경, 2014).

### 9) 디지털 학습 테크놀로지

21세기 디지털 학습 환경에서는 학습자 개인에게 필요한 정보와 지식을 탐색하고 분석하여 활용할 수 있도록 하는 디지털 정보나 테크놀로지의 활용을 강조하는 디지털 리터러시가 요청된다. 디지털 리터러시는 디지털 정보와 자료를 활용하여 문제와 과제를 비판적으로 분석하여 다른 사람과의 협업과 소통을 통해 문제를 해결하고, 효과적인 프레젠테이션으로 사회적 영향력을 갖는 능력을 말한다. 또한, 디지털 기기나 소프트웨어 및 어플리케이션에 대한 이해와 활용을 넘어서 그것에 필요한 의사소통, 의미 있는 참여, 비판적 사고, 창의성, 문제해결력, 정보윤리의식 등에 대한 능력을 말한다. 특히 다양한 디지털 테크놀로지, 어플리케이션, 플랫폼 등이 자주 변화하는 상황에서 학습자는 적극적으로 자신의 삶, 지역사회 및 환경에 영향을 미치는 테크놀로지를 채택, 적용, 고안 및 평가할 수 있는 테크놀로지 리터러시를 갖추는 것이 중요하다.

디지털 학습 테크놀로지 리터러시는 학생들이 구체적인 학습목표를 성취하도록 돕기 위해 사용할 수 있는 어떤 유형의 기기, 장치 및 도구 등(예: 교과서, 교구, OHP, 궤도, 칠판, 컴퓨터, 전자교과서, 스마트폰, 파워포인트...)에 대한 활용 능력을 말한다. David(2011, p. 45)는 “학습자들이 높은 수준의 테크놀로지 리터러시에 도달하고자 한다면 활용할 수 있는 테크놀로지에 대한 기능과 목적을 알아야 하며, 그런 다음 실제적인 상황에서 그것을 활용하고 실행할 수 있어야 한다"고 하였다. 또한, David(2011)은 "테크놀로지를 이해하는 사람들은 테크놀로지로 무엇을 할 수 있는지를 알고, 그것을 능숙하게 활용할 수 있으며, 어떤 테크놀로지를 언제 어떻게 활용할 것인가를 지능적으로 판단할 수 있다"고 하였다.

그렇다면 디지털 학습 테크놀로지를 활용하면 얻을 수 있는 효과는 무엇인가? 그것은 ① 학습내용을 효율적으로 정확하게 전달할 수 있다, ② 학습자의 주의집중을 도와준다, ③ 교수학습과정을 표준화 할 수 있다, ④ 수업에서 활용하는 매체가 다양해져 여러 교수학습방법을 사용할 수 있다 등으로 열거할 수 있다. 또한 교수학습 상황에서는 교사가 언어로 표현된 것을 사용하는 것보다 사진이나 그림, 동영상 등으로 표현할 때 학습자에게 구체적인 경험을 제공하여 보다 쉽게 학습할 수 있도록 할 수 있다. 이것은 고전적 이론인 Edgar Dale의 '경험의 원추'를 통해서도 알 수 있다.

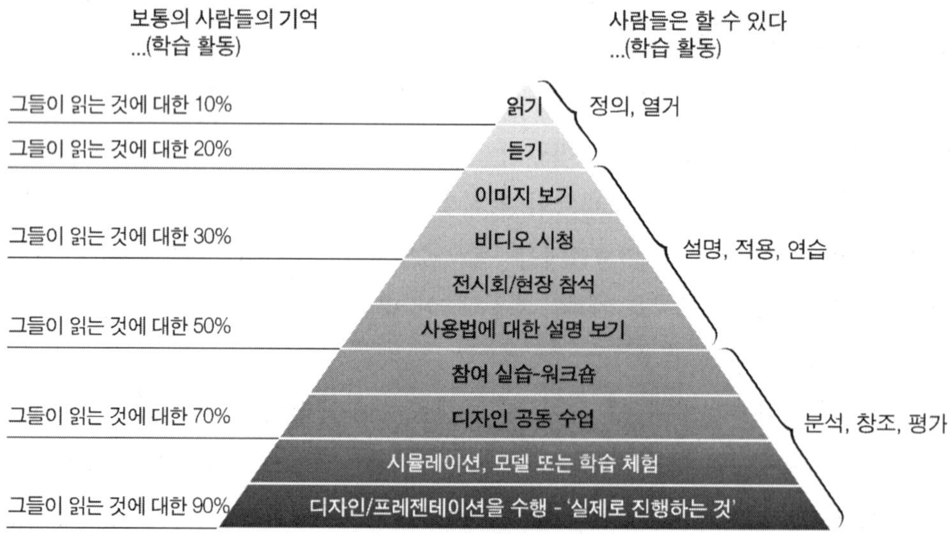


[그림 7-2] **경험의 원추**

이렇게 교수학습 과정에서 수업목표를 달성하기 위하여 학습자와 교수자 간에 사용되는 모든 수단을 수업매체라고 할 수 있다. 즉, 시청각기자재와 교재뿐만 아니라 인적자원, 전달하는 메시지 내용, 학습환경, 시설 등을 포함한다. 어떤 유형의 수업매체이든 관계없이 수업매체는 매개적 보조기능, 정보전달 기능, 학습경험 구성기능, 교수기능을 지닌다(강이철, 2011).

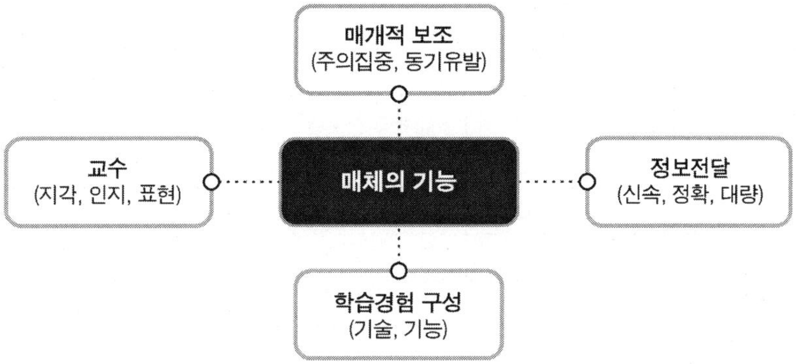


[그림 7-3] **수업매체의 4가지 기능**

어떤 수업매체를 활용하느냐에 따라 교사는 다양한 교수학습방법을 활용할 수 있으며, 그 관계를 제시하면 〈표 7-2〉와 같다.

〈표 7-2〉 교수학습방법과 수업매체의 관계

| | 컴퓨터 SW | 비디오 | 그래픽 | | | 오디오 | 인쇄자료 | 실물/모형 |
|---|---|---|---|---|---|---|---|---|
| | | | 시각자료 | 슬라이드/OHP | 게시판 | | | |
| 내용제시 | | O | O | O | O | O | O | |
| 시범 | O | O | O | | O | | | O |
| 토론 | | | | | O | | | |
| 협동학습 | O | | O | | | | | O |
| 발견학습 | O | | O | | | | O | O |
| 문제해결 | O | O | O | | O | | O | |
| 교수게임 | O | | O | | | | O | |
| 모의 | O | | O | | | | O | O |
| 반복연습 | O | | | | | | O | |
| 개인교수 | O | | | | | | O | |

마지막으로, 학습자들이 디지털원주민(Digital Native)이라는 점에서 이들에게 알맞은 새로운 디지털 학습 지원 도구를 고려해 볼 필요가 있다. 이것들은 하드웨어와 소프트웨어 분야로 나눌 수 있다. 하드웨어는 태블릿, 전자칠판, 강의녹화시스템, 3D프린터 등이 있으며, 모든 것을 다 갖추지 않더라도 교수·학습 방법 및 학교 여건에 따라 적합한 기기를 선택하여 활용하면 된다. 일반적인 수업의 경우 컴퓨터실에 설치된 PC를 활용하는 것으로 충분하다. 소프트웨어는 디지털교과서, 애플리케이션, 웹 도구 등이 있는데 현재 학교마다 컴퓨터가 설치되어 있으므로 가장 손쉽게 활용할 수 있는 도구는 온라인으로 접속하여 활용할 수 있는 웹 도구로서 협업도구, 공유도구, SNS, 클라우드 서비스 등이 있다(한국교육개발원, 교육정책포럼 284, p. 17에서 인용).

**교수 · 학습 활용 웹 · 앱 도구**

- **아이디어 발상**: 브레인스토밍 Padlet, BeeCanvas, Linoit
  마인드맵 OKmindmap
  브레인라이팅 외 복합 활동 Wowideas
- **자료수집**: 검색엔진 Google, 네이버 등
  설문 구글설문, Survey monkey 등
  사진/동영상 구글포토, Flickr, YouTube 등
  사이트 공유 Margarin, Pearltree, Delicous 등
- **토론활동**: SNS Edmodo, Classting, 위두랑 등
- **가상 체험**: 구글어스, 지도(구글, 네이버, 다음), 온라인갤러리
- **창작활동**: Glogster(멀티미디어 포스터제작), QR코드, YouTube, 협업보고서(구글문서도구)
- **자료공유**: 클라우드 서비스(구글, 드롭박스, 네이버 칼라우드 등)
- **메모/노트**: Evemote

〈표 7-3〉 **교육 테크놀로지의 변천 과정**

| 구분 | 1세대<br>전통 매체 | 2세대<br>인쇄매체 | 3세대<br>대량 전달매체 | 4세대<br>정보통신 기술 및<br>교육자동화 | 차세대<br>첨단 IT기술의<br>융복합화 |
|---|---|---|---|---|---|
| 시각매체 | 철판, 융판, 모형,<br>챠트, 그림, 도표 | 교과서,<br>인쇄물 등 | 슬라이드<br>OHP | 실물화상기,<br>파워포인트,<br>LCD, 프로젝트 | 전자칠판,<br>디지털 카메라 |
| 청각매체 | | | 녹음기 및<br>카세트 테이프,<br>라디오 | CD플레이어, 및<br>CD, AOD | mp3 |
| 시청각 매체 | | | TV, 영화, VCR 및<br>비디오 자료,<br>케이블 TV | DVD,<br>CD-ROM,<br>위성 방송 | VOD,<br>인터넷 TV,<br>PMP, PDA |
| 다감각 매체/<br>새로운 교육환경 | | | | 상호작용<br>비디오디스크,<br>CAI,<br>양방향 TV | 인터넷을 통한<br>e-learning,<br>모바일을 통한<br>m-learning,<br>블루투스를 통한<br>u-learning,<br>인터넷 TV |

# 2. 전문가 오피니언

## 1) 지능정보사회[1]

세계는 지능정보기술의 발전에 따라 제4차 산업혁명에 접어들고 있다. 제4차 산업혁명은 기하급수적인 속도로 진화하고 있으며, 국가, 기업, 산업 및 사회 전체 시스템에 혁신을 가져올 것이다. 클라우드 슈밥(4차 산업혁명 주창자)은 제4차 산업혁명을 디지털 혁명(제3차 산업혁명, IT 및 전자기술 등)에 기반하여 물리적 공간, 바이오 공간의 경계가 융합되는 기술 혁명이라고 정의했다.

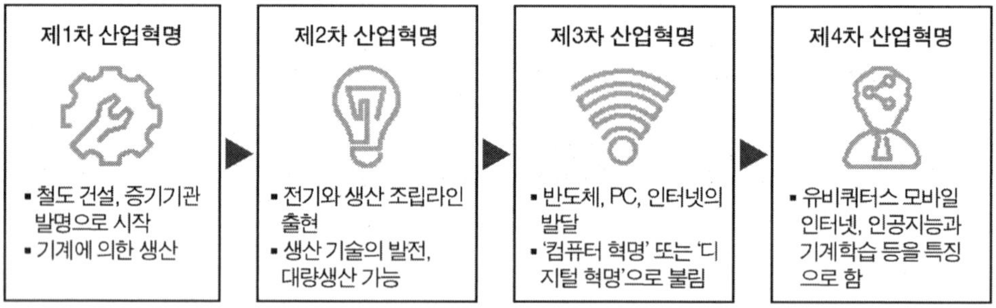


제4차 산업혁명은 '초연결성(Hyper connectivity)의 확장'과 '초지능성(Hyper intelligence)의 확장' 두 가지 방향을 지향한다. 컴퓨팅과 통신의 대상이 사람과 사람을 넘어 사람 · 사물 · 공간으로 퍼져가는 네트워킹의 수평적 관점에 주목하는 개념이며, 초지능성은 초연결성을 지닌 인터넷과 모바일 플랫폼을 기반으로CPS(Cyber Physical

1) 본 내용은 "제4차 산업혁명, 학교교육을 어떻게 변화시킬까?" (한국교육과정평가원, 연구 ' 정책Brief, 2016, Vol. 3)와 지능정보사회 대비 학교교육의 방향과 탐색(한국교육과정평가원, 2016 KICE 이슈페이퍼, 연구자료 ORM 2016-26-9), 미래사회에 지능을 더하다-교육분야(한국정보화진흥원, 2017.8)에서 지능정보사회와 교육 관련 컬럼들에서 발췌 요약한 것이며, 자세한 내용은 해당 자료를 참고바라며, 여기서 제시된 표나 그림에 대한 별도 인용은 하지 않았다.

System: 사이버물리복합시스템)와 인공지능을 기축으로 하는 사회 시스템 간의 상호작용이 한층 심화되는 네트워킹의 수직적 확장에 비중을 두는 개념이다.

제4차 산업혁명을 촉진하는 기술은 지능정보기술이라고 불리운다. 이들 기술의 혁신은 산업과 고용구조, 생산과 삶의 방식 등 국가사회 전반에서 근본적이고 시스템적인 대혁명을 유발할 것으로 전망이다. 특히, 기계와 인간이 공존하는 사회에서 미래 일자리 지형의 변화에 대응하는 교육 분야의 대변혁은 피할 수 없는 상황이다. 예를 들면, 현재 초등학교 입학생의 약 65%는 현존하지 않는 새로운 직업을 얻을 것이라고 전망, 또한 2020년까지 약 510만여개 일자리가 감소된다는 전망 등을 그 예로 들 수 있다.

이미 선진국들은 미래사회를 대비하기 위한 교육정책 혁신에 착수하고 있다. 미국은 구글, 페이스북, MS 등 기업과 함께 지능정보기술을 통해 인간의 잠재력을 최대한 끌어내기 위한 교육 프로그램 개발을 추진 중에 있고, 영국은 컴퓨팅 교육을 의무화하는 한편, 창조적인 방법으로 생각하고 문제를 해결해 나갈 수 있는 창의성 교육을 강화하고 있다.

※ 영국의 경우 '13년 '공립학교 교과개정'에서 컴퓨팅 교육을 의무화했으며, 영국은 '코드 클럽(https://www.codeclub.org.uk)', 미국은 '코드닷오알지(https://code.org)'를 인터넷 상 코딩 교육 학습 환경 툴로 제공

**유럽위원회 IPTS(Institute for Prospective Technological Studies) 미래교육 2030 예측**

**❖ 학교**

- 졸업장, 시험제도를 포함해 기존 학교의 물리적, 제도적 구조는 여전히 존재하나 개인의 요구와 선호를 충족시키기 위해 교수법은 크게 변화
- 학교를 중단하는(또는 졸업하는) 연령이 점점 더 낮아질 것이다. 학습에 더 적합한 환경과 대안이 학교 외부에 있기 때문
- 목적과 흥미에 따라 분야 간, 과목 간, 학교 간의 네트워크가 형성될 것

**❖ 교수학습 / 교육과정**

- 교수학습은 개인의 요구와 선호를 수용하기 위해 점점 더 개방적이고 유연한 방식으로 운영될 것
- 학습은 점점 더 자기조절학습, 개인별 맞춤형학습, 협력학습의 형태로 이루어질 전망
- 학습자가 주도적으로 자신의 학습경로를 선택
- 탈학교 현상을 막고 수업 참여와 동기의 유지를 위해 학습은 개인의 요구, 흥미 등 개인차를 고려하여 이루어지고, 일상적 삶의 활동과 통합될 것으로 예상
- 전통적 교과의 경계가 무너질 것이며, 학습자가 범교과적 학습을 독립적으로 수행하는 일이 많을 것이기 때문
- 비형식적 학습(informal learning)의 비중과 중요성이 점점 더 커질 계획
- 특정 기능(skill)은 머지않아 쓸모가 없어지기 때문에 일반적인 역량이나 여러 영역에서 두루 사용될 수 있는 기능 습득(예: 소프트 스킬)에 더 주목하게 될 전망
- 학습은 점점 더 맥락이 있고 범교과적 문제해결 프로젝트 등을 통해 이루어질 것
- 구성주의는 여전히 유지되겠지만 새로운 교육 패러다임이 등장
- 게임과 학습은 더 이상 서로 상반되는 활동이 아니게 될 것으로 예측
- 가상현실 · 증강현실이 광범위하게 사용될 계획

**❖ 교사의 역할**

- 교사는 학생이 자기주도로 개별 혹은 협력 학습을 하는 과정에서 가이드, 멘토, 코치, 파트너 역할을 하게 될 것

**❖ 평가**

- 배우는 방식대로 평가하는 방식이 개발될 것
- 학습은 개인의 주도로 이루어지고 표준화된 외부 평가에 의존하지 않게 될 것으로 예상

**❖ 학력인정, 자격증**

- 비공식적으로 획득한 자격을 학력으로 인정해주는 시스템이 도입
- 공교육과는 별개의 다양한 자격증이 나타날 것

지능정보기술은 개별화, 체험화, 로봇화 등을 특징으로 학교교육의 혁신을 주도할 것으로 전망된다. 지능정보기술의 교육 분야에의 혁신을 위한 활용 가능성을 제시하면 다음과 같다.

① **모든 학습자의 조언자**(Mentors for Every Learner): 언제 어디서나 모든 학생에게 도움을 줄 수 있는 인공지능 과외교사를 만들기 위한 사용자 모델링, 사회적 시뮬레이션, 지식재현 기술 등의 통합

② **21세기 기술의 학습**(Learning 21st Century Skills): 21세기에 필요한 기술인 자기주도력, 자가 평가능력, 팀워크 등을 개발할 수 있도록 인공지능 교육을 활용

③ **학습지원을 위한 상호작용 데이터**(Interaction Data to Support Learning): 교육현장에서 벌어지는 학습을 둘러싼 개인 간 상호작용, 사회적 맥락, 학습맥락, 개인의 흥미에 대한 분석

④ **글로벌 교실에 대한 보편적 접근성**(Universal Access to Global Classrooms): 전 세계의 학생이 언제 어디에서나 접속하여 수업 참여하는 세계 교실의 실현

⑤ **평생 학습**(Lifelong and Lifewide Learning): 인공지능을 활용하여 교실 밖과 학교 밖에서도 학습을 이어갈 수 있게 하는 평생 학습을 실현

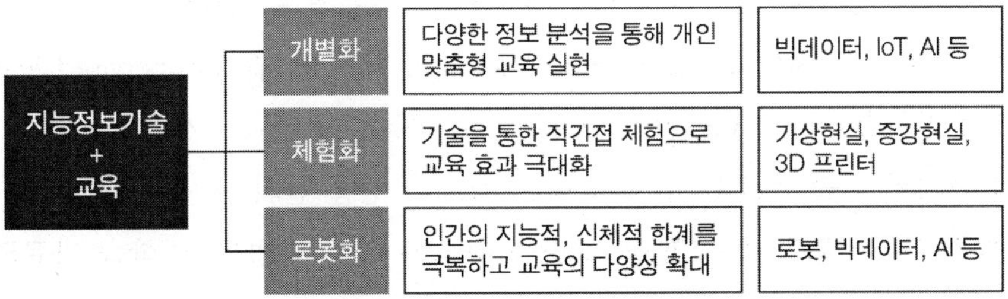


교육 부문에의 적용할 수 있는 지능정보기술 중에서 여기서는 인공지능기술, 가상현실, 증강현실 등에 초점을 둘 것이다. 인공지능 기술은 인간의 목적 지향적 사고 과정을 본떠 만든 것으로 지능적 기계, 특히 컴퓨터가 인간처럼 행동하게 만드

는 과학과 공학 기술을 의미한다. 이러한 인공지능은 빅데이터 기반의 弱인공지능('15년)에서 인간의 능력을 증강시키는 기술('18년)로 진화하며 스스로 사고·판단·예측, 스스로 학습·진화, 두뇌를 모사하는 인지컴퓨팅 등 强인공지능기술('25년)로 발전할 것으로 전망되고 있다.

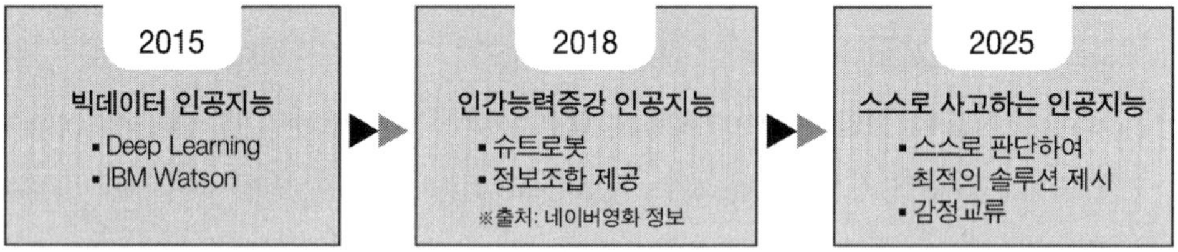


인공지능기술의 공통 메커니즘은 기계학습이다. 기계학습은 인공지능이 인간과 가장 유사한 방식으로 학습하고 결정할 수 있도록 하는 가장 발달된 인공지능 기술이다. 기계학습은 이전의 규칙 기반 프로그래밍 기법처럼 기계에게 매 상황별로 명시적인 행동을 하도록 프로그래밍하는 게 아니라, 이전의 수많은 경험으로부터 다양한 경우를 학습한 뒤, 처음 직면하는 상황에서도 주어진 목표에 도달할 확률이 가장 높은 의사결정을 하게 하는 방법이다. 인공지능 기술은 의사결정, 예측, 계획을 가능하게 지원하는 것으로 다양한 분야에서 응용될 수 있다.

기계학습은 크게 지도학습(supervised learning), 비지도학습(unsupervised learning), 그리고 강화학습(reinforcement learning)으로 구분된다. 우선, 지도학습은 기계에게 정답이 표기된 학습 자료를 주고 입력된 정보와 정답 간의 대응관계를 학습하도록 하여 범주 분류, 결과 예측, 행동 결정을 하도록 하는 방법이다. 학습 자료의 양에 따라 성능이 달라지며 대표적으로 서포드벡터머신(Support Vector Machine: SVM), 결정트리(Decision Tree), 딥러닝(Deep Learning) 알고리즘이 있다. 다음으로, 비지도학습은 기계에게 정답이 표기되지 않은 학습 자료를 주어 학습시킨 후 주어진 자료에서 특징을 찾아내어 유사한 것들을 묶어 범주를 형성하도록 하는 방법이다. 여기에는 군집 알고리즘, 토픽 모델링 등의 기술이 있다. 마지막으로 강화학습은 실제와 유사한 환경에서 초기 모델과 최종 목표를 주고 컴퓨터가 다양한 시도를 통해 시행착오학습(Try-and-error/Reward)을 반복적으로 경험함으로써 목표달성을 위한 최적의 결정을 하도록 모델을 점차 변화시키는 방법이다. 이는 알파고에서 딥러닝과 함께 쓰인 기술이며, 게임, 자율 주행차 등의 인공지능기술에서 많이 사용된다.

이러한 인공지능기술은 개인 맞춤형 학습(Adaptive and Personalized Learning)과 게임 기반 학습(Game based Learning)을 통해 교육 분야에서 구현될 전망이다. '개인 맞춤형 학습'은 온라인 학습 과정에서 생기는 각종 데이터를 분석하여, 수치화된 사용자 정보를 기반으로 학습자에게 적합한 방법으로 교육 콘텐츠를 제공하는 학습이다. 예를 들면, Knewton의 경우 온라인 교재 판매 회사 및 대학들에게 맞춤형 학습 플랫폼을 제공하는 서비스이다. 이는 콘텐츠의 내용, 교수학습 방법, 진도의 빠르기 등에 대한 학생의 민감도와 숙련도 등을 측정하여 개별화된 학습 전략을 제공하며, 학습 수준의 영향력에 대한 계산을 기반으로 사용자에게 다양한 콘텐츠를 추천한다.

'게임 기반 학습'은 Crystal Island는 미생물학과 관련된 교육용 게임으로 크리스털 섬에 퍼진 전염병의 원인을 진단하고, 치료법을 찾도록 한다. 게임 참여자는 주어진 문제를 해결하기 위하여 가상의 객체들을 다루고, 게임 내 캐릭터들과 상호작용하며, 실험 장비 등을 사용한다. 이러한 과정에서 참여자는 다양한 미생물학 관련 지식을 학습하게 된다.

인공지능기술과 함께 가상현실(Virtual Reality: VR)과 증강현실(Augmented Reality: AR)도 학교 교육에 변화를 가져올 핵심 기술이 될 수 있다.

| 가상현실<br>(Virtual Reality: VR) | 증강현실<br>(Augmented Reality: AR) |
|---|---|
| 컴퓨터 등을 사용하여 실제와 유사 하지만 실제가 아닌 환경이아 상황 등을 만들어 내는 기술을 말함. 가상의 환경을 통해 실제와 유사한 공간적, 시간적 체험을 하게 함으로써 사용자에게 현실과 상상의 경계를 자유롭게 드나들게 함 | 실제 환경에 가상 정보를 합성하여 현실 세계의 뷰(view)를 변화시키는 가상현실 기술의 한 분야임. 실세계의 물체와 디지털 세계의 물체가 공존하여 실시간 상호작용이 가능하도록 하는 기술을 포함함 |
| 비행훈련 시뮬레이션 프로그램 등이 있음 | Anatomy 4D(신체 구조와 생체 메커니즘 학습을 위한 교육용 애플리케이션) 등이 있음 |

지능정보기술의 도입은 학교교육에 있어서 역량중심 교육과정, 학습자중심교육, 참여중심수업, 교사 및 학습자 역할 변화 등에 영향을 미칠 것으로 예상된다. 우선, 학습자의 미래 핵심 역량을 강화하기 위한 역량중심교육을 강조할 것이다. 역량중심교육은 학습자가 다양한 문제들을 스스로 해결해 갈 수 있는 능력을 함양하기 위한 교육이라고 할 수 있다. 또한, 학습자가 생활을 통해 직면하는 새롭고 다양한 장면에서 개인의 삶을 더욱 윤택하게 영위할 수 있도록 나아갈 바를 스스로 탐색하고 실천할 수 있는 역량 개발에 초점을 두는 교육이라고 할 수 있다.

| 능력 | 기본적 직무기술 | 직능을 넘나드는 직무기술 | |
|---|---|---|---|
| **인지능력**<br>▪ 인지 유연성<br>▪ 창의성<br>▪ 논리력<br>▪ 문제인식 감수성<br>▪ 수리력<br>▪ 시각화 능력 | **업무내용 관련 기술**<br>▪ 능동적 학습<br>▪ 구술 표현력<br>▪ 독해력<br>▪ 작문 표현력<br>▪ ICT 이해도 | **사회관계 기술**<br>▪ 협동 기술<br>▪ 감성지능<br>▪ 협상력<br>▪ 설득력<br>▪ 서비스 지향성<br>▪ 타인 교육 훈련 기술 | **자원 관리 기술**<br>▪ 재무자원 관리<br>▪ 물질자원 관리<br>▪ 인적 자원<br>▪ 시간 관리 |
| **신체능력**<br>▪ 육체적 힘<br>▪ 신체동작의 정교한 정확성 | **업무처리 관련 직무기술**<br>▪ 능동적 경청<br>▪ 비판적 사고<br>▪ 자기 모니터링과 타인 모니터링 | **체계적 기술**<br>▪ 판단력과 의사결정력<br>▪ 체계 분석력<br><br>**복합적 문제해결 기술** | **테크놀로지 관련 기술**<br>▪ 장비 유지 및 보수<br>▪ 장비 작동 및 제어<br>▪ 프로그래밍<br>▪ 품질관리<br>▪ 기술 및 UX 디자인<br>▪ 기술적 문제 해결 |

출처: 한국과학기술기획평가원(2016), '4차 산업혁명과 일자리의 미래'

[그림 7-4] **핵심 직무기술**

이를 위해 우리나라는 2015 개정 교육과정(교육부, 2015)에서 미래 사회를 살아갈 인재 양성을 위하여 자기관리, 정보처리, 창의적 사고, 심미적 감성, 의사소통, 그리고 공동체 역량을 강조하고 있다. 이는 인간으로서의 삶을 영위하면서 경험하게 되는 다양한 측면의 문제들을 스스로 해결할 수 있는 역량을 교육을 통해 증진시키기 위한 것이다. 즉, 향후 도래할 지능정보시대에 인간으로서 갖추어야 할 역량이 자신의 삶을 보다풍요롭고 자주적으로 꾸려나가기 위한 것임을 강조하고 있다.

이러한 역량을 개발하기 위해서는 교과 통합형 교육과정 및 개인 맞춤형 교육과정의 구현이 요청된다. 이것은 교과 중심의 분절적 교육과정을 지양하고, 교육과정의 편성과 운영이 단위 학교와 개별 학습자의 필요와 요구에 부합할 수 있도록 국가 수준의 표준화 노력이 최소화 되어야 하며, 통합형·융합형 교육과정으로의 혁신이 필요하다는 것을 의미한다.

지능정보기술의 발달은 또한 개별 학습자에 초점을 두는 교수학습 과정 실현을 가능하게 한다. 최근 인공지능 기술과 데이터 분석 기술 등을 활용하는 적응적 학습 기술(adaptive learning technologies), 그리고 온라인 학습 환경의 발전은 개별 학습자의 학습 활동 데이터를 수집하고 분석하여 학습자 수준에 따른 개별적인 학습 경로를 설계하고 제공하는 개인 맞춤형 학습을 가능하게 한다. 맞춤형 학습은 개별 학습자가 각기 다른 목표 지점을 향해 나아가는 개념이기 때문에 개인별로 자신에게 적합한 학습 목표를 설정하고 이를 달성하기 위한 교수학습 과정상의 처치를 제공받는 개념이다.

**'맞춤형 학습(personalized learning)'과 '개별화 학습(individualized learning)'**

맞춤형 학습은 학교에서 학습자 개개인의 능력과 자질을 발견하고 이를 성장시키기 위해 학교의 교육과정, 교수 방법, 평가를 설계하고, 이러한 성장을 지속적으로 지원할 수 있도록 교실 수업을 포함한 모든 교육 활동을 설계하는 학습을 말한다.

개별화 학습은 모든 학습자가 동일한 목표 지점을 향해 가되 서로 다른 속도로 가서 동일한 학습목표를 성취하는 개념으로 본다면, 맞춤형 학습은 개별 학습자가 각기 다른 목표 지점을 향해 갈 수 있기 때문에 개인별로 적합한 학습목표를 설정하고 이를 달성하기 위한 교수학습 과정상의 처치를 제공받는 개념이다.

인공지능기술은 개인 맞춤형 학습과 함께 혼합학습, 협력학습, 크로스오버러닝 등이 활성화될 것이다. 혼합학습(blended learning)은 교실학습과 온라인학습을 병행하는 것으로 물리적으로 한 공간에 모여 면대면 상호작용을 할 때 최대 효과를 얻을 수 있는 활동들에 수업 시간을 할애하고, 그 밖의 활동이나 내용에 대해서는 개별적으로 온라인 학습을 하게 된다. 그 예를 들면, 플립러닝(flipped learning)이 대표적이다. 이것은 교사가 미리 준비해 놓은 수업 영상과 자료를 통해 학생이 미리 학습하고, 수업 시간에 교사가 해당 교과 내용을 전달하기보다는 학생들과 상호작용을 하거나 심화된 학습 활동을 하는 데 시간을 할애하는 학습법이다.

협력학습(collaborative learning)은 교실 밖 실세계 문제의 공동해결을 하는 학습으로 정보기술을 활용하여 학문 중심학습(academic learning)의 결과를 실생활에 적용해 볼 기회를 확대해 나가는 것을 강조한다. 학습자에게 실생활 연계를 위해 주어지는 과제는 개인의 학습 활동을 넘어 소집단 활동 및 교실 안팎의 적극적 교류를 통해 해결 가능한 경우가 많다. 정보기술을 활용하여 교실, 학교, 국가를 넘어 학습자와 학습자, 학습자와 교사, 학습자와 전문가 간의 협력학습을 수행한다.

크로스오버러닝(crossover learning)은 교실학습과 교실 밖 현장 학습을 연계하는 것을 말한다. 기술의 발달은 교실에서의 학습과 비형식적인 환경에서의 학습을 하나의 연속선상에 올려놓고 있다. 이렇게 형식적, 비형식적 학습을 연계하는 개념이다. 교실 학습은 일상적인 삶에서의 경험(예를 들어, 박물관이나 동아리 활동과 같은 비형식적 환경에서의 학습)을 통해 풍부해지고, 비형식적인 환경에서의 학습은 교실에서 논의된 질문들에 의해 깊어질 수 있다.

인공지능기술은 학교교육 주체인 교사와 학교의 역할을 변화시킬 것이다. 교육과 정보기술이 융합된 교수학습 방법이 보편화되고 온라인상에서의 학습이 일상화됨에 따라, 학습자는 자신이 사용하는 기기와 자신이 학습하는 방법 및 내용에 대한 자율성을 더 많이 가지게 되었고 이로 인해 학습자 중심 교육으로의 전환이 가속화되고 있다. 이에 따라 교사는 강의자 혹은 '지식전달자'로서의 전통적인 역할을 벗어나, 개별 학습자의 학습을 안내하고 멘토링을 제공하는 '학습지원자'로서의 역할을 요구받게 되었다. 이러한 교사 역할의 변화에 따라, 학교 역시 전통적인 '교수 현장'으로서의 기능을 넘어 학습자의 학습을 지원하는 '학습 현장'으로서의 기능을 수행하도록 요구받고 있다.

공간으로서의 학교의 변화는 먼저, 교실이라는 물리적 공간이 점차 줄어드는 대신에 지식과 정보를 제시하고 설명하는 개념의 스튜디오나 가상공간이 현재의 교실을 대신할 것이고, 오히려 현재의 교실은 카페 개념의 소통을 위한 공간으로 변화하여 이 공간에서 학습자들은 첨단 기기 앞에서 필요한 정보를 수집하고 토론하는 '학습 현장'으로서의 장면이 예상된다. 또한, 학교에 인공지능기술이 도입되면 개별 학습자의 학습을 지원하는 가상 멘토를 제공함으로써, 개인 학습과 관련한 방대한 자료를 수집 · 분석하고 이를 토대로 학습자의 필요를 반영한 적기 학습을 가능하게 할 수 있을 것으로 전망된다. 그리고, 학문 간 융합이 일어나는 통합형 교육과정을 운영하게 되며, 교수학습 방식의 변화로 인해 학교 안팎은 물론 물리적 공간과 온라인 공간을 아우르는 체험 중심의 학습이 확대되고 궁극적으로 학교는 고정된 학제와 학력 인증의 역할에서 벗어나 학습동공체로 그 역할을 확대할 것으로 전망된다.

학습자의 역할도 변화될 것이다. 지능정보사회에서는 학교 교육 안에서 개인 맞춤형 학습이 실현될 것이며, 학교 교육의 내용에 있어서는 지능성을 갖춘 기기나 시스템과는 차별화되는 인간의 능력으로서 고등 사고력이 강조되고, 따라서 지식을 다루기보다는 실제적인 문제해결 역량을 함양하는 데 초점이 놓일 것이다. 개별 학습자가 자신의 삶에서 독립적 문제해결자가 되기 위해서는 자신의 요구와 필요에 부합하는 학습을 설계하는 데 적극적으로 참여하거나 혹은 보다 주도적인 역할을 수행할 필요가 있다.

### 2) 소프트웨어 교육[2)]

2015 개정 교육과정에서 소프트웨어 교육은 과거 하드웨어 중심의 정보통신기술(ICT) 활용 교육에서 벗어나 학교급 간에 내용상 위계성과 계열성을 갖춘 '사고력 중심교육'을 강조한다. 즉, 컴퓨팅 사고력(Computational Thinking, CT) 신장을 통한 창의적 문제해결을 위한 위계성과 계열성을 강조하는 교육이라고 할 수 있다. 초등학교와 중학교에서는 놀이와 체험을 통해 쉽고 재미있게 배우고, 교육용 프로그래밍 도구를 통해 소프트웨어 제작의 기초적인 개념과 원리 습득을, 고등학교에서는 보다 심화된 내용을 토대로 다른 학문 분야의 문제를 창의적으로 효율적으로 해결하는 능력 배양을 강조하고 있다.

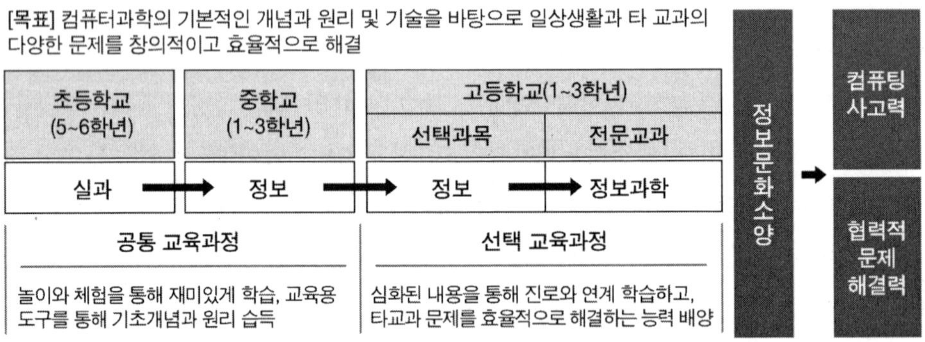


[그림 7-5] **정보과 교육과정의 학교급별 계열성과 위계성**

2) 본 내용은 한국교육개발원에서 발간한 교육정책포럼(통권 제286호)에서 다룬 "소프트웨어교육 관련 컬럼들에서 발췌 요약한 것이며, 자세한 내용은 해당 자료를 참고바라며, 여기서 제시된 표나 그림에 대한 별도 인용은 하지 않았다.

2015 개정 교육과정에서 초등학교 교육과정의 내용 요소를 보면 절차적 문제해결이 포함되어 있고, 중학교의 알고리즘 지식을 보면 '알고리즘은 문제 해결을 위한 효율적인 방법과 절차이다.'라고 명시되어 있다. 이와 함께 중학교와 고등학교의 추상화는 '추상화는 문제를 이해하고 분석하여 문제 해결을 위해 불필요한 요소를 제거하거나 작은 문제로 나누는 과정이다.'라고 명시하고 있다. 이와 함께 교육과정 서두에 '정보 과목은 컴퓨터과학적 지식과 기술의 탐구와 더불어 실생활의 문제 해결을 위해 새로운 지식과 기술을 창출하고 통합적으로 적용하는 능력과 태도를 함양하는 과목이다.'라고 명확하게 밝히고 있으며, 정보 과목에서 추구하는 역량을 정보문화소양, 컴퓨팅 사고력, 협력적 문제해결력 신장에 중점을 둔다고 제안하고 있다. 여기에서 컴퓨팅 사고력은 컴퓨터과학의 기본 개념과 원리 및 컴퓨팅 시스템을 활용하여 실생활과 다양한 학문 분야의 문제를 이해하고 창의적으로 해법을 구현하여 적용할 수 있는 능력으로 규정하고 있고, 협력적 문제해결력은 네트워크 컴퓨팅 환경을 기반으로 한 다양한 지식·학습 공동체에서 공유와 효율적인 의사소통, 협업을 통해 문제를 창의적으로 해결할 수 있는 능력으로 정의하고 있다.

**〈표 7-4〉 소프트웨어 교육과 관련된 교육과정**

| 학교급 | 영역 | 핵심개념 | 일반화된 지식 | 내용 요소 | 기능 |
|---|---|---|---|---|---|
| 초등학교 | 기술시스템 | 소통 | 통신 기술은 정보를 생산, 가공하여 다양한 수단과 장치를 통하여 송수신하여 공유한다. | • 소프트웨어의 이해<br>• 절차적 문제해결<br>• 프로그래밍 요소와 구조 | • 탐색하기<br>• 분석하기<br>• 실천하기<br>• 계획하기 |
| 중학교 | 문제해결과 프로그래밍 | 추상화 | 추상화는 문제를 이해하고 분석하여 문제 해결을 위해 불필요한 요소를 제거하거나 작은 문제로 나누는 과정이다. | • 문제 이해 • 핵심요소 추출 | • 비교하기<br>• 분석하기<br>• 핵심요소추출하기<br>• 표현하기<br>• 프로그래밍하기<br>• 구현하기<br>• 협력하기 |
| | | 알고리즘 | 알고리즘은 문제 해결을 위한 효율적인 방법과 절차이다. | • 알고리즘 이해<br>• 알고리즘 표현 | |
| | | 프로그래밍 | 프로그래밍은 문제의 해결책을 프로그래밍 언어로 구현하여 자동화하는 과정이다. | • 입력과 출력<br>• 변수와 연산<br>• 제어 구조<br>• 프로그래밍 응용 | |
| 고등학교 | 문제해결과 프로그래밍 | 추상화 | 추상화는 문제를 이해하고 분석하여 문제 해결을 위해 불필요한 요소를 제거하거나 작은 문제로 나누는 과정이다. | • 문제 분석<br>• 문제 분해와 모델링 | • 비교하기<br>• 분석하기<br>• 핵심요소추출하기<br>• 분해하기<br>• 설계하기<br>• 표현하기<br>• 프로그래밍하기<br>• 구현하기<br>• 협력하기 |
| | | 알고리즘 | 다양한 제어 구조를 이용하여 알고리즘을 설계하고, 수행 시간의 관점에서 알고리즘을 분석한다. | • 알고리즘 설계<br>• 알고리즘 분석 | |
| | | 프로그래밍 | 프로그래밍은 문제의 해결책을 프로그래밍 언어로 구현하여 자동화하는 과정이다. | • 프로그램 개발 환경<br>• 변수와 자료형<br>• 연산자<br>• 표준입출력과 파일입출력<br>• 중첩 제어 구조<br>• 배열<br>• 함수<br>• 프로그래밍 응용 | |

출처: 교육부고시 제2015-74호 [별책 10] 실과(기술 · 가정)/정보과 교육과정

소프트웨어 교육은 실생활에서 문제 해결에 필요한 정보를 종합적으로 찾아내고 체계화한 다음, 지식을 문제 해결의 도구로 사용하고 결과를 만들어 가는 과정뿐만 아니라 문제 해결 과정의 오류를 찾아내고 공유하여 검증할 수 있는 역량을 강조한다는 점에서 핵심역량과도 밀접한 관계가 있다.

| 핵심 역량 | 소프트웨어 교육 | 일반적인 현장 교육 |
|---|---|---|
| 자기관리 | 제시한 문제를 자기 주도적으로 탐구하고 해결해 나간다. | 교사가 제시된 문제에 핵심 요점을 정리해 준다. |
| 지식정보처리 | 다양한 정보를 찾고 필요한 정보를 정리하여 활용할 수 있다. | 교사가 필요한 정보를 빠른 시간에 정리해 준다. |
| 창의적 사고 | 문제에 대한 다양한 해결 과정을 존중한다. | 문제에 대한 해결 결과에 중심을 둔다. |
| 심미적 감성 능력 | 소프트웨어는 본질적으로 아름다움을 통하여 완성도를 높일 수 있다. | 교사는 자신이 전공한 특정 분야만 교육한다. |
| 의사소통능력 | 어려운 문제를 협업하게 할 수 있다. | 일방적인 전달로 의사소통에 한계가 있다. |
| 공동체 | 끝없는 의사소통을 통해 문제해결이 가능하다. | 의사소통이 제한되는 환경에서는 공동체는 없다. |
| 수업형태 | 학생 중심적인 교육 | |

소프트웨어 교육은 어려운, 불필요한 교육이라는 오해를 받기도 한다. IT 분야 전공자 혹은 프로그래밍 언어에 대해 약간의 경험 있는 사람들이 쉽게 할 수 있는 말은 프로그래밍 언어는 어렵다, 초등학생에게까지 가르치는 것은 무리가 아닌가 하는 말이다. 기계어나 영어로 된 명령어, 까다로운 문법을 회상하게 되기 때문이다. 그러나 요즈음 에는 그래픽으로 된 명령을 블록 맞추듯 하는 교육적 목적을 갖고 개발된 프로그래밍 언어 Entry, Scratch 등이 보급되고 있다. 이러한 언어는 프로그래밍 문법이나 개발 자체보다는 사고력 향상을 위한 알고리즘 구현에 중점을 두고, 절차적 사고, 논리적 사고, 추상화, 자동화 등 다양한 개념에 대한 이해를 습득하기 용이하고, 한 시간이면 간단한 프로그램을 작성할 만큼 배울 수 있다. 물론

고등학교 과정에서는 C 언어와 같은 텍스트 기반의 언어를 활용하여 더욱 어려운 문제를 해결할 수 있다. 그뿐만 아니라, 초등학교에서는 컴퓨터 없이 컴퓨팅 원리를 학습할 수 있는 놀이 중심의 활동(언플러그드 수업)을 통한 개념을 습득할 수 있다. 실제로 학교 현장에서 흥미로운 활동이 활발하게 진행되고 있다.

# 소프트웨어 교육에 대한 Q & A

## Q1 소프트웨어 교육은 코딩(Coding)교육인가?

그렇지 않다. 코딩은 소프트웨어 교육을 하기 위한 일부 과정이다. 소프트웨어 교육은 소프트웨어의 기본적인 개념과 원리를 통해 주어진 문제를 효율적으로 해결하는 사고력 신장 교육이다.

## Q2 소프트웨어 교육은 개발자를 양성하기 위한 교육인가?

그렇지 않다. 수학 교육의 목적이 수학자의 양성이 아니듯, 소프트웨어 교육의 목적은 프로그래머의 양성이 아니다. 소프트웨어의 기본적인 개념과 원리에 대한 이해는 미래사회를 살아갈 청소년들이 필수적으로 갖추어야 할 기본 소양이기 때문에, 학교에서 소프트웨어 교육을 실시하는 것이다.

## Q3 소프트웨어 교육, 정보 교육, 프로그래밍 교육 등은 모두 다른 것인가?

소프트웨어 교육, 정보 교육, 프로그래밍 교육 등은 비슷한 의미로 사용되고 있다. 즉, 소프트웨어 교육이란 프로그래밍(코딩) 과정을 통해 소프트웨어의 기본적인 개념과 원리를 이해하는 교육으로서, 최종적인 목표는 바로 컴퓨팅 사고력 증진입니다. 중학교와 고등학교에서는 '정보' 과목을 통해 소프트웨어 교육을 받게 되고, 초등학교에서는 '실과'에서 소프트웨어에 대한 내용을 놀이와 체험 중심으로 배우게 된다.

## 교직 상황 중심 논술 연습

**다음은 A 교육감이 관내 한 고등학교에서 실시한 학생발명대회 시상식에 참여하여 행한 연설을 요약한 것이다.**

> 4차 산업혁명과 지능정보사회 등 인공지능이나 빅데이터 등을 활용한 교육이 활성화되어 창의성 교육이 어느 시대보다 더 부각되고 있다. 이와 함께 로봇이나 인공지능이 할 수 없는 것은 무엇보다도 소통, 배려와 협력을 강조하는 인간중심 교육과정 구성 운영이 필요할 것이다.
>
> 또한, 다양한 지능정보기술을 활용하여 협력과 소통을 강화할 수 있는 집단지성 활성화를 위해 적절한 교과 구성 방법 및 평가 방법도 마련하여 실시할 필요가 있다.
>
> 그리고, 디지털/지식정보기술을 응용한 학습 테크놀로지를 활용한 수업이 보편화될 것이다. 이를 위해 필요한 교수학습환경과 수업방법을 계발하여 그 효과를 검증하는 활동도 박차를 가해할 사항으로 판단된다.
>
> 끝으로, 불확실성, 복잡성, 다양성 등을 특징으로 하는 미래사회에서 학생들에게 창의적 사고와 메타인지를 활성화할 수 있는 학습전략 제공도 필요하며, 특히 디지털 원주민인 학생들에게 알맞은 디지털 기반 생활지도 방법을 강구하여 도입할 필요가 있다.

❶ 4차 산업혁명 시대에서 인간중심 교육과정 운영의 필요성 2가지를 제시하시오.

❷ 지능정보기술을 활용한 협력적 집단지성 활성화를 촉진하기 위한 교과 구성 방법 2가지와 평가 방법 2가지를 제시하시오.

❸ 디지털/지식정보기술을 응용한 학습 테크놀로지 도구 2가지와 그것을 활용한 교수학습방법 2가지를 제시하시오.

❹ 디지털 원주민을 위한 창의적 사고와 메타인지 촉진 학습전략 각 2가지와 디지털 생활지도 방법 2가지를 제시하시오.

- 논술연습지
- 논술주제:
- 논술개요

| 논술문제 | 논술내용 | 논술지문 |
| --- | --- | --- |
| | | |
| | | |
| | | |
| | | |
| | | |

참고자료

**1. 교과활동에서의 창의성과 인성 교육을 위한 방안**

가. 교과별 창의 · 인성교육을 위한 교수 · 학습 방법 개선
- 창의 · 인성 함양을 위한 교과별 교수 · 학습 프로그램 개발 · 적용
- 교과 특성을 살린 학생 중심의 수업방법 활성화
(사례 중심 학습, 팀 프로젝트 학습, 협동 학습, 토론 · 실습 · 탐구 학습 등)
- 창의 · 인성 함양을 위한 독서 · 디베이트 · 논술교육 강화

나. 창의 · 인성 함양을 위하여 평가 방법의 개선
- 단순 암기가 아닌 학생의 사고력, 문제해결력, 창의력을 신장시킬 수 있는 서술형 평가를 확대하고, 신뢰도 제고를 위한 공동 출제 및 공동 채점 확대
- 교과의 특성에 적합한 창의력 · 문제 해결력 위주의 다양한 수행 평가 확대

다. 방과후학교를 통한 창의 · 인성교육 강화

라. 창의 · 인성 함양 교육 전문성 신장을 위한 교내 수업 장학 및 교과별 창의 · 인성교육 연구회 참여

마. 유연하고 창의적인 학교 교육과정 편성 · 운영을 통한 창의 · 인성교육 내실화
- 집중이수제를 통한 학기당 과목 수 축소(8과목 이내) 편성 및 학교 교육과정 컨설팅 지원단 운영을 통한 교원 역량 강화

바. 교과교실제 확대 운영
- 수준별 이동수업, 집중이수제, 블록타임제 운영 등을 통한 학생 맞춤식 교수 · 학습 전개,
- 창의 · 인성교육 적용을 위한 교과 특성에 적합한 교실 배치, 교수 · 학습 기자재 및 학습 자료 구비

**2. 프로젝트형 인성수업 실시**

- 국어 · 도덕 · 사회 · 체육 · 예술 등 인성교육 관련 교과간 연계를 통해 다양한 프로젝트형 인성교육 실시

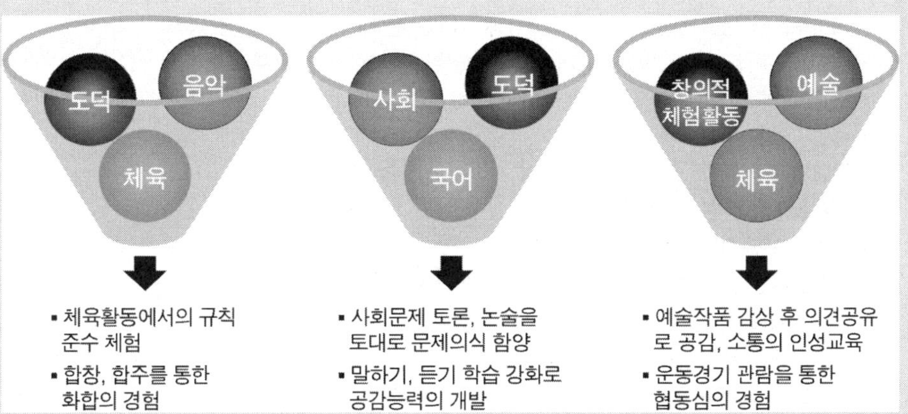


- 스토리텔링 방식, 융합형 프로젝트 수업이 가능한 '사례 · 활동 중심 인성 교과서' 개발

  ※ 크리스틴 볼머의 인성 교과서 'We are a Team'(두 학생이 성장하면서 실제로 겪었던 다양한 사례를 제시하고 관련된 활동을 통해 인성교육 실시)

**【예시 : 프로젝트형 인성 교과 구성 (체육+도덕+사회)】**

- 팀별 운동경기를 통해 규칙의 필요성, 규칙 준수의 중요성, 페어플레이 등 올바른 경기 자세를 학습
- 일상생활과 연계하여 팀의 개념을 가정, 학교, 사회 공동체로 확대
- 공동체 속에서 지켜야할 준법, 정직, 배려, 권리, 의무 등 학습하고 실천

### 3. 학교에서 실천할 수 있는 인성교육 실천 프로그램

- 생명존중과 자살예방 캠페인
- 청소년의 자기자존감 키우기
- 청소년의 정체성 찾기와 꿈 설계를 통한 자기 비전 만들기
- 바른 말, 고운 말, 쉬운 말 등 언어순화를 통한 인성교육
- 자원봉사 캠페인 실천
- 감사인사를 통한 소통
- 학교급식 종사원에게 감사하기 인사
- 밥상머리 교육을 통한 식사예절 교육과 연계한 인성교육
- 학교별 영양 · 식생활 교육 및 영양주간 운영
- 봉사 및 나눔교육 실천

- 독서토론을 통한 경청, 기다림, 생각 등 새로운 문화의 청소년 인성 함양
- 1인1악기지도, 합주 및 학생 개개인에 적합한 맞춤형 예술 프로그램 지원
- 학교 폭력, 성폭력예방과 올바른 인성 함양 교육
- 흡연 · 비만 예방교육
- 학교체육을 통한 스포츠맨십 실천과 우정의 공동체 만들기
- 신체활동을 통한 심신 수련
- 자기이해와 집단 상담을 통한 자아성장
- 인성교육 수업 모형 및 교재 개발의 현장 적용을 통한 인성 함양
- 교수 · 학습 방법 및 평가 방법 개선 모형 확산
- 충효교육을 통한 인성교육 강화
- 학부모와 학생이 함께하는 감사일기 쓰기 운동 전개
- 마음(심성)계발 교육 과정
- 숲 속 체험활동 프로그램
- 창의적 체험활동을 통한 스토리텔링 중심 인성교육 프로그램 등

제 8 장

# 학습자 중심 수업

## 셀프진단평가

**다음은 A시 ○○교육지원청에서 관내 중학교 교수학습 개선을 위한 토론회가 개최되었고, 아래는 그 핵심을 요약한 것이다. 이를 읽고 여러분이 작성할 논술내용을 제시해 보자.**

이 교사: 참여중심수업에 의문이 있다. 왜냐하면 문제 중심이나 프로젝트 중심의 학습 활동을 하려면 학생들이 기본지식이나 이해가 선행을 해야 하기 때문이다. 그래서 교사가 학생들의 수업행동에 따른 적절한 보상이나 벌을 하거나, 또는 학생들의 인지적 학습과정을 촉진하는 수업 전략을 잘 활용하는 것이 중요하다.

김 교사: 이교사와 같은 분들이 주장하는 수업원리들도 일리가 있지만, 변화하는 사회 속에서 학생들의 창의적 문제해결력 향상이 무엇보다도 요청되고 있습니다. 이를 위해서는 학생의 경험을 중시하는 교육과정을 실행하고, 학생이 관심을 가지는 수업 내용을 찾고, 그것을 조직하여 학생이 직접 지식을 재구성할 수 있게 수업전략과 방법과 함께 그것을 적절하게 평가할 수 있는 방법을 적극 강구해야 합니다.

수석교사: 4차 산업혁명과 지능정보사회를 맞이하는 현 시점에서 미래의 교수・학습 환경은 디지털 테

크놀로지의 기술적 발전으로 인해 교수학습환경과 방법은 달라져야 합니다.

학교장: 사회가 학생들에게 새로운 역량을 요구하고 있고, 이를 위해 도입한 2015개정 교육과정을 실현하기 위해 교사는 체계적 수업 설계를 할 수 있어야 합니다. 또한 그러한 교수학습에 알맞은 수업평가 방식도 바뀌어야 합니다.

❶ 이교사가 지향하는 수업을 고려하여 교수학습이론의 관점은 무엇인가?

❷ 김교사가 지향하는 교수학습이론 관점은 무엇인가? 그 관점을 실현하는 교수학습 환경과 방법 및 평가 방법은 무엇인가?

❸ 수석교사의 주장을 반영하여 학교 현장에서 도입하여 활용할 수 있는 디지털 교수학습 테크놀로지와 그것을 활용하는데 있어서 적용할 수 있는 구성주의 교수학습환경과 교수학습방법은 무엇인가?

❹ 학교장의 관점에서 핵심역량을 강화하는 수업을 실시하기 위해 활용할 수 있는 교수학습설계 모형은 어떠한 것들이 있는가? 또 그것을 활용하여 얻을 수 있는 효과는 무엇인가?

❺ 2015 개정 교육과정을 실현하기 위한 교수학습전략과 방법은 무엇인가? 또한 교육과정에서 제시하고 있는 6대 핵심역량을 강화할 수 있는 교수학습전략과 방법은 각각 무엇인가?

❻ 구성주의 교수학습과 역량 중심 교육과정을 위한 평가는 어떻게 이루어져야 하는가? (☞ 과정중심평가 참조)

# 1. 주요 이론[1]

학습자 중심의 참여와 활동을 강조하는 교수학습으로의 전환은 최근 학교 교육의 주요 경향 중 하나이다. 이것은 학생들의 삶, 생활과 관련된 실제 문제나 과제를 자기 주도적으로, 또는 동료들과 함께 학습하는 것을 강조한다. 아래에서는 참여 중심, 학습자 중심 교수학습의 이론적 기반인 구성주의 교수학습 및 학습환경, 교수학습설계, 현장에서 활용 가능한 교수학습이론, 수업코칭 등을 제시한다.

## 1) 구성주의 교수학습방법

학습을 어떻게 바라보느냐에 따라 학습 이론은 크게 객관주의 학습이론과 주관주의 학습이론으로 구분된다. 객관주의 학습이론으로는 행동주의, 인지주의 학습이론이 있으며, 주관주의 학습이론으로는 구성주의 학습이론을 제시할 수 있다. 객관주의 학습이론과 주관주의 학습이론을 비교하면 아래의 표와 같다.

| | 객관주의 | 주관주의(구성주의) |
|---|---|---|
| 지식 | 개인의 경험이나 사고의 특성에 상관없이 외부에 존재하는 것이 지식으로, 학생들은 다양한 매체를 통해 진리와 지식을 받아들이고 형성하게 되는 것이 지식 | 교사가 가르쳐준 지식을 그대로 받아들이는 것이 아니라 알려준 지식을 자신의 경험과 사고에 비추어 검토한 후 스스로 이해될 때 형성되는 것이 지식 |
| 학습자 | 학습자는 지식을 수용적으로 받아들이는 수동적인 존재 | 학습자는 능동적으로 지식을 구성해가는 자율적, 주체적으로 책임감을 가지고 있는 존재 |

1) 김규태, 강유정, 권민석, 최경민(2017)의 교육행정 및 교육경영(제3장 교수학습과 경영), 강이철(2011)의 교육방법 및 교육공학 입문, 유승우, 임형택 등(2010)의 교육방법 및 교육공학(2판), 변영계(2014)의 교수학습이론의 이해, 나일주(2010)의 교육공학 관련 이론, 홍기칠(2012)의 교육방법 및 교육공학에서 발췌 재구성한 것이며, 여기서 제시된 그림이나 모형 및 표 등은 이들 책들에서 대부분 공통 제시하고 있음으로 별도 인용 제시를 하지 않았다.

| | 객관주의 | 주관주의(구성주의) |
|---|---|---|
| | 교사가 전달하는 지식을 정확하게 받아들이고 많은 것을 기억하는 학생이 가장 성공적인 학습자 | 자신의 지식을 스스로 구성해 나가는 교육의 핵심적인 주체가 되는 학습자 |
| 교수-학습 | 교수학습은 추상적, 보편적인 지식을 표준화된 방법으로 전달하는 과정을 의미 학습 내용은 미리 체계적이고 구체적으로 짜여지며, 이러한 내용을 학습자들이 그대로 모사하도록 만드는 것이 교육 목표 | 학습의 주체인 학습자가 능동적인 인지적 자용과 상호작용을 통해 끊임없이 구성해나가는 것이 바로 학습 학습 내용은 미리 짜여지기 어려우며, 다양한 상황적 맥락에서 스스로 지식을 구성해 나갈 수 있는 역량을 길러주는 것이 교수학습의 목표 |
| 교사 | 교사는 객관적, 절대적 지식을 이미 알고 있는 존재로, 이미 정답과 해결책을 가지고 있으며 지식을 전달하고 교육을 직접 실행하는 존재 | 교사는 정답을 가지고 있지 않으며, 학습자들이 스스로 자신의 맥락에 맞게 지식을 구성할 수 있도록 도움을 제공하는 조력자, 조언자, 안내자, 학습 촉진자, 공동 학습자 |

구성주의에 입각한 교수-학습을 실천하기 위해서는 과거처럼 한 차시 수업을 통해 보편화된 교과 지식을 보편화된 방식으로 가르치고, 암기시키고, 평가하며 얼마나 많은 것을 기억하고 있는지 확인하는 것이 중요한 것이 아니라 충분한 시간적 여유를 가지고 학습자들로 하여금 그들의 상황적 맥락에 따라 지식을 스스로 구성할 수 있도록 해야 한다. 이를 위해서는 토의·토론, 아이디어의 발산과 수렴, 협동하여 문제를 해결하는 과정, 자신의 경험을 비판적으로 검토하는 과정, 허용적인 분위기, 스스로 질문을 제기하고 함께 질문을 해결하는 과정, 결론을 함께 도출하는 과정 등이 필요하다. 이를 위한 교수학습방법은 문제기반 학습, 프로젝트 기반 학습, 팀 기반 학습, 플립러닝, 액션러닝 학습 등이 있으며, 이들을 제시하면 아래와 같다.

### (1) 프로젝트 기반학습(Project-Based Learning)

프로젝트 기반학습이란 프로젝트에 의한, 프로젝트를 통한 학습을 의미한다. 이것은 학습자가 학습의 전 과정에 주도적으로 참여를 하며, 다양한 탐구활동의 결과에 대해 표현하는 활동을 포함한다. 즉, 학습자 스스로 생각하고 있는 것을 구체적으로 실현하기 위하여 계획을 세우고, 일정한 프로젝트를 수행하고 연구하는 방식의 교수-학습 방법을 말한다.

### (2) 사례기반학습(Case-Based Learning)

사례기반학습은 과거의 사건이나 사례의 내용을 학습내용이나 주제에 적합하도록 가공하여 학습을 가능하게 하는 체계적인 방법이다. 이것은 실생활의 상황과 사건에 의존하여 문제를 해결하는 과정을 거친다. 학생들은 사례를 활용하기 위한 분석 과정에서 의사결정과 문제해결을 위한 교육적 경험을 갖게 하는 교수학습방법이다.

### (3) 문제중심학습(Problem-based learning, PBL)

문제중심학습은 실제적인 문제를 학습자들이 해결하는 과정에서 학습이 이루어지는 학습자 중심의 학습환경이자 모형이다. 학습자들은 사고 전략과 영역 지식을 함께 배우게 된다. 문제중심학습은 유연한 지식, 효과적인 문제 해결 능력, 자기 주도 학습, 효과적인 협업 능력, 내재적 동기를 학습자들이 계발하도록 돕는 데에 있다. 문제중심학습은 능동적 학습의 한 가지 양식이라고 할 수 있음. 학습자들은 집단 협업을 통해서 이미 알고 있는 것과 알아야 할 것, 문제 해결에 도움이 될 정보가 어디에 있으며 어떻게 접근해야 하는지를 찾아내게 된다. 교수자(문제중심학습에서는 튜터tutor라고 한다)의 역할은 학습 과정을 관찰하고 안내하고 보조함으로써 학습을 촉진하며, 학생들에게 문제에 도전할 수 있는 자신감을 형성하고 격려해 주는 역할을 담당한다.

### (4) 액션러닝(Action Learning)

액션러닝은 조직구성원이 팀을 구성하여 동료와 촉진자(facilitator)의 도움을 받아 실제 업무의 문제를 해결함으로써 학습을 하는 훈련방법이다. '행함으로써 배운다'(Learning by Doing)라는 학습원리를 근간으로 4~6명을 한 팀으로 구성, 실천현장에서 발생하는 문제(Real Problems)를 팀 학습(Team Learning)을 통해서 다양한 아이디어를 도출, 실제 적용하는 과정에서 발생하는 교수학습방법이다.

**문제중심학습과 액션러닝의 공통점과 차이점**

문제 중심학습과 액션러닝은 다음과 같은 측면에서 유사하다. 우선, 두 개의 학습법 모두 학습자들의 직접적인 경험을 통한 의미 있는 학습을 강조하며, 실제적 과제해결을 통해 학습이 이루어진다. 둘째, 학생들은 자기 주도적으로 과제를 해결하기 위해 필요한 자료를 수집, 분석, 종합, 적용하게 되며, 이때의 교사는 내용 전달자가 아니라 학습의 조력자 역할을 하게 된다. 셋째, 둘 모두 팀원의 협동을 중요하게 여기며, 협동하는 과정에서 과제해결능력이 향상되며, 과제 활동 후 이루어지는 성찰 시간을 통해 진정한 의미에서의 학습이 이루어진다.

하지만 액션러닝과 문제중심학습은 차이가 있다. 그 차이점은 과제의 실제성, 과제해결 프로세스, 조력자의 역할을 들 수 있다. 과제의 실제성의 경우 액션러닝은 학생들의 삶과 직접적인 관련이 있는 실제적인 과제인 반면, 문제 중심 학습은 학생들의 삶과 간접적으로 연관이 있는 문제를 학습상황에 적용시킨 실제적 과제이다. 교실에서는 학생들에게 실제 과제를 제공하고자 학생들 스스로 학습 문제(학습 과제)를 결정하고, 그 문제(과제)를 해결하기 위하여 개발된 다양한 교수학습활동을 선정하여 운영할 수 있다.

### (5) 상황학습(Situated Learning)

상황학습은 학습자가 실제적인 생활 맥락에 참여함으로써 '비활성 지식(inert knowledge)'이 아닌 산지식의 체험을 통해 문제를 해결하기 위한 목적으로 개발된 교수학습방법이다. 상황학습은 지식이 활용되는 상황 맥락을 제시하고 그 맥락 속에서 정보를 찾고 문제를 해결해가면서 지식을 형성해가도록 함으로써 실제적 지식의 습득 및 적용 능력을 향상시키는데 유용한 교수학습방법이다.

### (6) 팀 기반 학습(Team-based Learning)

팀 기반 학습은 공동의 목표를 달성하기 위해 팀원이 서로 비전을 공유하고, 효율적인 의사소통 체계를 갖추고, 팀원 간의 활발한 상호작용을 통하여 성과를 달성하는 팀 체계에 바탕을 둔 교수학습방법이다. 이것은 최상의 성과를 산출하는 학습팀이 되도록 지원하고, 그러한 팀들이 유의미한 학습 과업에 임할 수 있는 기회를 제공한다.

### (7) 협동학습(cooperative learning)

협동학습은 구성원이 4~6명인 소집단을 형성하여 구성원 사이에 사회적 상호작용을 하며 학습하게 하는 교수학습방법이다. 학생들의 긍정적 상호의존 관계를 중시하고 집단 구성원 개개인의 책임을 강조하며 동시에 지식과 기술을 습득할 수 있다는 장점이 있다. 협동학습의 유형으로는 능력별 팀학습(STAD), 토너먼트식 학습(TGT), 과제분담학습(Jigsaw), 자율적 협동학습(Co-op Co-op) 등이 있다. 이들 유형의 공통적 특성은 이질집단으로 구성한 팀활동이며, 보상체제도 집단 중심으로 주어진다는 것이다.

**협동학습의 유형**

**1) Jigsaw Ⅰ**

학생을 5-6개의 이질적 집단으로 나누고 학습할 단원을 집단 구성원 수에 맞도록 나눠 각 구성원에서 한 부분씩 할당한다. 각 집단에서 같은 부분 맡은 학생 따로 모여 전문적 집단 형성해 토의 및 설명 등을 통해 학습하며, 이후 소속 집단으로 돌아가 학습한 내용 구성원에 가르치는 방식이다. 집단 내 동료로부터 배우고 동료를 가르치는 모형, 집단구성원 간 상호의존성과 협동성을 유발하는 효과를 갖는다.

**2) Jigsaw Ⅱ**

직소 1의 개별보상에 집단 보상이 추가되어 인지적, 정의적 학습 성취 영역에서 전통적 수업보다 효과적인 것으로 알려져 있다. 모든 학생들이 전체 학습 자료와 과제 전체를 읽되 특별히 관심 있는 주제 선택한 다음 그것을 전문가 집단에 가져가서 자기 팀으로 돌아와 가르치는 방법이다. STAD와 비슷하게 과거 기본점수(Base score)와 비교한 개인별 향상점수(Improvement score)주며 향상점수의 합이 집단 점수이 된다.

**3) 성취과제 분담모형(Student Teams-Achievement Division, STAD)**

공동학습 구조면서 동시에 개별보상구조 가진 학습구조이다. 각 집단은 전체학습 축소판처럼 학습능력 높은, 중간, 낮은 학습자로 구성, 능력과 성, 배경이 혼합된 약 5명의 구성원으로 조직된다. 교사는 집단 각 구성원에 대한 개인 학습기대 점수(ILE: Individual Learning Expectation) 혹은 기본점수 계산한다. 교사는 매주 학습지 주고 강의, 토론 통해 학습단원 먼저 소개, 그 후 구성원들 각 팀 중심으로 서로 협동해 단원 내용을 학습한다. 그 후 개별적 시험, 각자 자신의 시험점수를 확인 후 각 개인별로 과거와 비교해 향상점수를 기록하고 개인별 향상점수를 팀 점수에 반영, 향상점수, 범위는 0-10점을 기준, 즉 이전까지 받아 온 평균점수(ILE)를 초과한 만큼 팀 점수에 반영한다. 이렇게 해서 각 팀의 점수가 나오면 팀 점수를 비교해 보상을 준다. 이 방법은 능력 낮은 학생도 자신의 기본점수보다 10점 이상 점수 올림으로써 자신의 집단 위해 최대 점수 얻을 수 있다. 능력 높은 학생들도 집단에 기여하기 위해 만점 받거나 자신의 평균보다 높은 점수를 얻어야 해서 도전적이 된다. 개인 성취에 따라 팀 점수가 가산되고 팀에게는 집단 보상이 추가되는 구조임으로 협업정신이 향상된다.

**4) 자율적 협동학습**

학생들로 하여금 자신이 학습과제를 선택하도록 하고 자신과 동료들의 평가에 참여하도록 허용하는 교수학습방법이다. 교사와 학생 간 토의를 통해 학습과제를 선정, 이질적 학생들로 팀을 구성하고, 팀 형성 후 각 팀은 주제 정하고 이를 하위부분으로 나눠 팀 구성원들이 흥미 따라 분담 한 후 개별적 정보수집하며, 각자가 학습한 소주제들을 팀 구성원들에게 제시한 후 종합해 보고서 만들고 전체 학습에 제시한다. 팀 동료에 의한 팀 기여도 평가, 교사에 의한 소주제 학습기여도 평가, 그리고 전체 학습동료들에 의한 팀 보고서 평가 등 3가지 수준에서의 평가가 이루어진다.

### (8) 플립드 러닝(flipped learning)

플립드 러닝은 온라인을 통한 선행학습 뒤 오프라인 강의를 통해 교수와 토론식 강의를 진행하는 「역진행 수업 방식」을 말한다. 기존 전통적인 수업 방식과는 정반대로, 수업에 앞서 학생들이 교수가 제공한 강연 영상을 미리 학습하고, 강의실에서는 토론이나 과제 풀이를 진행하는 교수학습방법이다.

### (9) 토의·토론학습

토의를 통하여 학생들의 창의력을, 토론을 통해 학생들의 논리력을 키우기 위해 사용되어지는 교수학습방법이다. 다시 말해, 토의 · 토론 학습은 토의의 특성을 통해 다양한 아이디어를 얻고, 토론의 특성을 통해 다양한 아이디어 중 가장 효과적이며 효율적인 생각을 논리적으로 판단하도록 도와주는 교수학습방법이라고 할 수 있다. 이것은 다양한 토의 · 토론 학습을 통하여 학생들에게 의사결정능력을 길러줄 수 있다.

### (10) 성찰일지

성찰활동은 자신의 학습에 대하여 스스로 반성을 하는 활동기도 하며, 또래 친구들과 함께 팀 학습에 대해 반성도 하고 앞으로 더 발전기 위한 활동이다. 성찰일지 작성은 학습 내용을 스스로 유의미화하는 과정인 동시에 개별화 학습이 가능한 교수학습방법이라고 볼 수 있다.

### (11) 인지적 도제학습

초보자가 실제 장면에서 전문가의 과제수행을 직접 관찰, 모방해 지식과 기능을 연마해 가는 것을 강조하는 교수학습방법이다. 인지적 도제학습은 실제 과제의 문제해결 전 과정을 전문가가 시범해 보이는 시연단계(Modeling), 학습자가 과제를 수행하면 교사는 학습자에 피드백을 해 주는 코칭(Coaching), 교수적 도움의 단계(Scaffolding) 및 점진적 제거(Fading, 용암법) 단계, 학습자 스스로 구성한 지식, 기능 실행해 습득한 지식, 기능 등 종합적 연계하는 명료화(Articulation) 단계, 학습자 자신이 수행하는 문제해결과정을 전문가와 비교해 반성적으로 검토하는 반성적 사고(Reflection) 단계, 학습자는 자신의 지식, 기능, 태로를 자유롭게 사용할 수 있는 전략을 탐색하는 탐구(Exploration) 단계로 이루어진다.

## 2) 구성주의 학습환경[2)]

구성주의 학습환경은 기본적으로 학습자 중심의 학습환경을 의미한다. 학습자가 학습활동에 자발적이고 주도적으로 참여하여 의미 있는 학습환경을 경험하여 지식을 능동적이며 자발적으로 구성할 수 있도록 조성된 학습환경을 의미한다. 구성주의에서 지식은 학습자의 경험 또는 이전 지식과 환경과의 상호작용을 통하여 새롭게 의미를 구성해가는 과정이기 때문에 교수설계는 지식 구성을 촉진시킬 수 있는 풍부한 학습환경을 설계하는 것이 된다. Jonassen는 구성주의 학습환경을 설계하는데 고려해야 할 문제/프로젝트, 관련 사례, 정보지원, 인지도구, 대화/협력도구, 사회적/맥락적 지원 등 6개의 요소들과 모학습자의 학습활동을 지원하는 델링, 코칭, 스캐폴딩 등 3개의 교수활동으로 구성될 것을 제안하였다.

구성주의 학습환경 설계 모형은 학습자들이 수행하게 되는 학습활동과 이들을 지원하기 위한 지원체제 및 교수자의 교수활동으로 구성되어 있다. 우선, 학습자들이 수행하게 되는 학습활동과 이들을 지원하는 지원체제를 살펴보면, 이 모형은 문제중심학습 또는 프로젝트중심학습 등의 학습환경을 지원하도록 구성하고 있다. 그 주변에는 다양한 해석적 및 지원 지원체제를 가지고 있으며, 학습자의 목표는 문제를 해석하거나 해결, 또는 프로젝트를 완성하는 것이다. 관련된 사례나 정보자원은 문제에 대한 이해를 돕거나 학습자들의 기억을 향상시키기 위한 비계를 설정하여 해결 가능한 방안을 제안한다. 인지도구는 학습자로 하여금 문제의 제 측면에 대한 해석과 조직을 돕고, 대화/협력도구는 학습자 공동체를 중심으로 문제에 대한 의미에 대해 협상, 구성하게 하다. 사회적/맥락적 지원 체제는 학습자가 구성주의적 학습환경을 실행하도록 돕는다.

다음, 구성주의 학습환경에서 교수지원 활동으로 모델링, 코칭, 비계설정을 제시하고 있다. 이 모형에서 모델링은 가장 쉬운 교수전략으로 전문가의 수행 행동에 초점을 맞춘다. 모델링은 외현적 행동에 대한 행동모델링이고 다른 하나는 내재적

2) 이일주(2010)의 교육공학 관련 이론(제11장, pp. 160-161)의 내용을 제시한 것이다.

인지과정에 대한 인지모델링이다. 행동모델링은 활동구조에서 확인된 활동을 어떻게 수행할지 시연해 주며, 인지모델링은 학습활동을 하는 학습자들이 상요해야 하는 사고(활동 중의 반성적 사고)와 명료화를 유발한다. 마지막으로 비계설정(스캐폴딩)은 학습자가 수행하는 과제에 초점을 두고 학습자의 수행을 체계적으로 지원하는 것이다. 비계설정은 학습과 학습자의 능력을 넘어서는 학습자들의 수행을 지원하기 위한 것이다.

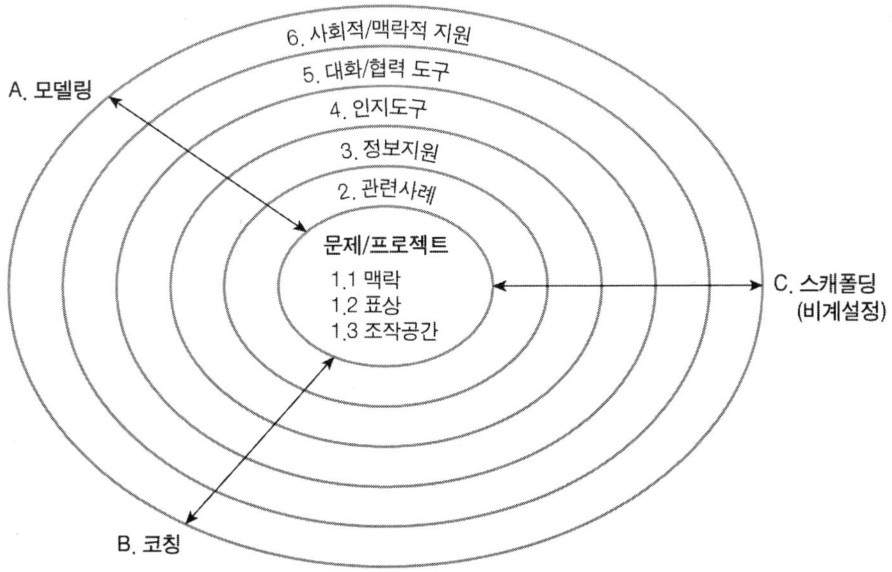


[그림 8-1] **구성주의 학습환경**

### 3) 교수학습 설계

#### (1) ADDIE 모형

ADDIE 모형은 분석(Analysis), 설계(Design), 개발(Development), 실행(Implementation), 평가(Evaluation) 등 5단계로 이루어진 교수설계 모형이다. 분석(Analysis)은 학습관

련 요인을 분석하는 단계를 말하며, 학습자의 수준, 특성, 요구 등을 분석하며, 교육환경, 학습과제분석 등을 실시한다. 설계(Design)는 학습목표(행동적 목표)를 설정하고 평가도구를 선정한다. 또한 프로그램의 계열화(내용의 어떤 부분을 선택하고, 묶고, 전할지 순서를 정하는 것)와 학습 촉진을 위한 효과적인 교수전략과 매체를 정한다. 개발(Development)은 교육 프로그램이나 자료를 실제로 개발하여 형성평가를 통해 수정 보완하는 단계이다. 실행(Implementation)은 개발된 프로그램을 현장에 사용, 설치, 유지, 관리하는 단계이다. 평가(Evaluation)는 프로그램과 매체 등이 적합한지, 효율적인지, 지속해도 되는지, 수정사항은 무엇인지 등 총괄적 평가를 수행하는 단계이다.

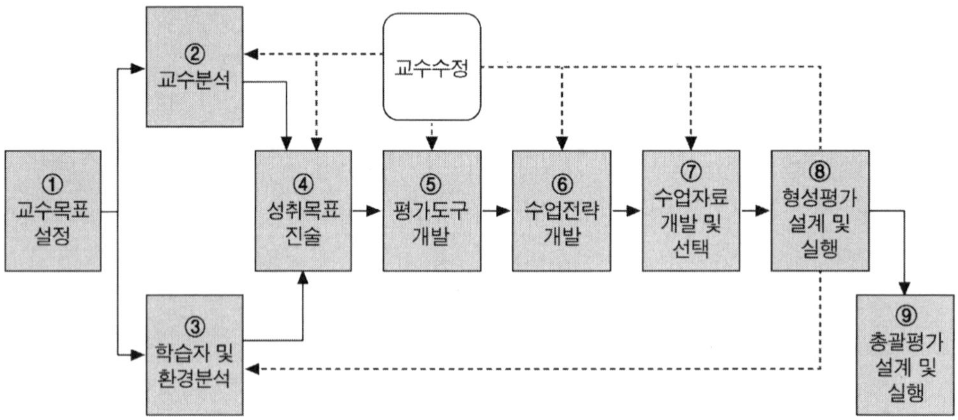


[그림 8-2] Dick & Carey의 체제적 교수설계모형

### (2) ASSURE 모형

교수학습과정에서 교수매체를 선정하고 활용하기 위해 고려할 수 있는 모형이라고 할 수 있다. ASSURE 모형은 학습자 분석(Analyze learners), 목표진술(State Objective), 교육방법, 미디어, 교수자료 선택(Select method, media & materials), 미디어와 교수자료 활용(Utilize a method & materials), 학습자의 참여요구(Require learners participation), 평가와 수정(Evaluate & revise) 단계로 이루어지며, 그 특징은 다음과 같다.

① **학습자 분석**(Analyze learners): 학습자의 나이와 서전지식, 태도, 학습양식 등 교육프로그램을 참가하는 자로서의 학습자의 특성을 분석하게 된다.

② **목표진술**(State Objective): 학습자가 프로그램 이수 후에 무엇을 성취 할 수 있는지를 결정하는 단계이다.

③ **교육방법, 미디어, 교수자료 선택**(Select method, media & materials): 주어진 과제를 적절히 수행하는데 효과적인 방법, 미디어, 자료를 선택하거나, 수정, 보완 하여 새로 개발한다.

④ **미디어와 교수자료 활용**(Utilize a method & materials): 교육프로그램을 효과적으로 운영하기 위해 필요한 미디어와 교수자료를 준비하고 활용하게 된다.

⑤ **학습자의 참여요구**(Require learners participation): 학습자들이 적극적으로 수업에 참여하도록 다양한 교수기법을 활용하고, 피드백을 제공한다.

⑥ **평가와 수정**(Evaluate & revise): 학습자의 학습목표 달성정도를 평가하고, 교육방법과 교육프로그램을 수정함으로써 개선을 도모한다.

〈표 8-1〉 **교수학습방법의 선정기준**

| 교수-학습 상황 | 교수 방법 |
|---|---|
| • 학습집단 50명 이상<br>• 교실이 전통적<br>• 교육내용의 개념과 원리 학습<br>• 새로운 지식 습득에 초점 | 설명적 접근, 강의법, 팀티칭 |
| • 학습집단이 30~40명<br>• 학습공간이 융통성 있음<br>• 교육내용의 운동기능, 심체적 영역<br>• 새로운 지식 습득 및 숙달에 초점 | 시범, 실습, 동료교수 |
| • 학습집단이 30~40명, 소집단 구성가능<br>• 학습공간이 융통성 있음 | 소집단학습, 협동학습, 문제중심학습, 사례연구, 프로젝트기반학습 |

| 교수-학습 상황 | 교수 방법 |
|---|---|
| • 교육내용의 인지적 영역<br>• 새로운 지식의 창출, 탐구, 문제해결 | |
| • 학습집단이 20명 이하<br>• 학습공간이 전통적임<br>• 교육내용의 태도, 정의적 영역<br>• 기존 지식의 이해/적용 강화 | 모의실험, 게임, 역할극, 토론 |
| • 학습집단이 20명 이하<br>• 학습공간이 융통성 있음<br>• 교육내용의 개념 및 원리 학습<br>• 새로운 지식의 습득, 문제해결 | 발견적 접근, 탐구학습 |
| • 개별화학습이 가능<br>• 학습공간이 융통성 있음<br>• 교육내용이 개념, 원리, 철차학습<br>• 새로운 지식습득에 초점 | 개인 교수, 컴퓨터 보조수업, 웹기반 수업 |

### (3) 학습동기모형

Keller가 교수-학습상황에서 학습동기를 유발하고, 유지하기 위해 제시한 동기설계모형이다. 이 모형은 ARCS 모형이라고도 하는데, 이는 주의력(Attention), 관련성(Relevance), 자신감(Confidence), 만족감(Satisfaction)의 첫 글자를 딴 것이며, 그 특징과 전략은 다음과 같다.

① Attention(**주의력**): 학습동기를 유발시켜주기 위해 우선적으로 학습자 주의력이 유발, 유지되어야 한다. 이를 위해서는 교수자료의 제시기법을 다양하게 하고, 구체적 예를 사용, 특이 상황이나 문제 사태를 제시하거나, 익숙한 경험과 생소한 경험들을 동시에 제공하며, 경험요소들을 비유적 방법으로 제시하는 전략을 사용할 수 있다.

② Relevance(**관련성**): 학습과제와 학습활동이 학습자의 다양한 흥미에 부합될 때 동기가 유발된다는 것이다. 이를 위해서는 새로운 학습과제를 친숙하게 하거나, 학습자 흥미와 관심사에 기초한 실재 경험 자료를 활용하거나, 학습내용

의 미래지향적 가치를 인식하도록 하는 전략을 사용할 수 있다.

③ Confidence(자신감): 학습목표를 분명히 제시하고, 난이도 수준에 따라 학습과제를 계열화하여 학습자에게 맞는 학습전략를 사용하는 것이다.

④ Satisfaction(만족감): 유발된 동기를 계속 유지하도록 긍정적 피드백을 제공하는 것이며, 수행결과에 대해 다양한 피드백을 제공, 학습한 내용을 일반화해 적용해 보도록 하거나 외재적 보상 보다 내재적 보상을 제공하는 전략을 사용할 수 있다.

### 4) 수업 장면에서 활용 가능한 교수학습방법

#### (1) Bruner의 발견학습

Bruner는 학습자 지적 성장을 돕는 교수학습법으로 발견학습법을 제시하였다. 발견학습은 교사의 지시적 수업을 최소화하고, 학생의 자발적 참여를 확대하여 학습내용을 스스로 조직하도록 하도록 하거나, 학생 스스로 기본 개념, 원리를 깨달을 수 있게 되고 탐구 능력을 강화하는 것을 강조한다. 이러한 점에서 발견학습은 학습자들이 여러 학습자료 통해 스스로 문제 발견, 해결하면서 탐구적 사고를 강조하는 - 탐구학습(Inquiry learning)이라고도 불리기도 한다. 발견학습은 처음에 교사에 의존하지만 점차 학습자 스스로 사고를 진행하며 지식의 구조를 이해하고 스스로 내적 문화를 창조, 발견하는 과정을 통해 내적동기를 유발하는 것을 강조한다.

#### (2) Skinner의 프로그램 학습

프로그램 학습은 모든 학생에게 정기적으로 강화를 제공하여 학습행동을 통제함으로 교육목표에 도달할 수 있도록 구성된 교수학습방법이다. 학습 과정은 작은 단위로 세분화하고, 학습목표는 그 달성여부가 명확하고 관찰가능한 행동적 목표로 제시하고, 그 목표를 달성할 때마다 적절한 강화를 제공하며, 학습자의 학습속도에 맞게 학습을 조절한다.

### (3) Ausubel의 유의미학습

Ausubel은 원리와 규칙의 이해 이후 세부적인 정보를 배워나가는 연역적 교수학습방법을 제안하였다. Ausubel은 언어적 정보 혹은 개념 간의 관련성 또는 결합에 의해 유의미한 학습이 일어난다고 하였다. 즉, 새로운 학습내용이 학습자의 인지구조에 포섭될 수 있는 관련성이 있으면 학습은 촉진되고, 기존의 지식은 새로운 지식을 포섭하여 지식의 폭을 넓혀진다고 본다. 이는 수업 도입 단계에서 주어지는 언어적 설명인 선행조직자가 제공되면, 이로 인해 이미 학습한 명제나 개념 안에 새로운 정보나 지식이 연결되는 포섭 과정을 통해 이루어진다.

### (4) Reigeluth의 정교화 이론

Reigeluth의 정교화 이론은 학스자가 전체 개요에서 나타난 모든 부분들을 필요한 수준까지 구체적으로 학습할 수 있도록 교수 과정을 구성하되, 학습자 스스로 내용을 조직하고 계열화하는 것을 강조하는 교수전략이다. 또한 교수는 간단하고 기초적인 것부터 시작하여 보다 구체화되고 복잡한 수준으로 옮겨가야 하며, 학습자가 우선 학습 내용의 부분들의 관계와 중요성을 전체적 맥락에서 파악하도록 도와주는 것을 강조한다. 이 정교화 이론의 주요 원리를 제시하면 다음과 같다.

① **정교적 계열화**: 교수 내용을 단순 또는 간단한 것에서 복잡하고 세부적인 것으로 조직하는 것이다.

② **선수학습 능력의 계열화**: 학습의 구조에 기초를 둔 전략으로 새로운 정보를 배우기 전에 어떤 지식이나 정보를 먼저 배워야 할지를 밝혀주는 것이다. 즉, 새로운 지식을 도입하기 전에 그 지식 습득을 위한 필요한 선수 능력이 갖추어지도록 교수 과정을 계열화하는 것이다.

③ **요약자의 적절한 사용**: 요약자는 학습자가 이미 학습한 내용을 체계적으로 검토하고 복습할 수 있도록 하는 요소로서 설명, 사례, 연습문제가 이에 해당된다.

④ **종합자의 사용**: 종합자는 개개의 아이디어를 서로 연결시키고 통합시키기 위

하여 필요한 전략에 해당된다.

⑤ **비유의 활용**: 비유는 새로운 정보를 학습자에게 친숙한 아이디어로 연결시켜 이해할 수 있도록 도와주는 전략에 해당된다. 비유는 학습자의 경험 속에 존재하는 어떤 구체적인 것과 수업을 통하여 가르치고자 하는 보다 추상적이고 복잡한 아이디어들을 연결시킬 수 있도록 도와준다.

⑥ **인지전략 활성자**: 인지전략 활성자는 학습 과정에서 학습자가 자신의 인지전략이나 과정에 대하여 인식하고 그것을 적절히 조절할 수 있을 때 보다 능동적으로 참여하게 되고 학습효과도 커진다는 보는 전략에 해당된다.

⑦ **학습자 통제에 관한 적절한 양식의 채택**: 학습자 통제란 학습자가 자신이 학습할 내용과 다양한 학습 전략들을 선택하고 계열화하여 어떻게 학습할 것인가를 스스로 결정할 수 있도록 함을 의미한다.

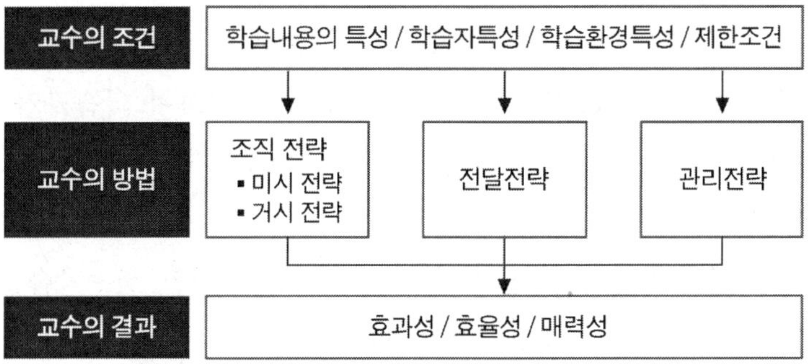


**[그림 8-3] Reigeluth의 교수설계의 구성요소**

또한, Reigeluth는 교수의 결과 즉, 학습성과(학습을 성공시키는데 필요한 요인)를 수업의 효율성, 효과성, 매력성으로 구분하였다. 여기서 효과성은 많은 학생들이 학습목표를 달성했는가, 효율성은 목표 달성에 소요되는 시간, 비용, 노력을 절감하였는가, 매력성은 학습자의 관심과 학습동기를 지속시켰는가를 말한다.

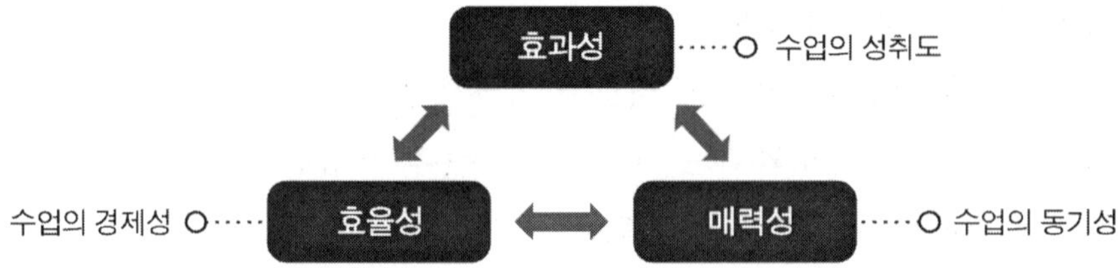


### (5) Gagne의 인지적 학습이론

가네는 학습은 환경의 자극과 학습자의 인지 과정으로부터 이루어진다고 본다. 즉, 학습이란 새로운 능력을 획득하기 위해 요구되는 정보처리 단계로, 환경의 자극을 변형시키는 인지 과정의 집합으로 본다. 또한 다양한 학습상황에서 학습의 외적 조건을 제공하는 일련의 절차를 수업절차(Event of Instruction)라고 하였으며, 이는 다음의 9가지 단계로 제시하였다.

① **주의 획득하기**: 모든 교수활동에서 실시할 첫 번째 일로써 학습자의 주의를 획득하여 후속 학습활동, 즉 수업절차가 원만하게 이루어지도록 하는 일이다.

② **학습자들에게 수업목표 제시하기**: 수업목표를 제시하여 학습자가 수업이 끝난 후 자신이 학습한 내용을 확인 할 수 있고 학습자가 지니고 있는 수업에 대한 기대에 부응할 수 있다.

③ **사전 지식 재생 촉진하기**: 본 학습에 필수적인 능력인 선수학습능력은 새로운 학습을 실시하기 전에 재생되어야 한다.

④ **자극자료 제시하기**: 학습자들에게 제시되는 자극은 학습을 위한 수행에 포함된다. 즉, 수업에서 다룰 내용의 범위라고 할 수 있다.

⑤ **학습안내 제공하기**: 학습안내의 본질은 알고 있어야 하는 것과 알아야 하는 것들 간에 연결을 하도록 학습자를 지원해주는 것이다. 학습안내의 또 다른 용어는 비계(scaffolding)라고 할 수 있다. 비계는 학습자들의 인지적 구성작업을 지원해주는 것이다.

⑥ **수행 유도하기**: 충분한 학습안내를 갖게 되면 학습자들은 실질적인 학습절차의 통합이 일어나는 시점에 와 있게 된다. 따라서 이 절차에서 학습자들은 수

행방법에 대한 지식을 보여주도록 요구된다.

⑦ **수행의 정확성에 대한 피드백을 제공하기**: 학습결과에 대한 정보로서 피드백의 제공은 수업절차로서 꼭 필요하다. 최소한 학습자 수행의 정확성과 정확성 정도를 확인해주는 피드백이 필요하다.

⑧ **수행 평가하기**: 학습자가 설정한 학습목표를 달성하였는지 여부를 확인하는 것과 의도한 기능을 일관성있게 수행하는지의 여부를 확인하는 것이 이 절차에 해당한다.

⑨ **파지와 전이를 촉진하기**: 이 시점에서는 지식이나 기술은 이미 배웠기 때문에 망각을 방지하는 방법과 지식과 기술을 제때에 재생하도록 하는 학습자의 능력을 어떻게 향상시킬까와 관련된 문제를 다룬다.

## 5) 수업코칭

교수-학습 방법 개선, 교실수업 개선, 교실수업 혁신을 위해 교육 현장에서 주로 활용하고 있는 전략은 수업코칭과 수업장학이라고 할 수 있다. 수업코칭은 수업 문제를 귀납적으로 접근하게 되며, 자기 수업 성찰을 통해 스스로 수업에 대한 자신만의 답을 찾아가게 된다. 반면, 수업장학은 교사의 교수학습 행위 개선이 목적이며, 수업에 대한 정답을 제시하려하며, 그 기준에 따라 수업을 평가하고, 피드백을 한다. 수업 코칭과 유사한 여러 방법들을 제시하면 아래의 표와 같다.

| 구분 | 차이점 |
|---|---|
| 수업 장학<br>vs<br>수업 코칭 | 수업장학은 교사의 교수학습 행위 개선이 목적이며, 수업에 대한 정답을 제시하려 하며, 그 기준에 따라 수업을 평가하고 피드백을 함<br>수업코칭은 목적은 같으나 교사의 자발성을 중요시 여기면서 교사 자신의 성찰을 더 강조하는 행위임 |
| 수업 평가<br>vs<br>수업 코칭 | 수업평가는 교사의 수업 능력을 측정하고 평가하는 것이 목적으로, 어떤 수업 평가 도구를 사용했느냐에 따라 결과가 달라지게 됨<br>수업코칭은 특정한 수업 평가 도루고 여러 형태의 수업을 평가할 수 없다는 점을 강조하며 실질적인 수업 개선에 중점을 둠 |

| 구분 | 차이점 |
|---|---|
| 수업 비평<br>vs<br>수업 코칭 | 수업비평은 수업을 다양한 관점에서 이해하고 해석하는 것으로, 관찰자의 관점에 따라 동일한 수업에 대해 다른 결과가 나올 수 있으며, 수업 현상의 이해와 해석을 그 목적으로 두고 있음<br>그러나 수업비평은 구체적은 피드백 방식까지 제시하지 못하는 반면, 수업 코칭은 성찰과 도전 과제 수행 과정 등을 통해 교사 스스로 자신의 문제를 극복하도록 도와 줌 |
| 배움공동체<br>vs<br>수업 코칭 | 배움 공동체는 최근 교육계에서 주목하는 것으로 구성주의 관점으로 학교 문화와 수업 문화를 개혁하려는 목적을 가짐<br>그러나 배움의 공동체는 학생의 배움을 강조하면서 상대적으로 교사의 역할과 성찰을 덜 다루는 면이 존재한다. 수업코칭은 이에 비해 교사의 자발적인 참여를 강조하면서 내면 성찰을 중요하게 다룸 |
| 수업컨설팅<br>vs<br>수업 코칭 | 수업 컨설팅은 기존의 수업 장학 문제점을 비판하고, 기업에서 사용되던 컨설팅의 개념을 교육 영역에 도입하여 만든 방법임.<br>수업 컨설팅은 교사의 자발성에 기초한다는 점에서 수업 개선 효과가 크지만, 컨설턴트의 능력에 따라 그리고 의존정도에 따라 그 효과에 차이가 있다는 단점을 가짐.<br>수업 컨설팅과 수업 코칭은 유사한 점이 매우 많지만, 수업 컨설팅이 교사가 요청한 도움을 중심으로 피드백이 이루어지는 반면, 수업 코칭은 교사가 인식하지 못했던 근본적인 문제의 원인을 스스고 깨닫고 해결할 수 있도록 도와주는 차이점을 가짐. |

**※ 참고: 현장에서 이루어지는 장학 형태들**

| | |
|---|---|
| **컨설팅장학** | 교사가 자발적으로 다른 교사 · 전문가에게 도움을 요청하여 교육 문제를 해결할 수 있는 전문적인 자문 활동<br>자발적 의지가 중요, 교내 · 외의 유능한 전문가에게 의뢰하고 체계적인 도움을 받음 |
| **임상장학** | 교수-학습과정을 장학사가 관찰, 이를 토대로 함께 교수계획, 전략을 수립 · 실행, 평가해 교수-학습과정에 재반영<br>→ 교사의 교실활동을 개선하고 학생들의 학습효과를 제고<br>전문성을 갖춘 교내 교원의 도움으로 수업을 함께 계획하고, 실제 수업을 관찰, 분석, 피드백 |
| **동료장학** | 교사 상호간 교실수업을 관찰, 피드백을 주며 공통된 전문적 관심사를 토론, 전문적 성장을 위해 협동 |
| **자기장학** | 교사 개인이 전문적 발달을 위하여 스스로 계획을 세우고 실천<br>자기수업 분석 · 연구, 자기평가, 학생을 통한 수업분석, 교과연구회 · 학술회 참여, 스스로 대학원 다니고, 연수 적극 참여 |
| **약식장학** | 단위학교의 교장 · 교감이 간헐적으로 짧은 시간동안 학급순시 · 수업참관을 통해 수업 및 학급경영활동을 관찰하고, 지도 · 조언 |
| **멘토링 장학** | 신규교사와 경력교사의 역할분담을 통해 교직 생활 전반에 걸쳐 교사의 전문성 개발과 교직생활의 안정성을 구축 |

# 2. 전문가 오피니언

## 1) 학습자 중심 수업[3)]

### (1) 학습자 중심교육의 특징

2015 개정 교육과정의 특징 중 하나는 학습자 중심 교육을 강조하는 것이라 할 수 있다. 2015 개정 교육과정을 통해 학교현장에서 실천하고자 하는 학습자 중심 교육은 어떤 모습일까? 학습자 중심 교육의 특징은 4Cs로 요약할 수 있다. ① 맥락성(context), ② 학습역량(competencies), ③ 관계성(connection), ④ 선택권(choice)과 통제권(control)이 그것이다(강인애, 주현재, 2009; Weimer, 2013). 이를 2015 개정 교육과정에서 제시하는 '창의융합형 인재 양성'과 '배움을 즐기는 행복교육'의 두 가지 비전에 대입하여 그 의미를 살펴보도록 하겠다.

먼저, '바른 인성을 지닌 창의융합형 인재'라는 비전에서 찾을 수 있는 학습자 중심 교육의 특성을 보자. 먼저 '창의융합'이라는 단어로부터 학습자 중심 교육이 강조하는 맥락성과 학습역량, 그리고 관계성의 요소를 찾아볼 수 있다. 일반적으로 창의성이란 특정맥락에서 새롭고 적절한 사고나 행동을 이끌어낼 수 있는 확장적인 사고력을 가리키는 말로서, 이것은 외부에서 획일적으로 주어진 지식을 습득하는 학습활동에서는 기대할 수 없다. 그뿐만 아니라 '융합적 사고' 역시, 교과서 중심의 탈맥락적 지식을 전달함으로써 학습내용이 학생들의 삶, 관심, 경험과의 어떤 연결점도 찾을 수 없는 교육환경에서는 발생할 수 없는 것이다.

학습자 중심 교육에서 강조하는 '맥락적 학습'은 학생들이 살고 있는 실생활이나 상황을 기반으로 한 실제적인 과제를 자신의 현재 관심, 경험, 지식을 반영하여 해

3) 본 내용은 한국교육개발원에서 발간한 교육정책포럼(통권 제284호, 2017년 2월 발간)에서 다룬 "학습자중심 교육 관련 컬럼들에서 발췌 요약한 것이며, 자세한 내용은 해당 자료를 참고바라며, 여기서 제시된 표나 그림에 대한 별도 인용은 하지 않았다.

결하는 학습과정을 제공하고 있다. 이에 따라 학생들이 익히는 개념이나 기술은 매우 구체적이고실천적인 이해와 지식이 될 수 있다. 이로 인한 교육적 효과는 실생활을 기반으로 하는학습을 통해, 다양한 측면이 복잡하게 연계되어있는 지식의 '융합적 특성'을 자연스럽게익히게 된다는 점이다.

'맥락적 학습' 은 이전 교육에서 다소 등한시 되었던 학습역량(competencies)을 함양하기에 적합한 환경이라는 점이다. 그 학습역량 중의 하나가 바로 '자기조절학습(self-regulated learning)' 역량이다. 이는 학습자 개개인의 경험과 지식을 바탕으로, 주어진 실생활 기반 과제를 해결해야 하는 상황에서, 학습목표도 스스로 결정하고, 그에 따라 학습자원 및 학습전략도 스스로 선택하고, 최종적으로 자신의 학습평가에도 참여하는 일련의 학습활동을 통해 함양할 수 있는 역량이다. 그뿐만 아니라 매 학습 과정마다 학습에 대한 주체로서 활동하다 보면, 학습자 자신의 모습에 대한 의식적인 반성적 활동을 지속적으로 하게 되는데, 이로 인해 자기성찰(self-reflection)적 역량을 습득하게 된다. 결국, 학습자 중심 교육은 맥락적(contextual) 학습환경에서 다양한 학습역량(competencies), 곧, 자기조절학습, 자기성찰 등의 역량을 습득하는 환경이라 볼 수 있다.

'바른 인성'의 실천은 타인의 존재를 전제한다. 이는 학습자 중심 교육이 홀로 하는 학습보다는 다른 사람들과의 협력적 소통과 상호작용을 전제한다는 점과 연결된다. 다시 말해, 학습자 중심 교육에 의한 학습자는 대인(동료 학습자, 교사, 그리고 사회공동체)과의 소통과 협력을 일컫는 관계성(connection)을 필요로 한다. 특히 학습자 중심 교육이 강조하는 관계성은 학교 교실 내의 제한된 환경에서 다른 학생들 및 교사와의 관계성에 그치지 않고, 학습자를 사회 공동체의 일원으로 보고, 그들의 학습활동이나 결과가 사회적 참여와 실천으로 이어지게 하는 것을 목표로 하는 점에서 특징적이다.

이제 2015 개정 교육과정의 두 번째 비전인 '배움을 즐기는 행복교육'을 학습자 중심교육과 연결지어 생각해보겠다. 여기서 두드러지는 학습자 중심 교육의 요소는, 학습 전반에 걸쳐 학습자가 주도적으로 적극적인 참여를 하는 학습환경에서 오는 것으로서, 학습에 대한 통제권(control), 선택권(choice)이 학습자에게 많이 부여된다는 점이다. 먼저 '배움'이라는 단어를 보자. 배움의 의미는 가르침(teaching) 대신 학습(learning)을 전제한다. 이전의 교육현장에서 교육의 중심에 가르침과 교사가 있었다면 학습자 중심 교육에서는 말 그대로 학습자가 교육의 중심에 위치한다. 따라서 학습자 중심 교육에서는 교사에게 집중되어있는 모든 결정권, 선택권, 통제권이 학생들에게 많이 이양되거나, 교사와 '공유(sharing)'된다. 이 점은 학습자 중심 교육을 전통적 학습과 구분 짓는 가장 획기적이며 핵심적 사항이 아닐 수 없다.

그러나 이와 동시에 학습자들에게 부과되는 것은 학습에 대한 '책임'이다. 이전의 교사는 학습활동을 위해 필요한 대부분의 것을 결정하고 준비해야 했다. 더불어 교사는 지식 부분에 있어서도 지식제공자라는 막중한 임무와 역할을 맡아야 했다. 그러나 학생들이 학습의 주체가 되어 학습과정을 주도적으로 이끌어가게 되므로 인해, 상대적으로 학생들에게는 학습에 대한 '책임'이 그만큼 부여되며, 교사는 이런 학생들의 학습과정을 도와주고 촉진하는 새로운 역할을 갖게 된다. 촉진자, 코치로서의 역할이 주는 묘미는 학생 개개인의 학습과정에 대한 긴밀한 접촉과 상세한 관찰을 통해 교사 역시, '가르치는 자'로서가 아니라 학생들과 마찬가지로 '배우는 자'로서의 역할, 곧, 동료 학습자로서의 경험을 할 수 있다는 점이다. 결국, '배움을 즐기는 행복교육'에서의 '배움'은 학생에게만 속한 것이 아니라 교사에게도 해당되는 것으로, 학생들에 대한 새로운 배움, 학습내용에 대한 새로운 배움, 나아가 지식에 대한 새로운 배움의 기회가 될 수 있다.

### (2) 학습자 중심 교육의 근거, 구성주의

학습자 중심 교육이 강조되고 있는 이유는 지식이 어떻게 형성되고 습득되는가를 다루는 인식론으로 설명할 수 있다. 학습자 중심 교육을 설명하는 가장 대표적인 이론은 구성주의이다. 구성주의의 인식론에 따르면, 지식이란 외부에서 주어진 정보나 상황 등을 개인 학습자의 선지식, 선경험에 근거하여 선택적으로 그리고 자신에게 의미 있는 모습으로 받아들여 재구성한 개별적 이해나 해석이라 보고 있다.

아무리 교사가 체계적으로 구성, 전달하는 지식이라고 해도 그것은 개인 학습자들이 지닌 스키마(이해틀)를 통과하는 과정 중에 개별적 의미와 해석으로 재구성된다. 다만 개별적 의미구성과 이해로서의 지식이 사회 안에서 좀 더 생존력 있게(viable) 통용되고 소통되기 위해서는 또 다른 한 과정을 거치게 되는데, 그것이 바로 다른 사람들과의 상호작용이라는 과정이 다. 이런 과정을 통해 최종적으로 도달하는 개별적 의미구성과 해석이라는 지식은 이미 그 안에 반은 개별성, 반은 사회성을 담은 생존력 있는 지식이 된다. 이러한 구성주의 인식론에 근거해볼 때, 모든 학습의 시작은 당연히 개개인 학습자들 의 경험, 관심, 이해로부터 이루어져야 하며, 이로 인해 학습자를 중심으로 하는 교육은 실천적 타당성을 얻을 수밖에 없다.

### (3) 학습자 중심 수업의 의미와 유형

학습자 중심 수업은 단순한 활동형 중심 수업을 실행하는 것이 아닌, 학생들에게 의미 있는 학습 경험을 제공하여 진정으로 배움을 성취할 수 있도록 해야 한다는 것을 뜻한다. 학생활동 중심 교수·학습 방법으로는 기존의 교수·학습 모형을 활용한 문제중심학습, 프로젝트학습, 토의·토론학습, STEAM 교육 등이 있으며 새로

운 교수·학습 방법으로 액션러닝, 하브루타, 소셜러닝 등이 있다.

학습자 중심 수업의 실제는 어떨까? 첫째, 질문과 토론을 통해 새로운 지식을 만들어가는 수업일 것이다. 이것은 학생들이 현존하는 지식을 암기하는 것이 아닌 새로운 지식을 생성할 수 있는 창의력을 키워야 하며, 이러한 창의력은 끊임없이 질문하고 토론하며, 함께 문제를 해결하는 과정에서 길러지기 때문이다.

둘째, 학습의 결과로서 지식을 이해하고 획득하는 것뿐 아니라 학습의 과정에 수반되는 다양한 기능 활동을 충분히 경험하는 수업이다. 이를테면, 탐구학습의 경우, 가설 검증의 '결과'가 무엇인가를 아는 것도 중요하지만, 가설을 검증하기 위해 자료를 수집하고, 수집한 자료를 다각도로 분석하고, 의미 있는 결과를 도출해내는 과정 자체를 충분히 경험할 수 있는 수업이어야 할 것이다. 이를 위해 수업은 '지식을 실제의 삶에 적용할 수 있는 능력을 키우는 것'이라고 할 때는 다양한 기능적 차원의 활동, 이를테면, 분석하기, 추론하기, 분류하기, 예측하기, 성찰하기 등 기능 차원의 활동을 충분히 경험할 수 있도록 구성되어야 할 것이다. 또한 결과를 도출하기까지의 과정을 충분히 경험하여 알게 된 지식이나 개념, 원리는 피상적 수준이 아닌 심층적으로 이해하게 되어, 다른 상황이나 맥락에 전이가 가능해지도록 구성되어야 할 것이다.

### (4) 학습자 중심 수업을 위한 평가

앞으로 학생들이 질문과 토론, 학습의 과정에서의 기능과 관련된 활동, 교실 수업을 공동체로 확장하는 학습을 경험하게 된다면, 학습의 최종 도달점은 '객관적인 지식 습득' 그 자체는 아닐 것이다. 학생들이 탐구학습을 경험했다면, 탐구학습을 통해 갖추기를 기대하는 바를 평가할 수 있어야 한다. 탐구학습을 통해 학생들이 갖추는 역량은 개별 지식과 정보의 습득뿐 아니라 자료 수집과 분석, 분류, 종합 등을 실제로 할 수 있는가이다. 토론학습을 경험한 학생들은 다양한 의견 검토, 정확한 판정, 명확한 의사 표현 등을 할 수 있어야 할 것이다. 즉 선다형 문항을 통해 지식의 암기 여부만을 평가하는 것이 아닌, 수업에서 학생들이 경험한 학습을 토대로 실제로 무엇을 할 수 있는지를 평가해야 한다.

## 2) 창의융합인재 양성을 위한 수업[4]

창의융합형 인재를 "누적된 전문성과 감성적인 이해 능력 및 상상력을 지녔으며, 전체를 보는 관점으로 기존의 것들을 새롭게 보고 이질적인 요소들과 소통하여 결합함으로써 궁극적으로 인류의 생활상에 이바지하기 위해 노력하는 사람"이라고 할 수 있다.

| 창의성 | 끈질김, 집요함, 전문성, 오랜 기간의 수련, 낯설게 보기, 익숙한 방식에 대한 거부, 감성적인 이해 능력, 심심함이 전제되어야 하는 것, 누적된 실패의 경험 |
|---|---|
| 융합 | 전문 분야를 기반으로 한 영역간의 침범, 개별화·전문화에 대한 경각심, 지식을 조직화 하는 능력, 이질적인 요소들의 결합, 소통과 이해, 전체를 보는 관점 |

창의융합형 인재 양성을 위한 수업혁신 전략은 창의융합형 인재가 갖는 공통적 특성을 고려해 제시될 필요가 있다. 그 특성들은 인지적 측면에서의 '창의적인 문제해결에 필요한 전문 지식과 독창적인 사고력', 인성적 측면에서의 '강한 호기심과 포기하지 않는 끈기, 소통 능력 같은 개인의 태도'라 할 수 있다.

이 특성들은 인지능력을 강조하는 요소(발상의 전환/사고의 이동, 인지적 훈련)와 마음가짐과 태도를 강조하는 요소(동기는 내 안에 있다, 배움에 임하는 자세)로 구분할 수 있다. 인지적 측면은 다시 관점과 시야를 넓혀 생각의 방향을 달리하는 요소(발상의 전환/사고의 이동)와 구체적인 지식의 조작능력을 키우는 요소(인지적 훈련)로 나누었으며, 태도를 강조하는 요소들은 내적인 동기를 강화하는 요소(동기는 내 안에 있다)와 창의적 성향을 키우는 요소(배움에 임하는 자세)로 구성될 수 있다.

---

4) 본 내용은 한국교육과정평가원에서 발행된 '창의융합형 인재 양성을 위한 수업 혁신 지원 방안' (2016, 연구보고 RRI 2016-1)와 창의융합형 인재를 기르기 위한 수업혁신 전략 12가지(KICE 연구정책브리프, 2017)에서 발췌 요약한 것이며, 자세한 내용은 해당 자료를 참고바라며, 여기서 제시된 표나 그림에 대한 별도 인용은 하지 않았다.

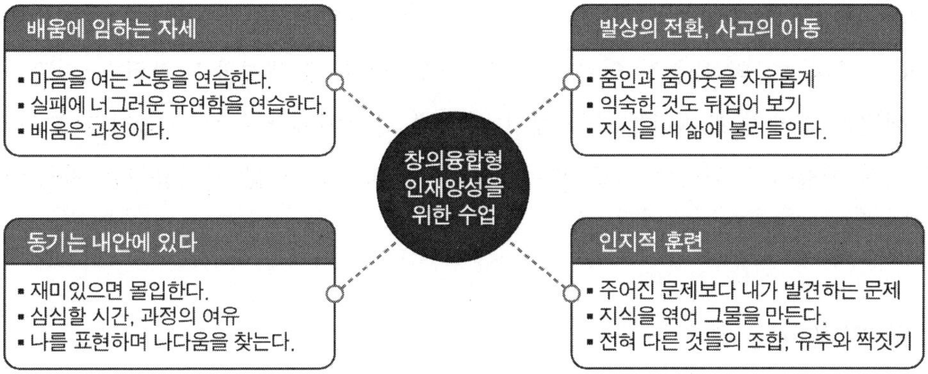


### (1) 발상의 전환, 사고의 이동

창의융합형 인재 양성을 위한 수업을 구현하기 위해서는 교실 내 학생들이 익숙한 관점을 털어내고 새롭고 낯선 시각으로 볼 수 있는 여건을 마련해야 하며, 학생들의 삶이 학습 내용과 어떻게 관련을 맺는지를 생각해보도록 유도할 필요가 있음. 이러한 의미에서 창의융합형 인재 양성 수업은 '발상의 전환, 사고의 이동'이 이루어지는 수업이라 할 수 있으며, 이를 실현할 수 있는 전략은 다음과 같다.

① 줌인과 줌아웃을 자유롭게: 큰 틀로 보기, 전체와 본질을 보는 연습

인류 전체의 역사, 철학의 역사 등 큰 틀의 지식과 체계 속에서 볼 때 학생들은 왜 이 수업을 하고 있는가에 대한 전체의 시각을 이해할 필요가 있음. 로봇이 계단을 어떻게 올라갈 수 있을까에 대한 고민보다는 왜 계단을 올라가는 로봇이 필요한가에 대한 고민을 먼저 할 수 있는 수업이 이루어져야 한다.

② 익숙한 것도 뒤집어 보기: 낯설게 보기

더 이상의 '새로운 것'은 없을 수도 있다. 따라서 이미 있는 것들을 어떻게 조합하고 편집하느냐에 따라 새로운 시각이 나오게 된다. 창의성이란 있는 것의 활용법을 바꾸는 것, 기존의 것을 낯설게 보는 것에서 시작된다.

③ 지식을 내 삶에 불러들인다: 삶과 연계된 수업

지식을 일방적으로 전달하는 수업으로는 학생들의 창의 융합적 역량 개발을 지원할 수 없다. 창의 융합적 역량은 실제 삶에서의 문제 해결과 관련된다. 단순한 문제 해결은 기계가 대체하는 사회에서 사람이 해결해야만 하는 복잡하고 고차원적인 문제 해결을 위해서는 따로 '배운 지식들을 융합하여 삶에 적용하는 자극'이 필요하다.

### (2) 인지적 훈련

창의융합형 인재 양성을 위한 수업에서는 학생들이 스스로 문제를 찾아내도록 지원해야 하며, 이를 위해서는 순간의 번뜩임으로 문제를 해결하는 것이 아닌, 항상 자신의 주변을 둘러보면서 관찰하고 현상에 대해 고민하는 습관을 몸에 익히게 할 필요가 있다. 이러한 인지적인 훈련을 제공할 수 있는 방법은 다음과 같다.

① 주어진 문제보다 내가 발견하는 문제: 문제를 찾는 훈련

창의 융합형 인재는 주어진 문제의 답을 찾는 것뿐만 아니라, 문제 자체를 발굴해 내는 사람이다. 따라서 학생들이 스스로 문제를 찾는 연습을 할 수 있도록 수업이 이루어져야 한다.

② 지식을 엮어 그물을 만든다: 다양한 지식을 조직화하는 경험

정보의 홍수 속에서 세상에 널려 있는 수많은 지식들을 모두 알아야 할 필요는 없다. 그러나 다양한 지식들을 연결하고 조직화하여 나만의 것으로 재창출할 수 있도록 훈련이 필요하다.

③ 전혀 다른 것들의 조합, 유추와 짝짓기: 이질적인 요소들의 결합

전혀 다른 영역들이 서로 만났을 때 전혀 새로운 것이 떠오르는 경험이 필요함. A와 B가 더해져서 AB가 아닌 C가 나올 수 있다는 것을 경험하고 공유할 수 있는 여건이 조성되어야 한다.

### (3) 동기는 내 안에 있다

창의융합적인 사람의 특징 중 하나는 강한 호기심과 포기하지 않는 끈기이다. 호기심은 급박하게 쫓기는 순간이 아닌, 이것저것 관심사들이 많이 생기는 여유로운 여건 속에서 나타나기 때문에 창의융합형 수업에서는 학습의 과정에서 궁금함을 느끼고, 찾아보고, 다른 생각도 해보고, 딴 짓도 해볼 수 있는 기회가 제공되어야 한다. 이처럼 학생들의 내적인 동기를 자극하기 위한 방법은 다음과 같다.

① 재미있으면 몰입한다: 몰입과 끈기를 기르는 연습

창의성은 오랜 관찰과 고민 끝에 나오는 것이며, 해당 아이디어에 몰두하여 현실적인 산출물로 연결시킬 때 창의적인 것이 된다. 수업을 통해 학생들이 길러야 할 창의성은 '몰입'을 통한 '끈기'이다.

② 심심할 시간, 과정의 여유: 심심함과 과정을 즐길 수 있는 시간 제공

학생들도 교사들도 심심할 때 이런 궁리, 저런 궁리를 하게 되고, 그러다가 '이것과 저것을 엮어 볼까?' 하는 생각을 떠올리게 됨. 수업시간에 필요한 것은 학생들이 '여러 가지 생각을 떠올려볼 수 있는 환경과 충분한 시간'이다.

③ 나를 표현하며 나다움을 찾는다: 학생들의 산출물보다 표현에 집중

학생들은 자신을 표현할 수 있는 것에 집중하기 마련임. 어떤 결과물을 만들어내거나 발표 및 전시를 위한 활동보다는 매 순간 '학생들이 어떻게 자신을 표현하는가'에 집중할 필요가 있다.

### (4) 배움에 임하는 자세

창의융합형 인재는 기본적으로 타인 혹은 타 영역과 소통을 할 수 있으며, 실패를 두려워하지 않고 계속 도전하는 특성을 지니고 있다. 따라서 '홀로 배우는 것이 아니라 협업을 통해 함께 배우는 것', '마음껏 시도하고 마음껏 실패해 보는 것', '진정한 학습은 오랜 시간을 거쳐 누적된다는 것'이 전제되어야 한다. 이러한 수업

분위기를 조성하기 위한 방법은 다음과 같다.

① 마음을 여는 소통을 연습한다: 소통의 경험(협업, 협력)

소통에는 두 가지의 목적이 있는데, '서로의 생각을 공유하고 공감하는 것'과 '개인 혼자 힘으로는 미처 알지 못했던 정보를 공유하고 확장시키는 것'이다.

② 실패에 너그러운 유연함을 연습한다: 실패의 경험과 실패에 대한 용인

융합의 결과가 좋을 것이라는 것은 착각임. 실패를 지원하지 않으면 창조성은 사라지며, 돌연변이(실패한 것)를 없애려고 하면 생명은 진화할 수 없음. 수업에서 제공되어야 하는 것은 '돌연변이(실패)에 대한 경험'이다.

③ 배움은 과정이다: 학습에 대한 초인지와 성찰

수업을 통해 학생들이 알게 된 것뿐만 아니라, 아직 모르는 것, 찾아봐야 할 것 등에 대해 학생들이 인지할 수 있어야 함. 이는 학생에게 배움이 일어났다는 신호이다.

이러한 창의융합인재를 위한 수업의 성패는 교사들에게 있다. 이를 위한 지원방안은 교사의 창의 융합적 역량 강화, 창의적 융합 수업 운영 지원, 학생들의 요구를 반영하는 수업 설계, 교사의 자벌적인 수업 나눔 모임 장려, 학교 내 자체적인 수업 협력교사 운영, 수업 공개와 나눔에 대한 실적 인정 등을 들 수 있다.

| 지원 방안 | 실천 전략 |
|---|---|
| 교사의 창의융합형 역량 강화 | ▪ 기존의 연수 형태를 벗어난 창의융합형 수업 혁신 온라인 강좌 운영<br>▪ 교육 밖 전문가 그룹과 교사들 간의 네트워크 조성<br>▪ 예비교사의 창의융합적 역량 개발을 위한 기본 강좌 개설 |
| 창의융합적 수업 운영 지원 | ▪ 창의융합형 인재 양성을 위한 수업 혁신 소책자 보급<br>▪ 창의융합형 인재 양성 수업 요소별 수업 장면 영상 개발 및 보급 |
| 학생들의 요구를 반영하는 수업 설계 | ▪ 교사와 학생들이 함께하는 수업 설계<br>▪ 교사 수업의 목적에 대한 토론 기회 제공 |
| 교사의 자발적인 수업 나눔 모임 장려 | ▪ 수업 나눔의 시작을 위한 초기 콘텐츠 제공<br>▪ 수업 나눔 기록의 축적<br>▪ 수업 나눔을 지원하기 위한 학교장 연수 실시<br>▪ 일상 수업 공개 및 참관의 활성화 |
| 학교 내 자체적인 수업 협력교사 운영 | ▪ 학교 차원에서 수업 나눔에 대한 의지가 있는 교사 1인 배치<br>▪ 수업 협력교사의 지역별 모임 지원을 통한 정보와 자료 공유 |
| 수업 공개와 나눔에 대한 실적 인정 | ▪ 수업 공개와 참관에 대한 연수 점수 인정<br>▪ 수업 공개와 참관 실적에 대한 교사 승진 점수 반영 |

# 수업 관련 Q & A[5)]

## Q1 좋은 학습 지도안이 갖추어야 할 필수적인 조건은 무엇인가?

교수·학습 과정안은 학습 내용이나 교재의 유형, 학습자의 요구 수준, 학습 환경 등 따라서 각각 그 특성을 고려하고 필요에 따라서는 계획을 변경할 수 있게 작성되어야 합니다. 다시 말해서 형식적이 아닌 실질적인 것이 되어야 한다는 것이다. 좋은 학습 지도안이 갖추어야 할 조건에 대해 제시하면 다음과 같다.

① 수업 결과 도달 목표의 기준이 마련되어야 한다.
② 교재의 핵심이 분명하게 파악되어야 한다.
③ 전시 및 차시 학습과의 관계를 맺어야 한다.
④ 학습 요소의 시간적 배려가 적절하여야 한다.
⑤ 알맞은 학습 과정이 선택되고, 바르게 적용되어야 한다.
⑥ 학생의 활동이 활발히 될 수 있는 형태가 적용되어야 한다.
⑦ 학생의 개인차와 흥미, 선수학습 능력이 고려되어야 한다.
⑧ 적절한 자료가 적절한 시기에, 적절한 방법으로 활용되게 계획되어야 한다.
⑨ 판서 계획이 분절마다 고려되어야 한다.
⑩ 학생의 실태가 제시되어야 한다.
⑪ 단원 전체의 구조와 전개 계획이 명료하게 나타나야 한다.
⑫ 수업을 보지 않고도 수업의 흐름을 파악할 수 있게 짜여져야 한다.
⑬ 목표 달성의 성취도에 대하여 적절한 평가 방법이 준비되어야 한다.
⑭ 본시 수업을 통하여 해결하고자 하는 연구 과제가 제시되어야 한다.

5) 한국교육학술정보원(2007)의 초임교사를 위한 장학가이드북 및 Q&A 내용을 제시한 것이다.

## Q2 수업을 계획 할 때 학습과제 분석은 왜 필요한가?

학습과제 분석은 최종 수업 목표를 달성하기 위해 단계별로 여러 개의 작은 능력이나 기능·태도 등을 분석하는 것이다. 학습과제 분석의 이유는 다음과 같다.

① 수업에서 학생들에게 어떠한 행동을 길러야 하는지가 분명해 진다.
② 학생들에게 어떠한 활동이나 연습을 시켜야 하는지가 분명하게 나타난다.
③ 학습 과제를 어떠한 순서로 학습시킬 것인지가 거의 분명하게 나타난다.
④ 무엇을 학습시켜야 하고, 무엇을 생략해야 되는지가 어느 정도 분명해진다.
⑤ 무엇을 언제 평가해야 하는지가 분명해진다.
⑥ 선수 학습 능력이 무엇인가가 밝혀지게 된다.

## Q3 수업목표는 어떤 형식으로 진술하는가?

학습목표를 진술할 때는 다음과 같이 하는 것이 일반적이다.

① 구체적이고 행동적인 용어로 진술해야 한다.
② 학생이 학습 후에 나타나는 학습결과로 진술해야 한다.
③ 관찰될 수 있는 행동으로 표현해야 한다.
④ 명시적 동사로 표현되어야 한다.(~을 비교·설명 찾아낼 수 있다 등)
- 현미경으로 양파껍질을 관찰한 후 그 생김새를 그림으로 나타낼 수 있다.
- 우리 고장에 있는 공공시설물을 예를 들어 말할 수 있다.

⑤ 두 사람 이상이 보아서 동일한 해석을 내릴 수 있어야 한다.

## Q4 수업 중 좋은 발문의 일반적인 방법은 무엇인가?

① 발문은 논리적 계열에 따라 쉬운 것에서 어려운 순으로 발문을 한다.
② 대답을 기다리는 시간은 질문 내용, 과제 수준에 따라 달리한다.
③ 질문하기 - 기다리기 - 학생 지명의 순으로 발문한다.

④ 발문은 편중되지 않게 골고루 하며 반복하여 발문하지 않는다.
⑤ 발문은 학급 전체에 대하여 명료하게 하며 사고활동을 요하는 발문을 한다.
⑥ 발문은 학생의 경험과 지식의 범위 안에서 하며 교과서 내용을 그대로 답하는 내용을 피하고 창의성을 자극할 수 있는 발문을 한다.

## Q5 발문할 때 주의할 점은 무엇인가?

발문에서 가능한 삼가야할 유형은 다음과 같다.

① 기계적으로 답이 나오기는 하지만 어떤 답변이 나오건 별 의미가 없는 질문과 어떤 답변이 나올지 너무나 분명한 질문이다.
② 지나치게 상세한 사실을 묻거나, 교과서에 다 있는 단순한 내용들을 확인하는 질문 또는 무엇을 요구하는지가 분명치 않는 막연한 질문과 규격화된 정답을 요구하는 질문은 비효율적인 질문이다.
③ 적절한 시기를 놓친 질문과 질문을 한 후에 교사가 학생들을 바라보는 대신에 딴 일을 하는 경우이다.
④ 습관적으로 하는 자문자답 형식 또는 똑같은 질문을 여러 차례 반복하는 경우와 답변의 형식을 지나치게 강조하는 경우는 기술상 문제가 있는 질문의 유형이다.

## Q6 학생의 사고를 유발하는 발문의 구체적인 방법은 무엇인가요?

① 근거나 이유를 묻는 '왜'라는 질문과 사고의 과정에 대해서 묻는 "어떻게"라는 것이 잘 조화된 질문이다.
② 학생들이 비교를 하도록 하는 질문이다.
③ 일부러 정답을 구할 수 없는 질문을 하고 학생들로 하여금 왜 그 질문이 성립되지 않는 가를 찾도록 하는 질문이다.
④ 학생들이 가능한 모든 경우를 다 따져봐야만 답을 발견하게 되는 질문이다.
⑤ 학생들이 종합을 하도록 하거나 결론을 내리도록 요구하는 질문이다.
⑥ 한꺼번에 2-3명의 학생에게 답 또는 문제풀이를 시키고 다른 학생들로 하여금 그

것의 답이 왜 맞는지 찾도록 하는 질문이다.

⑦ 학생들 각자에게 문제해결 또는 표현 방법을 여러 가지씩 찾도록 하는 질문이다.

## Q7 창의적인 사고를 유발하는 발문의 방법은 무엇인가?

창의적인 사고를 유발하는 발문은 근거나 이유를 묻는 '왜'라는 질문과 사고의 과정에 대해서 묻는 "어떻게"질문이 조화된 발문, 학생들이 비교를 하도록 하는 발문, 일부러 정답을 구할 수 없는 질문을 하고 학생들로 하여금 왜 그 질문이 성립되지 않는가를 찾도록 하는 발문, 학생들의 자신감을 부여하는 발문, 확산적 사고를 유발하는 발문, 끝이 열린 개방적 발문, 사고와 활동을 유발할 수 있는 발문, 학생들이 가능한 모든 경우를 다 따져봐야만 답을 발견하게 되는 발문, 학생들이 종합을 하도록 하거나 결론을 내리도록 요구하는 발문 등이다.

## Q8 수업 시 모둠학습의 장점은 무엇인가?

수업 시 모둠학습을 활용하면 모든 학생이 학습에 참여하게 되고, 문제해결의 시간과 노력을 줄일 수 있고, 사고의 깊이와 폭을 넓힐 수 있고, 개인차를 정확히 파악하여 능력에 맞는 지도를 할 수 있고, 문제를 해결하거나 의사 결정하는 능력을 길러주며, 학급내의 인간관계를 개선하고 소통과 나눔을 통한 공동체의식을 형성할 수 있고, 긍정적 자아개념과 함께 타인에게 배려하는 태도를 형성할 수 있고, 학생들의 숨어있는 다양한 재능을 개발하고 격려해 줄 수 있으며, 교사에게 다양한 수업전략을 제공해 준다.

## Q9 수업 중 또 수업 후의 동기유발은 어떻게 하는가?

① 교사가 수업 전체를 주도하지 말고, 학생들의 직접적 참여를 유도한다.

② 학생들에게 성취의 기회를 자주 부여하고, 바람직한 반응에는 즉시 강화를 해 준다.(칭찬이 벌보다 효과적임)

③ 학습의 진전 정도를 수시로 알려주는 것이 효과적이다. 이를 통해 학생들은 잘못한 것에 대한 자극을 받기도 하고 잘한 것에 대해 고무되어 학습을 촉진시키게 된다.

④ 동료들 간에 협동적인 분위기를 조성하되, 경우에 따라서는 적절한 경쟁심을 유발시키는 것도 효과적이다.

⑤ 과제나 문제 해결에 다양한 방법을 동원하고, 이를 기억케 하기 위한 다양한 통로를 마련해줌으로써 학습자가 다소간의 감탄과 더불어 학습에 흥미를 느끼게 한다.

⑥ 학습 결과에 대해 긍정적인 평가를 해 주고, 미흡한 점에 대해 언급해 주는 것이 바람직하다.

⑦ 학습 결과에 대해서는 반드시 그 정보를 알려준다.

⑧ 총평을 하는 경우 우선 학생이 잘했다는 점을 밝혀 학생의 능력과 노력을 인정해 주고 미흡한 점은 학생의 능력이 부족해서가 아니라 노력이 부족했거나 보는 관점이 달랐다는 등 노력이 중요하다는 점을 부각시키는 것이 바람직하다.

## Q10 판서의 기능은 무엇이가요?

판서는 학습의 내용을 구조화하여 학습효과를 높이고자하는 것이며, 그 기능은 다음과 같다.

① 판서는 학습 내용을 요점 정리한다.

② 판서는 학습 내용을 구조화하여 제시할 수 있다.

③ 추상적인 내용을 도식화하여 이해하기 쉽다.

④ 학습의 순서와 방법을 이해하며 수업의 진행 과정을 알 수 있다.

⑤ 오랜 시간 동안 제시되어 학습내용의 핵심을 기억하는데 도움을 준다.

이것을 다시 정리하면 정착의 기능, 공통화의 기능, 추상화의 기능이 있다고 할 수 있다.

## Q11 수업 중 사용할 수 있는 칭찬의 방법은 어떤 것이 있는가?

① 새로운 아이디어를 이끌어 내는 칭찬

- 학생의 대답이나 활동을 바탕으로 더 발전적인 생각을 이끌어 낼 수 있는 칭찬
- "네가 맡은 대사 가운데서 마음에 들지 않는 부분을 한 번 바꾸어 보면 더욱 훌륭한 작품이 될 것 같구나."
- "무대에서 보여준 네 연기는 아주 재미있었다. 이 부분은 이렇게 바꾸어보면 어떨까?"

② 감정이 섞인 칭찬

- 교사의 솔직한 느낌을 바탕으로 한 아낌없는 칭찬
- "네가 쓴 시에는 선생님의 감정이 그대로 표현되어 있어. 선생님이 생각했던 것이 이렇게 시로 묘사된다는 것은 정말 멋진 일이야"
- "글씨가 깨끗하게 잘 씌어져 있구나. 매우 기분 좋게 읽을 수 있었어."

③ 묘사적인 칭찬

- 있는 사실 그대로를 인정해 줌으로써 동기를 부여해 줄 수 있는 칭찬
- "네가 쓰고 있는 언어들은 날카롭고 힘이 있어. 구성이 훌륭하고, 심사숙고하여 이야기를 이끌어간 흔적도 보이고 있습니다."
- '여러 가지 색을 매우 다양하게 잘 썼구나. 빨강색, 검은색, 초록색, 노랑색 등이 전체적으로 매우 잘 어울려"

④ 비유적인 칭찬

- "너는 장차 국제 펜클럽의 후보자 감이구나."
- "너의 연주는 베토벤의 음악을 연상케 하는구나"
- "네 작품은 마치 그림을 보는 것과 같이 생생하다"

⑤ 비언어적인 칭찬과 함께 하는 칭찬

- 등 두드려주기, 윙크하기, 미소 짓기, 머리 쓰다듬기 등의 비언어적인 칭찬(칭찬행동)과 동시에 해줄 수 있는 칭찬
- "자, 이젠 책들이 전부 가지런히 정리됐구나. 이렇게 말끔히 정리해 두면 네 친구들이 읽고 싶은 책을 쉽게 찾아 볼 수 있겠지?"
- "동생과 사이좋게 놀았다니, 어머니께서도 매우 좋아 하셨겠네."

## 상황 적용 문제 교사발문에 대한 학생 반응의 원인과 해결대안[6)]

- 다음은 교실에서 수업 하던 중 교사의 발문에 반응한 학생들의 생각이다. 이러한 학생들의 반응이 나오게 된 원인을 찾아보고 해결 방안을 제시해보자.

> - 교사: 일제의 민족말살정책에 대해 설명해 볼 사람?
> - 학생1의 생각: 뭐더라? 잘 생각이 안나네?
> - 학생2의 생각: 너무 어렵다. 쉽게 좀 질문하시지!
> - 학생3의 생각: 아! 그거. 강제…강제…
> - 학생4의 생각: 아는데, 손들까 말까?
> - 교사: 얘들이 도대체 무슨 생각을 하고 있지?

**◆ 발문이 어려워 대답을 못하는 학생**
- 쉬운 내용을 질문하여 학생이 대답을 편하게 할 수 있도록 유도
- 보충 질문을 하고 충분히 생각할 시간과 기회를 제공
- 문제 해결에 필요한 실마리를 제공하여 학생들이 생각을 할 수 있게 해줌.

**◆ 자신감이 없고 부끄러워하는 학생**
- 용기를 가질 수 있는 분위기 조성
- 대답할 수 있도록 격려

**◆ 알고 있는 답을 기억해 내지 못하는 학생**
- 기억을 상기시킬 수 있는 단서 제공
- 스무고개와 같은 놀이로 힌트 제공 등

---
6) 김규태, 방경곤, 이병환, 권민석(2013)에서 인용

## 교직 상황 중심 논술 연습

**다음은 A시 ○○교육지원청에서는 관내 중학교 교육과정, 교수학습, 생활지도 개선을 위해 학교장, 수석교사, 일반교사, 학생, 학부모 등이 참여한 토론이 있었다. 아래의 글은 토론의 핵심을 요약한 것이며, 이를 읽고 아래의 질문에 대해 논술하시오.**

A 학생: 요즘 친구들은 수업 내내 휴대전화만 보고 있고, 자신의 진로와 맞지 않는 수업을 해서 흥미도 없어요. 어제는 한 애가 "저는 애견 미용사가 되려고 하는데, 생물학적 지식 같은 걸 배워서 뭐 해요?"라고 말했는데, 이것은 많이 학생들의 공감하는 부분이기도 해요.

B 교사: 참여중심수업에 의문이 있다. 왜냐하면 문제 중심이나 프로젝트 중심의 학습 활동을 하려면 학생들이 기본지식이나 이해가 선행을 해야 하기 때문이다. 그래서 교사가 학생들의 수업행동에 따른 적절한 보상이나 벌을 하거나, 또는 학생들의 인지적 학습과정을 촉진하는 수업 전략을 잘 활용하는 것이 중요하다고 생각합니다.

C 교사: B교사와 같은 분들이 주장하는 수업원리들도 일리가 있지만, 변화하는 사회 속에서 학생들의 창의적 문제해결력 향상이 무엇보다도 요청되고 있습니다. 이를 위해서는 학생의 경험을 중시하는 교육과정을 실행하고, 학생이 관심을 가지는 수업 내용을 찾고, 그것을 조직하여 학생이 직접 지식을 재구성할 수 있게 수업전략과 방법을 적극 강구하여 실천해야 합니다.

D 학부모: 우리집 아이는 학교에 다니기 싫다고 해요. 그 이유를 물으니 선생님은 잘하는 학생들하고만 질문하고 답을 주고받는데, 자거나 떠드는 아이들에게는 눈길도 주지 않는다는군요. 조용하고 내성적인 우리 아이는 수업에 참여하고 싶어도 어떻게 해야할지 모르겠다고 합니다.

E 수석교사: 4차 산업혁명과 지능정보사회를 맞이하는 현 시점에서 미래의 교수・학습 환경은 디지털 테크놀로지의 기술적 발전으로 인해 교수학습환경과 방법은 달라져야 합니다.

F 학교장: E수석교사 선생님의 의견처럼 사회가 학생들에게 새로운 역량을 요구하고 있고, 이를 키우기 위해 교사는 체계적 수업을 설계할 수 있어야 합니다. 이를 위해서 ADDIE 교수설계 모형을 고려해 볼 필요가 있다. 이 중 학교 현장에서 중요하게 고려해 볼 사항은 분석과 설계 요소라고 생각합니다.

❶ C교사가 지향하는 수업을 고려하여 교수학습이론의 관점은 무엇인가를 설명하고, 이 관점에서 지향하고 있는 학습자, 교수자, 테크놀로지의 역할과 기능에 대해서 각 2가지씩 제시하시오.

❷ E수석교사의 주장을 반영하여 미래 지능정보기술을 활용한 교수학습방법과 교수학습도구에 대해 각 3가지씩 제시하시오.

❸ A학생이 말한 수업 상황은 어떠한지를 Reigeluth의 교수설계 구성요소중 교수결과의 변인(3가지) 측면에서 분석하시오. 이러한 분석 결과를 바탕으로 효과적인 수업방안을 Keller의 ARCS이론 관점에서 2가지를 제시하시오.

❹ B교사가 지향하는 교수학습이론 관점에서 본 학습의 개념은 무엇인가? 그리고 B교사가 비판하는 교수학습이론의 문제점 3가지를 제시하시오.

❺ C교사가 지향하는 교수학습이론은 무엇인지 설명하고, C교사가 고려하는 교수학습방법에 대해 설명하시오. 또한 C교사 관점에서 B교사가 주장한 수업 전략에 대한 문제점 3가지를 제시하시오.

❻ D학부모가 강조하는 학습자 중심 수업을 위해 교사는 어떻게 수업설계를 해야하는지 Jonassen이 제시한 교수설계이론 관점에서 교수활동 3가지를 제시하시오(4점).

❼ F학교장의 관점에서 핵심역량을 강화하는 수업을 실시하기 위해 ADDIE 모형의 분석과 설계 단계를 강조해야 하는 이유는 무엇인지 설명하시오. 그리고 분석과 설계의 각 단계에서는 어떤 내용을 고려하여 수업설계를 해야되는지를 각 3가지씩 제시하시오.

- 논술연습지

- 논술주제:

- 논술개요

| 논술문제 | 논술내용 | 논술지문 |
| --- | --- | --- |
| | | |
| | | |
| | | |
| | | |
| | | |

# 제 9 장

# 과정중심평가

## 셀프진단평가

다음은 한 고등학생이 '역량기반 학생평가의 효과적인 수행'이라는 주제로 팀기반 프로젝트를 수행하고 있는데, 다음 시간에 있을 팀토론을 위해 수집 분석한 자료를 요약한 내용이다. 다음의 지문과 문제를 읽고 여러분이 작성할 논술 내용을 제시해 보시오.

1. 지금까지의 평가 방식은 선발과 진단 및 학생 간 변별력을 위해 총괄적, 상대적 접근을 하였다.
2. 최근에는 학습결과 보다 학습과정을 중요하게 다루는 평가의 형성적, 절대적 측면을 강조하는 평가방법이 확대 적용되고 있다. 특히 모듬이나 동료 간의 상호작용에 대한 평가방법이 요청된다.
3. 그러나 과정을 중시하는 평가는 결과를 중시하는 평가보다 타당성과 신뢰성을 확보하기가 더 어려울 수 있다.

❶ 학생이 조사 분석한 평가 유형과 그 특징은 무엇인가?

❷ 학생이 첫 번째로 요약한 지금까지의 평가 방식에 대한 관점과 그 장단점은 무엇인가?

❸ 학생이 두 번째로 요약한 최근 평가 동향에서 강조하는 평가 관점과 그 장단점은 무엇인가?

❹ 학생이 두 번째로 요약한 내용에서 모듬이나 동료 간 상호작용을 평가할 수 있는 방법은 무엇인가?

❺ 학생이 제기한 세 번째 문제를 해결할 수 있는 타당도와 신뢰성 확보 방법은 무엇인가?

# 1. 주요이론[1)]

학습자 중심, 참여 중심 수업의 성패는 어떻게 평가하는가에 달려있다. 왜냐하면 교육과정을 교육평가가 이끌어간다는 말 때문에 그렇다. 학교 현장에는 학생의 학습 수행에 대한 성취기준을 설정하고, 학습결과뿐 아니라 학습 과정을 중시하는 수행평가 실시 강조하고 있다. 아래에서는 현장 평가 동향을 이해하기 위한 교육평가의 개념과 목적, 유형, 수행평가, 성취평가제, 평가의 타당도와 신뢰도 등을 제시하고자 한다.

## 1) 교육평가의 개념과 목적

교육평가란 교육목표의 달성 정도나 교육과정의 효율성을 판단하기 위하여 학습자의 행동 변화 및 학습과정에 관한 제반 정보를 수집하고 이용함으로써 교육적 의사결정을 내리는데 도움을 주거나 더 나아가 의사결정을 내리는 과정을 의미하는데, 이 같은 의사결정의 제 과정은 교육적인 가치를 판단하는 일이다.

교육평가의 목적은 다음과 같다. ① 학습자의 학업 성취도를 평가한다. ② 학습의 진전 상황을 점검하고 개선한다. ③ 개별 학습자의 진로 지도를 위한 자료를 수집한다. ④ 후속학습에 대한 동기를 부여한다. ⑤교수학습 과정 및 방법에 양적·질적 보완과 개선한다.

## 2) 교육평가의 유형

교육평가의 유형은 검사점수에 가치를 부여하기 위해 어떤 평가 기준을 사용하는가에 따라 준거지향평가와 규준지향평가로 구분되고, 교수학습과정의 단계중 어느 시점에서 어떤 목적으로 시행하느냐에 따라 진단평가, 형성평가, 총괄평가로 구분된다.

1) 이 장은 성태제(2014)의 현대교육평가(4판)과 정종진(2010)의 교육평가 이론과 실제에서 발췌 재구성하였다.

### (1) 준거지향평가

준거지향평가란 절대평가로 학습자가 무엇을 얼마만큼 알고 있는지를 재는 평가 또는 학습자가 정해진 준거나 목표에 도달하였는지를 판단하는 평가이다. 이것은 발달적 교육관에 바탕을 두고 있는데, 학습자의 선발이나 개인차에 관심을 가지는 것이 아니라 가능한 한 모든 학습자가 의도하는 바의 수업목표를 달성할 수 있도록 적절한 학습방법을 제공하고, 배치를 위한 평가를 하는 것이다.

### (2) 규준지향평가

규준지향평가는 상대평가로 학습자의 평가 결과를 그가 속해 있는 집단에 비추어 상대적인 위치를 밝혀 보는 평가방법이다. 이것은 선발적 교육관에 바탕을 두고 있는데, 어떤 학습자가 상위에 있는지 또는 하위에 있는지 우열을 가리거나 선발기능으로 활용하는 방법이다. 예를 들면, 교수자가 상위 30%에게는 A학점을, 다음 30%에게는 B학점을, 하위 10%에게는 F를 주기로 결정하는 것이다.

| 구분 | 상대평가(규준지향평가) | 절대평가(준거지향평가) |
|---|---|---|
| 교육관 | 선발적 교육관 | 발달적 교육관 |
| 평가목적 | 개인차 변별, 상대적 우열 확인 | 학습목표 달성, 자격유무 확인 |
| 핵심질문 | 누가 더 잘하는가? | 무엇을 얼마나 아는가? |
| 평가기준 | 비교집단 내 구성원 득점 분포<br>상대적 기준 | 사전에 설정한 준거와 수행<br>절대적 기준 |
| 결과 활용 | 분류, 배치, 선발시험 | 진단, 점검, 자격시험 |
| 장점 | 개인차 변별<br>교사의 편견 배제(객관적 입장)<br>학습자들의 경쟁을 통한 동기유발 | 교육목표, 교육과정, 교수방법 개선에 용이,<br>고등정신능력 배양 |
| 단점 | 교육목표 달성 확인 어려움<br>상대적 열등감, 패배감 조성 | 개인차의 변별 어려움<br>준거 설정기준의 난해(주관적 경향 우려)<br>성적 부풀리기 가능성 |

### (3) 진단평가

교수학습이 시작되기 전에 학습자의 특성을 체계적으로 측정하는 행위로서 학습자들의 능력과 특성을 사전에 파악하여 교육목표 및 계획을 수립하는데 목적을 둔다. 진단평가의 예로는 수업 시간 전에 쪽지검사 또는 퀴즈를 실시한다든지, 수업을 실시하기 전에 복습 여부를 묻는 질문 등을 들 수 있다.

### (4) 형성평가

형성평가는 교수학습 과정 중에 가르치고 배우는 내용을 학습자들이 얼마나 잘 이해하고 있는지를 수시로 점검하고 학습자들의 수업능력, 태도, 학습방법 등을 확인함으로써 교육과정을 개선하고 교재의 적절성을 확인할 수 있다.

### (5) 총괄평가

총괄평가는 교수학습이 끝난 다음 교육목표의 달성, 성취여부를 종합적으로 판정하는 평가 형태로 보통 한 단원, 한 코스 혹은 한 프로그램이 종결되었을 때에 실시된다. 총결평가의 결과에 의해서 학업성적을 판정하거나 학생들의 석차를 매기는 등 이미 완결된 수업활동의 효과성 여부를 결정하는데 활용된다.

| 진단평가의 기능 | 형성평가의 기능 | 총괄평가의 기능 |
| --- | --- | --- |
| • 출발점 행동의 진단<br>• 학습결손의 진단<br>• 선수학습 정도의 확인<br>• 학습부진의 교육외적 원인 파악 | • 학습행동의 강화<br>• 학습곤란의 진단과 교정<br>• 학습속도의 조절<br>• 학습지도방법의 개선<br>• 학생들에 대한 피드백<br>• 수업의 질적 관리 | • 학업성적의 평정<br>• 후속 학습과정에서의 성공 예측<br>• 기능 또는 자격의 인정<br>• 학생들에 대한 피드백<br>• 수업의 질적 관리 |

### 3) 수행평가

수행평가는 학생 스스로가 자신의 지식이나 기능을 나타낼 수 있도록 답을 작성(구성)하거나, 발표하거나, 산출물을 만들거나, 행동으로 나타내도록 요구하는 방식이다. 수행평가는 여러 측면의 지식이나 능력을 지속적으로 평가함과 교수 학습활동을 개선하기 위해서, 학생이 인지적으로 아는 것뿐 아니라 아는 것을 실제로 적용할 수 있는지 파악하기 위해서, 학습자 개인에게 의미 있는 학습활동이 이루어지도록하기 위해서 실시된다. 이러한 수행평가의 유형을 제시하면 다음과 같다.

| 구분 | 평가유형 | 평가방법 |
|---|---|---|
| 시험과 검사형태 | 서술형 검사 | 문제의 답을 학생이 직접 서술(구성) |
| | 논술형 검사 | 개인의 생각이나 주장을 창의적이고 논리적으로 작성 |
| | 구술시험 | 특정 내용이나 주제에 대해 의견이나 생각을 발표해 준비도, 이해력, 판단력, 의사소통 능력 등을 직접 평가 |
| | 실기시험 | 예・체능 분야에서 주로 사용되어 오던 방법으로 최근 예・체능 이외의 분야에서도 많이 사용하는 평가 |
| | 면접시험 | 평가자와 학생이 서로 대화를 통하여 얻고자 하는 자료나 정보를 수집하는 평가 |
| 학습이 진행되는 과정과 학습 활동을 강조하는 형태 | 토 론 법 | 특정 주제에 대해 학생들이 서로 토론하는 것을 보고 평가하는 방법으로 토론 진행 방법 등 총체적으로 평가 |
| | 발 표 법 | 특정한 주제에 대해서 자료를 수집하고 재구성한 결과를 유인물이나 다양한 매체를 통해 발표하도록 하여 학생의 준비도, 발표내용, 발표능력, 발표태도를 평가 |
| | 관 찰 법 | 학생들의 행동을 방해하지 않으면서 평가 상황을 강요하지 않도록 주로 교사의 자연스런 관찰을 통한 평가 |
| | 실험・실습법 | 어떤 과제에 대하여 학생들로 하여금 직접 실험・실습을 하게 한 후 실험 실습과정을 직접 관찰함과 아울러 제출된 결과 보고서를 동시에 평가 |
| 평가 자료를 수집 하는 전반적인 과정을 고려한 형태 | 자기평가 보고서 | 특정 주제나 수업 영역에 대해 스스로 학습과정이나 학습결과에 대한 평가보고서를 작성・제출토록 하여 평가 |
| | 동료평가 보고서 | 자기평가 보고서와 마찬가지로 학습과정이나 학습결과에 대하여 동료 학생들이 상대방을 서로 평가 |
| | 연구 보고서법 | 각 교과별이나 통합교과적인 여러 가지 연구 주제 중에서 학생의 능력이나 흥미에 적합한 주제를 선정하여 그 주제에 대하여 자기 나름대로 자료를 수집하고 분석 종합하여 연구 보고서를 작성・제출하도록 하여 평가 |

### 4) 성취평가제

성취평가제는 국가 수준의 교육과정에 근거하여 개발된 교과목별 성취기준에 대한 학생의 도달 정도에 비추어 학생의 성취 수준을 평가하는 것이다. 성취평가제는 학생들 간 상대적 서열 중심의 규준참조평가에서 학생들이 성취해야 할 목표 중심의 준거참조평가로의 전환을 한다는 점에서 의의가 있다. 성취평가제에 따른 학교생활기록부 기재방식은 국제적 통용성과 학제간 연계(대학 등) 등을 고려하여 A-B-C-D-E 등으로 기재하고 종전 석차 등급 또는 석차 등 서열 정보는 삭제되고, 원점수/과목평균〈표준편차〉을 성취도〈수강자수〉와 함께 입력한다(예: 국어 과목인 경우, A(406), 97/75.2(11.3) 으로 기재)

### 5) 평가의 타당도와 신뢰도

참여중심수업을 실시하고 그 수행과정을 평가하기 위해 고려해야 할 사항은 평가의 타당도와 신뢰도 및 객관도를 확보하는 것이다.

타당도는 측정하고자 하는 것을 얼마만큼 정확하게 측정하느냐? 즉, 측정하고자 하는 개념이나 속성을 얼마나 실제에 가깝게 정확히 측정하고 있는가의 정도를 말한다. 타당도의 유형은 내용타당도, 기준타당도, 구인타당도 등으로 구분된다. 우선, 내용타당성(content validity)은 검사내용 전문가에 의하여 검사가 측정하고자 하는 속성 제대로 측정하였는지 주관적으로 판단하는 것으로 평가 제작 전 작성한 이원분류표에 의하여 제작되었는지를 전문가들의 판단에 의하여 검증하는 것을 말한다. 다음으로, 기준타당성(criterion-related validity)은 어떤 측정도구와 측정결과인 점수간의 관계를 비교하여 타당도를 파악하는 방법이다. 기준타당성의 대표적인 예는 예측타당성인데, 이것은 하나의 속성이나 개념의 상태에 대한 측정이 미래 시점에 있어서의 다른 속성이나 개념의 상태변화를 예측할 수 있는 정도이다. 그리고, 구성개념 타당성(construct validity)는 구인타당도라고 하며, 평가가 실제로 무엇을 측정했는가와 관련된다.

신뢰도는 얼마나 정확하게, 얼마나 오차 없이 측정하고 있느냐의 정도를 말한다. 신뢰도는 아래와 같이 재검사 신뢰도, 동형검사 신뢰도, 반분 신뢰도 등으로 구분된다. 재검사신뢰도는 동일한 설문을 같은 응답자에게 2회 실시하는 방법으로 매우 단순한 방법이지만 응답자의 기억효과로 신뢰도가 과대 추정될 수 있는 문제가 있다. 동형검사신뢰도는 형식이 같은 A형과 B형의 설문을 실시하는 방법으로 수준이 같고 내용이 다른 문항 제작에 어려움이 있을 수 있다. 반분 신뢰도는 설문의 문항을 양분하여 각각 채점하는 방법으로 한 설문지의 문항들을 반으로 나누어 구성된 두 부분의 상관계수로부터 신뢰도의 추정값을 얻는 방법이다.

객관도는 측정의 결과에 대해 여러 검사가 혹은 채점자가 어느 정도로 일치된 평가를 하느냐의 정도를 말한다. 객관도는 채점자간 신뢰도와 채점자 내 신뢰도로 구분할 수 있다. 채점자간 신뢰도는 답안지or문항의 답을 2명 이상의 채점자가 독립적으로 채점하여 결과가 일치되는 정도를 말한다. 또한, 채점자내 신뢰도: 채점해야 할 답안지가 많을 때 질 적으로 거의 같은 내용의 답에 대해 한 채점자가 일관성 있게 같은 점수를 준 정도를 말한다.

## 상황 적용 문제 수행평가의 문제점과 내실화 방안[2)]

- 중학교 2학년 담임교사인 A선생님은 교수·학습의 결과뿐만 아니라, 교수·학습의 과정도 함께 중시하는 평가를 시행하기 위하여 수준별 수업을 실시하면서 수행평가 문항 출제 및 채점 등에 항상 바쁘다. 그런데 그것을 지켜본 동료교사가 "A선생님! 수업 시간 중에 수행평가를 한다는 것은 현실적으로 불가능해요. 그리 애쓰지 마시고, 다른 선생님들처럼 중간, 기말 시험 칠 때 시험지 한 장 만들어서 주면 되지, 왜 그렇게 요령 없게 합니까? 그렇게 하지 마세요."라고 이야기하였다. 그 이야기를 듣고 A선생님은 평가방법의 개선을 위해 노력하고 있는 교사를 찾아가서 고민을 상담하기로 하였다.
  수행평가 시행상의 문제점이 무엇인지? 그 해결 방안을 제시하여 설득하고, 수준별 수업에 따른 평가 내실화 방안을 생각해 보자.

◆ **수행평가 시행상의 문제점**

- 대규모 실시 및 평가방법의 어려움
- 시간 부족: 수업량과 평가 영역에 비해서 수행평가에 필요한 시간이 부족함
- 평가도구 및 채점의 신뢰성 문제: 평정자의 주관이 개입될 수도 있고, 평가도구의 타당성 및 채점의 신뢰성에 의문을 제기할 가능성도 있음

◆ **해결 방안**

- 평가방법에 관한 교사의 전문성 신장

> ※ 교사의 학생평가 전문성의 5가지 요소
> ① 평가 방법의 선정 능력, ② 평가 도구의 개발 능력, ③ 평가의 실시, 채점, 성적 부여 능력, ④ 평가의 윤리성 인식 능력, ⑤ 평가 결과의 분석, 해석 활용, 의사소통능력

- 평가도구의 객관화: 평가내용 및 방법, 채점기준 및 결과를 공개하여 평가의 투명성 확보, 동료평가 및 포트폴리오 등 다양한 방법 활용

---

2) 김규태, 방경곤, 이병환, 권민석(2013)에서 인용

- 평가목표를 주제간, 단원간 등으로 통합하여 총체적으로 평가함으로써 1회의 평가로 여러 가지 평가 목표에 대한 평가를 병행하는 방법
- 정부의 재정적 지원을 확대하는 방안: 교원 업무 경감 및 교사 1인당 학생 수와 수업시수 경감으로 수업 연구 및 평가에 전념할 수 있는 여건 조성

◆ **수준별 수업에 따른 평가의 내실화 방안**

- 학생들이 평가를 통해 성취경험을 가질 수 있도록 수준별 수업에 맞춘 합리적인 평가 방법을 선택하도록 함
  - 다양한 형태의 지필평가, 과정중심 평가, 성취평가제 활용
- 학생, 학부모가 수준별 평가 방식에 대해 충분히 이해할 수 있도록 교육 및 연수 실시
- 학생들이 수준에 따라 선택할 수 있는 수준별 세트 문항을 개발하여 학생들이 도전감을 가지고 학습에 참여하도록 함
  - 난이도에 따라 배점을 달리함 등

## 2. 전문가 오피니언[3)]

학생평가는 교육 활동의 불가결한 구성 요소로서, 학생이 학교교육을 통해 학습한 성과를 확인 하려는 목적, 학생의 교육적 성장과 발전을 돕기 위한 목적, 향후 교수·학습 과정의 계획을 수립하기 위한 목적으로 행해지는 활동이라고 할 수 있다. 학생평가는 아래의 그림에서와 같이 상대평가, 결과중심평가에서 성취기준평가, 과정중심평가 등으로 변화하고 있다. 이것은 학생평가에 대한 국가 및 시도 수준의 정책 방향에서도 찾아볼 수 있다.

**국가 및 시도의 학생평가 정책 방향**

- 창의력 협동적 문제해결력 신장에 중점을 둔 평가 시행
- 과정 중심의 질적 평가 확대
- 과정중심 수행평가 확대 시행
- 성취평가제의 확대 시행
- 자기주도적 역량 함양을 위한 수업-평가 연계 모형 개발 및 적용

### 1) 최근 학생평가의 방향

최근 학생평가 동향에 나타난 평가방법 상의 변화는 기존의 수동적이며 결과 중심의 지필평가에서 벗어나 수행 중심의 능동적 평가와 서술형 평가가 더욱 강조되고 있다는 점이다. 수행 중심의 능동적 평가를 수행평가(performance assessment)

3) 본 내용은 한국교육과정평가원에서 발행된 '과정을 중시하는 수행평가, 이렇게 해요 (KICE 연구정책브리프, 2017), '과정을 중시하는 수행평가 어떻게 할까요'(2017, 연구자료 ORM 2017-19-2), 한국교육개발원에서 발행된 '과정중심 수행평가의 방향과 과제'(2016, 이슈페이퍼 CP 2016-02-4)에서 다룬 과정중심평가에 대한 내용을 발췌 요약한 것이며, 자세한 내용은 해당 자료를 참고바라며, 여기서 제시된 표나 그림에 대한 별도 인용은 하지 않았다.

라 하며, 이것은 개인이 습득한 지식, 기능이나 기술을 실제 생활이나 인위적 평가 상황에서 얼마나 잘 수행하는지(doing, performing)와 어떻게 수행하는지(how to do, how to perform)를 서술, 관찰, 면접 등의 다양한 방법을 통해 종합적으로 판단하는 평가방법이라고 할 수 있다. 학습자들에게서 성취되기를 기대하는 교육목표와 밀접한 관련 과제들을 학생 스스로 산출물이나 작품을 구성하여 만들어내는 것이나, 목표와 관련된 태도나 가치관들을 드러내는 수행을 평가자가 직접 관찰하고 판단함으로써 이루어지는 평가방식이다.

| | 종래의 평가 방식 | 새로운 평가 방식 |
|---|---|---|
| 평가 체제 | • 상대평가<br>• 양적평가 | • 절대평가<br>• 질적평가 |
| 평가 목적 | • 선발 · 분류 · 배치<br>• 한 줄 세우기 | • 지도 · 조언 · 개선<br>• 여러 줄 세우기 |
| 평가 내용 | • 학습의 결과 중시<br>• 학문적 지능의 구성 요소 | • 학습의 결과 및 과정 중시<br>• 실천적 지능의 구성 요소 |
| 평가 방법 | • 선택형 문항을 사용한 지필평가 중심<br>• 일회적 평가<br>• 객관성 · 일관성 · 공정성 강조 | • 다양한 평가 방법 고려<br>• 지속적 · 종합적 평가<br>• 전문성 · 타당성 · 적합성 강조 |
| 평가 시기 | • 학습 활동이 종료되는 시점<br>• 교수 · 학습과 평가 분리 | • 학습 활동의 모든 과정<br>• 교수 · 학습과 평가 통합 |
| 교사 역할 | • 지식의 전달자 | • 학습의 안내자 · 촉진자 |
| 학생 역할 | • 수동적인 학습자<br>• 지식의 재생산자 | • 능동적인 학습자<br>• 지식의 창조자 |
| 교수 학습 | • 교사 중심<br>• 인지적 영역 중심<br>• 암기 위주<br>• 기본 학습능력 강조 | • 학생 중심<br>• 인지적 · 정의적 영역 모두 강조<br>• 탐구 위주<br>• 창의성 등 고등 사고기능 강조 |

## 2) 학생평가 전환 이유

이렇게 학생평가의 방향이 전환되고 있는 이유는 학생평가가 학습을 위한 평가, 정의적 특성 측정에 대한 관심, 평가의 형성적 기능에 대한 재조명, 핵심역량에 대한 평가 등을 들 수 있다.

우선, 기존 교육과정에서는 교수 학습과 평가 활동을 분리시키고 일련의 학습이 이루어지고 난 후 그 결과 또는 효과를 확인하기 위한 목적에서 평가가 실시되어 온 반면, 창의 융합형 인재 양성을 표방하는 새로운 교육과정에서는 평가를 교수 학습의 한 과정 혹은 그 자체로 보고 학습을 촉진시키기 위한 다양한 경험을 제공하는 데 중점을 둔다.

둘째, 최근 교육평가 패러다임의 주요 변화 중 하나는 지금까지의 교육과정에서 인지적 영역에 비해 상대적으로 소홀히 다루어진 정의적 행동 특성 측정에 대한 중요성이 부각되었다는 점이다.

셋째, 교육평가는 교수 학습활동의 진행 단계에 따라, 진단평가, 형성평가, 총합평가로 분류할 수 있다. 이러한 분류 방식은 평가활동이 지닌 세 가지 다른 기능을 반영하기도 한다. 즉, 진단평가에서는 진단적(diagnostic) 처방적(prescriptive) 기능이 강조되며, 형성평가에서는 형성적(formative) 구성적(constructive) 기능이 강조되고, 총합평가에서는 총합적(summative) 행정적(administrative) 기능이 강조된다. 지금까지의 평가활동이 선발과 진단 및 학생 간 변별력을 중시하는 총합적 선발적 기능이나, 학교의 책무성 또는 예산 투입 관련 의사결정을 위한 행정적 기능에 초점을 둔 반면, 최근의 학생평가에서는 형성적 기능에 보다 관심을 둔다. 평가의 심사 및 변별 기능에 대한 지나친 강조는 학생들 간 왜곡된 과잉경쟁을 초래하거나, 학생들의 인성 및 심리에 부정적인 영향을 주었다는 비판을 받아 왔다. 따라서, 최근 평가에서는 학습결과 보다 학습과정을 중요하게 다루는 평가의 형성적 기능을 강조하면서 교수 학습 과정 전반에 걸쳐학습 효과를 극대화하고 학습동기를 높이는 방법으로 그 개념 및 활용 범위가 확대되고 있다.

넷째, 사회변화의 다차원적 특성에 따라 교수 학습 방법 및 학생의 평가 영역과 방법에 있어서도 주목할 만한 변화가 일어나고 있으며, 그 예로 클라우드 교육환경, 소셜러닝(social learning), 디지털 교과서, 컴퓨터기반 차세대 평가체제 도입 등을 들 수 있다.이러한 맥락에서 역량 중심 교육(competency-based education) 및 평가의 필요성에 대한 논의가 활발히 전개되고 있다. 이러한 시대적 요구에 따라 학생들이 핵심역량을 함양할 수 있도록 교육과정을 재구성하고, 새로운 형태의 교수 학습 및 평가방법을 구안할 필요가 있다. 학생들이 알고 있는 지식과 정보의 양과 종류를 평가하기보다는 필요한 정보들을 얼마나 신속하게 찾고 문제해결을 위해 얼마나 창의적으로 정보들을 활용하며 새로운 의미를 부여해 나아가는지에 보다 관심을 두는 평가가 이루어져야 할 것이다. 따라서, 핵심역량 평가에서는 단순 지식 측정을 위한 지필평가 중심의 평가 방식을 지양하고 멀티미디어 매체나 시뮬레이션 등 실제적, 다면적인 방법을 통해 문제해결력, 창의성, 비판적 사고, 협력, 의사소통능력 등을 종합적으로 평가할 수 있는 접근이 이루어져야 할 것이다.

### 3) 과정 중심 평가와 수행평가

과정 중심 평가는 교육과정의 성취기준을 기반으로 한 평가 계획에 따라 교수·학습 과정에서 학생의 변화와 성장에 대한 자료를 다각도로 수집하여 적절한 피드백을 제공하는 평가를 의미한다. 이는 새로운 평가 방법이라기보다는 결과 중심적인 평가와 대비하여 교육과정과 교수·학습, 평가의 연계를 강조한 용어이다. 과정 중심 평가를 잘 구현해낼 수 있는 것이 바로 '수행평가'이다. '수행(performance)'은 구체적인 상황 하에서 실제로 행동 또는 활동을 하는 과정(process)이나 그 결과(product)를 의미한다. 수행평가는 학생이 가지고 있는 지식, 기능, 태도 등의 능력을 직접 수행으로 나타내 보이는 방식의 평가를 의미하는 것으로, 교수·학습의 결과뿐만 아니라 과정을 중시한다. 과정을 중시하는 수행평가의 특징은 다음과 같다.

① **성장 과정에 대한 지속적인 평가**: 수행평가는 단편적 영역에 대해 일회적으로 평가하기보다는 학생 개개인의 변화와 발달 과정을 종합 적으로 평가하기 위하여 지속적으로 이루어지는 것을 강조한다.

② **과정과 결과를 함께 평가**: 수행평가는 교수·학습의 결과뿐만 아니라 과정도 중시하는 평가로, 학생의 성장과 발달을 중시한다.

③ **의사소통·협업 등의 능력 강화**: 수행평가는 모둠 활동 등을 통하여 의사소통과 협업 등의 능력을 강화시킬 수 있다.

④ **실제 상황과 유사한 맥락에서의 평가**: 수행평가는 실제 발생할 수 있는 문제 상황과 유사한 형태로 구성되어야 한다.

⑤ **능동적 학습 활동 유도**: 수행평가는 학생들이 문제의 정답을 선택하는 것이 아니라, 스스로 답을 구성하거나 행동으로 나타냄 으로, 능동적인 학습 활동을 유도합니다.

⑥ **정의적 특성 평가를 통한 전인교육의 추구**: 수행평가는 학생의 인지적인 영역뿐만 아니라 정의적인 영역에 대한 종합적이고 전인적인 평가를 중시한다.

수행평가는 유형과 주체를 다양화하여 실시되는 평가이기도 하다. 교수·학습과 연계한 수행평가는 수행 절차상 지식, 기능, 태도 중 특정한 영역이 두드러지거나 여러 영역이 통합될 수 있으므로, 과제의 특성에 따라 논술, 구술, 토의·토론, 프로젝트, 실험· 실습 등 다양한 유형을 활용할 필요가 있다. 또한 교사가 평가의 주체가 될 뿐 아니라, 학생도 평가의 주체가 되어 관찰, 자기평가, 동료평가 등 다양한 평가 방법을 활용하여 수행 과정을 기록으로 남긴다면 학생의 성장과 변화를 더욱 잘 관찰할 수 있으며, 수행평가의 신뢰도 또한 높일 수 있다.

**과정 중심 평가의 특징**

**성취기준에 기반을 둔 평가**

과정 중심 평가는 교과 성취기준에 기반을 둔 평가입니다.

**수업 중에 이루어지는 평가**

과정 중심 평가는 수업 중에 이루어지는 평가로서, 교수 · 학습과 연계된 평가를 지향합니다.

**수행 과정의 평가**

과정 중심 평가에서는 지식 기능, 태도가 학습자에게서 어떻게 발달하고 있는지를 파악하기 위해 학습자의 수행 과정을 평가 대상으로 합니다.

**지식, 기능, 태도를 아우르는 종합적인 평가**

과정 중심 평가는 지식, 기능, 태도의 인지적 · 정의적 영역까지 포함하여 종합적으로 평가하는 것이 중요합니다.

**다양한 평가 방법의 활용**

과정 중심 평가는 평가의 목적이나 내용을 고려하고 다양한 평가 방법을 활용하여 학생에 대한 다양한 측면을 파악하는 것이 중요합니다.

**학습자의 발달을 위한 평가 결과의 활용**

과정 중심 평가는 학습자의 성장과 발달 과정을 관찰함으로써 학습자의 부족한 점을 채워 주고, 우수한 점을 심화 · 발전시킬 수 있도록 돕는 데 기여합니다.

| 구분 | 내용 | | |
|---|---|---|---|
| 기본 방향 | • 교수 · 학습을 극대화하기 위한 평가<br>• 정보 수집을 위한 도구 및 과정으로의 평가<br>• 학습 전략 및 교수법 교정을 위한 평가<br>• 교수 · 학습과 평가가 연계된 순환적 구조에서의 평가 | | |
| 평가관 | • 학습에 대한 평가<br>• 결과 중시 | ➡ | • 학습을 위한 평가<br>• 학습으로서의 평가<br>• 과정 중시 |
| 평가방법 | • 지필평가 중심<br>• 구조화된 문항 형식 위주<br>• 정기평가<br>• 교사가 주로 평가 | ➡ | • 지필평가, 수행평가 등 다양한 방법 적용<br>• 구조화, 비구조화된 방식 혼용 수시평가<br>• 교사, 학습자, 동료 등 평가주체의 다양화 |
| 평가내용 | • 교과별 단편적 지식 및 기능<br>• 인지적 성취영역 위주 | ➡ | • 통합적 지식 및 기능<br>• 핵심 역량(competency)에 대한 평가<br>• 인지적 · 정의적 특성 영역 |
| 평가결과 보고 및 활용 | • 상대적 서열 정보 중심<br>• 피드백의 부재 | ➡ | • 성취기준 및 내용 준거에 의한 결과 보고<br>• 즉각적이며 수시적인 피드백 |

[그림 9-1] **과정중심 평가의 기본 방향 및 특징**

## 4) 수행평가 운영 단계

과정을 중시하는 수행평가는 교육과정 운영 계획 단계, 교수학습 및 수행평가 단계, 학기말 평정 및 기록 단계로 실시될 수 있다. 우선, 교육과정 운영 계획 단계에서는 성취기준을 분석하여 교수·학습 및 평가 계획을 수립한다. 이 단계는 한 학기 동안의 교수·학습과 평가를 설계해야 하므로 신중하게 이루어져야 한다. 이때 지필평가 계획과 수행평가 계획을 함께 수립한다. 둘째, 교수·학습 및 수행평가 단계에서는 교수·학습과 연계하여 수행평가 과제를 개발하고, 학생 참여형 수업을 통해 수행평가를 실시하고 채점한다. 이 단계는 학생의 성장과 발달을 촉진하기 위하여 학생의 수행 과정에 대한 피드백을 제공하는 것이 중요하다. 셋째, 학기말 평정 및 기록 단계에서는 한 학기 동안의 성적을 평정하며, 과정을 중시하는 수행평가의 결과를 기록한다. 이 단계는 학생의 수행 과정을 통해 드러난 학생의 특성을 종합적으로 기록한다.

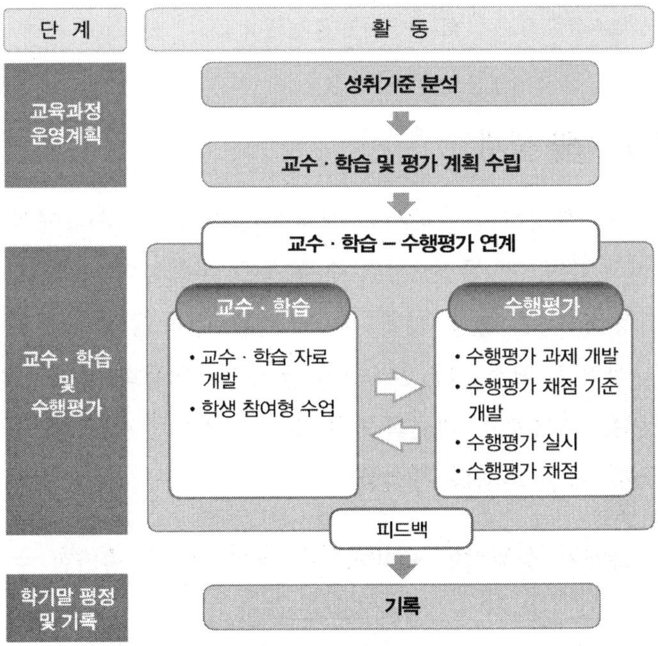


[그림 9-2] **수행평가 운영 단계별 흐름도**

〈표 9-1〉 수행평가 관련 용어 정의

| 과제 유형 | 설 명 | 과제 예시 |
|---|---|---|
| 서술형 및 논술형 | 서술형 - 문제가 요구하는 답을 주어진 답지 중 선택하는 것이 아니라 학생이 직접 작성(서술)하도록 요구하는 평가 방식<br>논술형 - 어떤 주제에 대하여 설명이나 주장을 논적이고 설득력 있게 기술하도록 하는 평가 방식 | 서술형 문항을 사용한 시험, 논술 및 작문 시험 |
| 구술 | 말하는 능력(의사소통능력)이나 제시된 주제에 대해 개인의 의견을 발표할 수 있는 능력을 직접 평가하는 방법 | 역할극, 스토리텔링 |
| 토론 | 특정 주제에 대해 학생들이 서로 토론하는 것을 관찰하고 평가하는 방법 | 모둠별/학급 토론 |
| 실험 · 실습 | 어떤 과제에 대해 학생들이 직접 실험 · 실습을 하게 한 후 그 결과보고서를 작성하여 제출하게 하는 평가 방식 | 실험보고서, 표본 제작, 과학 실험 기구 조작, 관찰 일지, 지도 제작 |
| 프로젝트 | 교과별 또는 범교과적인 주제 중 자신의 능력이나 흥미에 맞는 주제를 선택하여 그 주제에 대해 자료를 수집하고 분석, 종합하여 연구보고서로 작성, 제출하게 하는 평가 방식 | 프로젝트 발표 및 보고서, 팸플릿 및 브로슈어제작, 신문제작, 동영상제작 |
| 포트폴리오 | 학생이 작성한 글이나 과제물, 작품 등을 지속적으로 모아둔 개인별서류철 또는 작품집을 이용한 평가 방식 | |

## 5) 수행평가 과제 설계

수행평가 과제를 작성하기 위해서는 교과협의회(학년협의회)에서 교육과정 내용과 성취기준, 학생 수준 및 특성, 성취 수준 등을 분석한다. 그리고 실제적인 맥락, 통합적인 사고 능력, 가치 있는 경험, 비구조화된 문제 등의 수행평가 과제 특성을 고려하여 문제 상황을 결정한다. 토의 · 토론 수업, 협동학습, 프로젝트 수업 등의 교수 · 학습 방법을 참고하여, 과제를 수행하는데 필요한 시간, 참여 방법, 산출물의 형태 등을 고려한 세부 과제를 작성한다.

- 수행평가 과제가 실제적인 상황에서의 수행 능력을 평가할 수 있도록 개발되었는가?
- 수행평가 과제가 분석력, 종합력, 비판력 등의 종합적인 고등 사고능력을 평

가하는 데에 적절한가?

- 수행평가 과제가 학생이 수행평가에 참여하는 동안 인지적 · 정의적 측면에서 긍정적이고 가치 있는 경험을 할 수 있도록 개발되었는가?
- 수행평가 과제가 학생이 문제를 해결하기 위하여 다양한 시도와 노력을 기울일 수 있는 형태의 과제로 개발되었는가?
- 수행평가 과제가 수업 내용과 관련이 있고, 수업의 일환으로 가능한 것인가?
- 수행평가 과제가 성별, 지역, 문화적인 측면에서 특정 학생에게 유리하거나 불리하지 않은가?
- 수행평가 과제가 학생이 자신의 능력을 충분히 발휘할 수 있도록 학생의 참여 동기와 흥미를 고려한 것인가?
- 수행평가 과제는 공간, 장비, 시간, 비용 등의 요소를 고려할 때 충분히 실행 가능한가?

채점 기준이란 수행평가의 대상이 되는 수행 과정이나 산출물의 질을 구별하기 위한 일련의 지침이 라고 할 수 있다. 채점 과정에서 채점자의 주관적인 판단이 개입되기 때문에 채점의 일관성을 확 보하기 위해서는 채점 기준이 반드시 필요합니다. 채점 방식에는 총체적(holistic) 채점과 분석적(analytic) 채점이 있다. 총체적 채점과 분석적 채점 을 함께 사용하면 수행평가의 가치와 효율성을 극대화할 수 있다.

- 총체적 채점: 학생의 수행 과정 혹은 결과물에 대해 개별적인 평가 요소에 초점을 맞추기 보다는 전체적인 과정 혹은 결과물에 초점을 맞추어 평가하는 방식
- 분석적 채점: 학생의 수행 과정 혹은 결과물에 대해 평가의 범주를 구분하고 각 범주별로 수행 능력을 기술한 후, 그 기준에 맞춰 평가하고 평가 결과를 합산하여 학생의 수행 능력을 판단하는 방식

**총체적 채점**

- 산출물에 대한 전반적인 인상을 바탕으로 전체 요소의 단일 점수 산출
- 학생의 성취도를 등급으로 분류하거나 선위를 구별할 때 유용
- 학생이 수행을 향상시키기 위해 무엇을 해야 하는가에 대한 정보 제공 한계

**분석적 채점**

- 학생의 강약점에 대한 교사의 진단적 분석 용이
- 학생의 학습 활동을 점검, 개선할 수 있는 형성적 피드백 제공
- 채점자 간 일관된 채점이 가능하나, 채점 시간 많이 소요

채점기준은 다음과 같은 점을 고려해서 평가해 볼 필요가 있다.

- 채점 기준이 성취기준에서 요구하는 도달 목표에 맞게 제시되었는가?
- 채점 기준이 학생의 인지적 · 정의적 성장과 발달 과정을 파악할 수 있도록 제시되었는가?
- 채점 기준은 학생의 결과 산출 혹은 응답 수준을 변별할 수 있도록 작성되었는가?
- 채점 기준에는 수행평가 과제 유형에 적절한 평가 요소, 배점, 세부 내용 등이 제시되었는가?
- 채점 기준을 미리 학생 및 학부모에게 안내하였는가?

과정을 중시하는 수행평가는 학생의 수행 과정을 기록하는 것이 중요하다. 수행평가 과제를 개발 하고 채점 기준을 개발할 때 교사가 다양한 방법으로 학생들의 수행 과정을 관찰하고 기록하는 것이 좋다. 이는 학생의 변화와 성장에 대한 자료를 다각적으로 수집하여 학생의 성장을 도울 수 있기 때문이다. 따라서 수행평가의 계획 단계에서 평가의 목적과 수행의 성격, 시간 등의 현실적 여건과 평가 맥락에 따라 기록 방법을 선택하고, 결정하여 미리 기록지를 준비하는 것이 좋다

수행평가는 그 특성상 평가자의 주관성이 많이 개입될 수 있기 때문에 평가 신뢰성과 공정성을 높이려는 노력이 필요하다. 우선, 교과협의회(학년협의회)에서 채점

기준에 대한 공유와 합의 과정이 반드시 필요하다. 그리고 동일한 과제에 대하여 여러 명의 교사가 채점할 수 있는 방안을 고려하는 것이 좋으며, 교사뿐 아니라 학생을 평가자로 투입시켜 채점의 신뢰성을 높일 수 있다. 교사가 여러 명을 채점할 때 일관성을 유지하기 위한 노력을 하는 것이 중요하다. 이와 더불어 동일한 수행평가 과제를 여러 명의 교사가 채점하는 경우, 사전에 채점 기준에 대한 충분한 공유를 통해 채점자 간 차이를 줄여야 한다.

과정을 중시하는 수행평가를 통해 파악된 학생들의 학습 성장 관련 정보들은 학생들에게 적절한 피드백을 해 주어야 한다. 수행평가에서 피드백은 학생의 현재 수준과 학생이 도달해야 할 수행 수준 간의 차이를 자세하게 알려줌으로써, 학생의 학습과 성장을 지원하고 교사의 수업과 평가의 질을 개선하는 과정이다. 이것은 수행 결과에 대한 피드백뿐 아니라 수행 과정에 대한 피드백을 함께 제공해야 주어야 한다. 아울러 인지적 측면뿐만 아니라 정의적 측면에 대한 피드백도 실시하는 것이 중요하다.

**과정에 대한 피드백**

- 학생이 과제를 수행하는 환경 또는 학생들 간의 관계 속에서 피드백을 제공함
- 수행 과정에 대한 정보를 제공함으로써 원인 파악이 용이하며 결과에 대한 피드백보다 보정의 효과가 뛰어남
- 학생이 학습 전략을 수립하는 데 효과적일 수 있음

**+**

**결과에 대한 피드백**

- 과제를 얼마나 잘 수행했는지, 평가 결과 성취도가 어떠한지를 중심으로 피드백을 제공함
- 각각의 개별 과제의 구체적 내용에 대해 즉각적으로 피드백을 제공할 수 있음

수행평가에서 수행의 결과에 영향을 미치는 요인들을 제대로 파악할 수 있어야 학생의 추후 학습에 대한 피드백을 제공할 수 있다. 수행 과정에서 어떠한 문제가 있었는지, 발생한 문제점들에 대해서 학생이 문제를 적극적으로 해결하였는지, 동기나 효능감이 낮지는 않았는지 등 다면적인 측면에서 피드백을 제공하여야 한다.

- 피드백은 학생의 학습과 성장을 지원하도록 제공하였는가?
- 학생의 부족한 점을 채워주고 우수한 점을 심화·발전시키는 피드백을 제공하였는가?
- 수행평가 결과와 과정에 대한 피드백을 적절히 제공하였는가?
- 인지적 측면뿐 아니라 정의적 측면에서도 피드백을 제공하였는가?

## 과정을 중시하는 수행평가 관련 Q & A

### Q1 수행평가에 태도 영역을 포함할 수 있는가?

단순히 학생을 통제하기 위해 수업 시간에 실시하는 감점 위주의 태도 평가, 모든 교과에서 획일적으로 부여하는 기본 점수와 같은 태도 평가는 지양해야 한다. 해당 교과의 성취기준 및 교수·학습 과정과 긴밀히 연계하여 실시해야 한다. 국가수준 교육과정에 태도 영역의 성취기준이 마련되어 있지 않다면, 학교 단위에서 정의적 측면에 대한 성취기준을 추가로 마련하고, 이를 근거로 평가해야 한다.

### Q2 수행평가를 서술형 평가로 대체하여 시행할 수 있는가?

서술형 평가가 고차원적인 사고 능력을 평가하고자 하는 수행평가를 대체하기는 어려우므로, 서술형 평가로만 수행평가를 실시하는 것은 지양해야 한다. 서술형 문항은 수업과연계하여 진행되는 수행평가의 일부로 포함되어 수행 과정을 함께 평가할 수 있도록 구성되는 것이 바람직하다.

### Q3 수행평가를 모둠 활동으로 시행할 때 유의할 점은 무엇인가?

개별 학생의 역할과 노력, 기여도 등을 정확하게 평가할 수 있는 합리적 방안이 마련되어야 함. 협동적 과제의 계획 단계부터 구성원 간의 역할 분담, 참여 방법, 시기와 절차 등을 명확하게 제시하고, 과제 진행 단계에서 모든 구성원이 역할을 제대로 수행할 수 있도록 지원해야 한다. 교사의 관찰, 학생의 자기평가, 동료평가 등을 함께 활용함으로써 협동적 과제에 기여한 개별 학생의 역할과 노력, 성과를 타당하게 평가할 수 있도록 한다.

## Q4 수행평가에 대한 학생과 학부모의 신뢰를 높이기 위해서는 어떻게 해야 하는가?

채점 기준을 작성할 때 학생의 예상 반응을 충분히 고려한 후 사례를 들어 구체적으로 작성하고, 채점 전에 학생들에게 안내하고 조율하는 과정을 거친다. 교과협의회(학년협의회)를 활성화하여 채점 기준을 수시로 협의하여 교사별 혹은 교사 간 채점 결과 간의 일관성을 높임. 평가 결과에 대해 채점 기준을 바탕으로 학생에게 명확하게 설명해 주어여 한다. 학부모 홍보를 포함한 정책적 지원과 함께 교사의 평가권을 인정하는 사회적 분위기가 조성되어야 한다.

## Q5 수행평가에서 자기평가와 동료평가를 운영할 때 유의할 점은 무엇인가?

자기평가와 동료평가가 타당하고 신뢰 있게 이루어지기 위해서는 성취기준과 평가 요소를 바탕으로 자세하고 구체적인 평가 준거를 제공하는 것이 중요하다. 점수만으로 전달할 수 없는 구체적이고 정확한 피드백을 얻기 위해서는 서술 형태로 평가 결과를 작성할 수 있다. 동료평가 시 공정성 제고를 위하여 최고점과 최하점은 제외하고 평가에 반영하거나, 점수에 대한 근거를 서술하게 함으로써 학생들 스스로 공정성을 높이도록 도울 수 있다.

## Q6 교과별 수행평가가 특정한 시기에 집중되지 않으려면 어떻게 해야 하는가?

수행평가 비율이 확대됨에 따라 학생의 부담을 최소화할 수 있도록, 교과 간 협의회를 통해 교과별 수행평가 시행 시기를 조절할 필요가 있다. 숙제나 과제물 제출 등의 일회성 수행평가보다는 학생의 수업 활동 속에서 수행평가가 이루어지도록 교과별, 시기별로 잘 계획된다면 특정 시기에 수행평가가 몰리는 양상이 줄어들 것이며 학생들의 부담도 줄어들 것이다.

## 교직 상황 중심 논술 연습

**다음은 한 고등학생이 '인성함양을 위한 평가 방법'이라는 주제로 문제기반학습을 수행하는 과정에서 수집한 자료를 요약한 것이다. 다음의 지문과 문제를 읽고 논술하시오.**

> 우리 학생들이 여러 디지털 기기를 활용하여 소통하고 협력도 하고 있지만 정작 타인을 존중하고, 타인과 더불어 소통하고 관계를 맺는 기술은 부족한 실정이다. 아울러 학습 과정에서도 협력을 통한 학습과제를 수행하는 능력도 미흡한 실정이다. 이는 아마도 개인 중심, 학습결과 중심의 평가를 강조하는 것 때문으로 판단된다. 이를 위해서는 학습 과정에서 다양한 학생들이 함께 어울려서 머리를 맞대고 토론하며 서로의 다양한 생각을 수용할 수 있는 과정 중심 평가가 필요하다. 하지만 과정을 중시하는 평가를 위해서는 무임승차를 하는 학생들을 방지하고, 모두가 참여하여 공동의 학습 성과를 위해 기여했다는 것을 입증할 수 있는 평가 방법이 마련될 필요가 있다. 이를 위해서는 무엇보다도 평가의 공정성과 신뢰성이 확보되어야 할 것이다.

❶ 이 고등학생은 현재 교육은 인성 함양을 하는데 부족하다고 주장하면서 그 원인을 평가에 있다고 보고 있다. 학생이 문제 있다고 지적하는 평가방식의 유형과 그 부작용 2가지를 제시하시오.

❷ 과정을 중시하는 평가는 무엇이며, 그 방법 3가지를 제시하시오.

❸ 학습 과정에서 학생들의 협력을 증진하고, 무임승차를 방지할 수 있는 대표적 평가유형 2가지와 그것들의 효과적인 실행 전략을 각 2가지씩 제시하시오.

❹ 과정중심평가를 위한 타당도와 신뢰성 확보 전략을 각 2가지씩 제시하시오.

■ **논술연습지**

■ **논술주제:**

■ **논술개요**

| 논술문제 | 논술내용 | 논술지문 |
|---|---|---|
| | | |
| | | |
| | | |
| | | |
| | | |

제 10 장

# 학습자 특성, 상담 및 진로교육

## 셀프진단평가

다음은 A 대학에서 실시한 예비교사 역량 진단 결과와 이를 반영한 교육과정 운영 개선 방안 내용을 제시한 것이다. 다음의 지문과 문제를 읽고 여러분이 작성할 논술 내용을 제시하시오.

1. "효과적인 교육과정 편성, 수업설계 및 생활지도를 위해 개별 학습자 특성을 이해하고 분석할 수 있다는 능력"이 낮은 수준임으로 학생의 발달과 학습 상황 관련 이해 및 적용할 수 있도록 관련 교직과목을 보완할 필요가 있다.

2. 현장에서 이루어지고 있는 수업과 평가 등에 대한 현장 적응력이 부족한 실정임으로, 배우는 지식과 스킬을 현장에서 적용하도록 하기 위해서는 현직 교사들의 수업참관, 멘토링 등 도제식 훈련 프로그램이 도입될 필요가 있다.

3. 예비교사들은 학생들의 학습동기나 전략을 향상시킬 수 있는 학습코칭 능력이 필요하다.

4. 수업 시간에 잠자고 있거나 학습동기가 유발되지 못한 학생들의 수업행동을 수정할 수 있는 원리나 방법에 대한 이해가 부족하여 학습동기유발 전략에 대한 프로그램이 필요하다.

5. 갖은 스트레스나 가정 형편 등으로 인해 자아정체성이나 자아존중감이 낮은 학생들에게 배려와 존중을 중시하는 상담기술을 형성할 필요가 있어 생활지도 시간에 상담 실습 시간 확보가 필요하다.

6. 청소년의 진로 설계에 있어서 무엇보다도 필요한 것은 생애목표나 진로정체감 형성에 있는데, 이를 위해 제공될 수 있는 다양한 진로 프로그램을 이해하고 활용할 수 있는 능력이 부족한 실정임으로 이를 위한 프로그램 개발이 필요하다.

❶ 학습자 특성 분석의 유용성은 무엇인가? 학습자 특성의 영역과 관련 내용은 어떠한 것들이 있는가?

❷ 현직 교사들을 멘토로 하여 현장 중심 역량을 계발한다는 측면에서 적용될 수 있는 발달 및 학습 이론은 어떠한 것들이 있는가?

❸ 학생들의 학습동기와 학습수행을 촉진하는 전략은 어떠한 것들이 있는가?

❹ 수업이나 학급생활에서 학생들의 행동을 수정하는 원리와 방법은 어떠한 것들이 있는가?

❺ 학생 상담을 위한 효과적인 기법과 방법은 어떠한 것들이 있는가?

❻ 청소년의 진로선택과 개발을 위해 형성되어야 할 진로정체성과 생애목표를 형성하는데 사용될 수 있는 방법은 무엇인가?

# 1. 주요이론

## 1) 학습자 특성[1]

역량중심교육, 학습자 참여 중심 수업과 위기 학생의 돌봄과 상담 등을 효과적으로 실시하려면, 무엇보다도 발달, 학습, 정서적 측면의 학습자 특성을 이해할 필요가 있다. 아래에서는 학습자 특성 분석, 발달, 학습, 정서적 측면에서의 학습자 특성에 대한 기본적인 이론과 개념들을 제시한다.

### (1) 학습자 특성 분석의 유용성

학습자 특성 분석은 학습자들이 현재 가지고 있는 발달적 특성, 학습 상황, 수행 기능, 선호 경향과 태도 등을 탐색・분석하는 것이다(강이철, 2011). 이는 학습자에게 가장 적합한 교육과정, 교수학습, 생활지도 등 여러 프로그램을 설계하고 제공하기 위해 실시된다. 일반적으로 학습자 특성 분석은 일반적 측면(나이, 가정배경, 성별, 지능, 언어, 읽기, 기억력, 사고력, 문제해결력 등), 학습 측면(학습전략, 학습스타일, 학습동기, 학습태도, 학업적 자기효능감, 학습몰입, 자기주도학습능력 등), 정서 측면(성격, 통제소재, 정서지능, 불안감, 행복 등), 사회적 특성(또래관계, 교사관계, 사회적 기술, 사회적 자기효능감 등) 등으로 분류될 수 있다(유승우 등, 2013; Dick, Carey, & Carey, 2009).

학습자 특성 분석은 우선, 학습자의 발달과 요구에 부응하는 교육과정 목표 설정, 교수학습경험의 선정과 조직, 교수학습의 전개와 평가의 방향 설정 등 교육과정과 학습모듈 개발에 유용하다(이성호, 2013). 둘째, 학습자의 출발점 기능, 주제에 대한 사전지식, 내용과 잠재적 전달 체제에 대한 태도, 학습동기, 교육수준과 지

1) 이 장에서 제시된 발달, 학습, 정서적 측면의 학습자 특성은 김규태(2015)의 교육조직행동척도, 임정훈, 한기순, 이지연(2014)의 교육심리학, 문은식, 박선환, 정미경(2015)의 교육심리학에서 발췌 재구성하였다.

적 능력, 일반적인 학습스타일 및 태도 등을 체계적으로 파악하여 교수 및 학습 설계에 유용하다(Dick, Carey, & Carey, 2009). 셋째, 교육과정 및 학습모듈의 효과성 검증과 교수학습 과정과 결과의 효용성 판단에 유용하다(Keller, 2013).

### (2) 발달적 측면에서의 학습자 특성

학습자의 이해를 위해서는 학습자의 발달, 학습, 성격, 적응기제 등 종합적 지식을 필요로 한다. 우선, 학습자의 발달적 특성은 여러 학자들이 다양한 지식이나 원리를 제시하고 있지만, 여기서는 최근 학습자 중심 수업이나 생활지도 및 상담, 진로교육 등과 연관이 높다고 판단되는 Piaget, Vygosky, Erickson, Kohlberg, Bandura, Bronfenbrener 등을 개괄적으로 제시할 것이다.

#### ① Piaget의 인지발달이론

피아제는 평형화, 스키마(도식), 동화, 조절 등의 개념을 통해 인간의 인지발달 과정을 설명한다. 평형화는 인간이 생존하기 위하여 자신의 내부구조를 일정하게 유지하려는 본능적인 성향이다. 스키마는 인지발달에서 평형화의 욕구가 충족되어 구조화되고 조직화된 상태이다. 스키마는 새로운 정보와 경험을 이미 자신에게 구성된 도식에 적용하려는 경향성인 동화와 새로운 정보와 경험을 인식하기 위해 기존의 도식을 수정하는 조절을 통해 형성, 변화한다. Piaget은 인지발달의 단계를 감각운동기(0∼2세), 전조작기(2∼7세), 구체적 조작기(7∼11세), 형식적 조작기(12세 이후)로 제시했다. 여기서 구체적 조작기는 기억적 사고, 보존개념 발달, 탈중심화, 공간추리능력, 분류와 서열화, 언어의 사회화의 특징을 보이는 단계이고, 형식적 조작기는 가설연역적 사고, 추상적 사고, 자기중심적 사고(개인우화, 상상적 관중), 명제적 사고, 반성적 추상화 등을 특징으로 한다. 특히 청소년들은 형식적 조작기에 해당되며, 과학적 사고와 논리적 사고, 대상들 간의 관계를 유추하는 사고, 내적으로 추리하는 사고 등을 통해 학습하는 경향이 있다.

② Vygotsky의 근접발달영역 및 스캐폴드

비고스키는 인간을 타인과의 관계에서 영향을 받으며 성장해가는 사회적 존재로서 본다. 그래서 인간의 인지과정은 사회와의 상호작용의 결과, 즉, 사회의 보다 성숙한 구성원들과 상호작용을 통해 형성된다고 본다. 특히, 사회적 상호작용의 필수요소인 언어의 습득을 인지발달의 중요한 변수로서 본다. 비고스키는 인간의 지적발달에 있어서 내적 언어와 사회적 언어의 영향력을 강조했고, 그 과정에 근접발달영역의 인지발달에 미치는 영향을 주목했다. 근접발달영역은 아동이 혼자서는 해결할 수 없지만, 성인이나 뛰어난 동료의 도움을 받으면 아동의 인지적 발달과 성장이 촉진되는 영역을 말한다. 이 때 아동에게 인지발달 형성에 필요한 단서를 제공하거나 꾸준히 시도하도록 격려하는 도움이 필요한데, 그것을 스캐폴드(비계설정, 발판)이라고 한다.

③ Erickson의 자아정체감

에릭슨은 인간의 성격은 사회문화적 영향에 의해 발달되며, 그 과정에서 개인의 역동적이고 능동적인 역할 수행에 의해 이루어진다고 보았다. 또한 발달단계에 맞는 성격 형성의 결정적 시기가 있다고 하였으며, 인간의 성격 발달을 8단계로 구분하였다.

에릭슨은 청소년기의 성격 발달을 정체감 대 역할혼미로 특징지웠다. 이 단계는 청소년기가 아동도 성인도 아닌 주변인으로서 성인기에 요구되는 여러 가지 사회의 요구와 역할변화를 거치면서, 자기 존재를 확립하는 것, 즉 나는 누구인가?에 대해 새로운 경험과 탐색이 이루어지는데, 이때의 발달과업을 자아정체감 확립으로 보았다. 자아정체감은 자기의 위치, 능력, 역할, 책임, 진로에 대해 분명한 인식을 갖는 것을 말한다. 이 시기에 긍정적인 자아정체감을 형성하면 이후의 단계에서 부딪히는 심리적 위기를 극복할 수 있지만, 그렇지 못하면 정체성 혼란을 야기하게 된다.

이 시기의 교사의 역할은 학생으로 하여금 자신의 현실을 직시하고 긍정적인 자아정체감을 확립할 수 있도록 도와주어야 한다. 또한 보다 합리적이고 객관적으로 자신에 대한 올바른 이해와 자기 찾기, 타인에 대한 이해를 돕기 위한 토론이나 상담을 해 주어야 한다. 그리고 진로 및 직업 선택을 돕기 위해 전문적, 체계적 정보 제공과 함께 지속적인 조언이나 멘토링을 실시해야 한다.

④ Bandura의 관찰학습과 자기효능감

반두라는 아동의 인지발달은 다른 사람의 행동을 관찰, 모방하며 학습한 결과를 통해 이루어진다고 한다. 이것을 사회학습이론이라고 한다. 이것은 인간은 의식하지 않아도 부모나 타인의 행동을 관찰하고 모방하는 과정에서 언어와 사회화 과정을 학습하는 능력을 가지고 있다고 본다. 즉, 직접적인 경험보다 타인의 행동을 관찰하고 모방하는 관찰학습을 강조한다. 이러한 관찰학습은 주의집중, 파지, 재생, 동기화의 4단계를 통해 이루어진다.

반두라는 또한 자기효능감이론(self-efficacy theory)을 제시하였다. 그는 자기효능감은 교사와 학생이 학습장면에서 상호작용하는 경험의 질에 따라 발달한다고 하였다. 자기효능감은 개인이 자신의 능력에 대한 신념은 행동에 영향을 미치기 때문에 자신이 얼마나 잘할 수 있다고 생각하는 정도에 따라 행동의 수준이 결정된다(Bandura, 1986). 자기효능감은 여러 분야에서 활용되고 있는데, 예를 들면, 진로지도에서는 자신의 진로를 선택하고 결정할 수 있다는 신념으로 불리는 진로결정 자기효능감로 활용된다. 자기효능감은 개인적 유능감에 대한 개인 스스로의 신념으로 귀인유형과 관계가 있다. 자기효능감이 높은 사람은 실패의 원인을 노력 부족에서 찾는다. 하지만 자기효능감이 낮은 사람은 통제할 수 없는 요인으로 귀인한다. 또한, 자기효능감은 도달하려는 목표의 지속성과 목표 수립을 통해서 동기에 영향을 미친다. 자기효능감이 높은 사람은 높은 목표를 설정하고 어려움에 직면했을 때도 끈기를 보인다. 그러나 자기효능감이 낮은 경우는 문제에 직면할 때 과제를 회피하거나 쉽게 포기한다.

⑤ Bronfenbrenner의 생태학적 발달 이론

Bronfenbrenner(1979)는 인간의 발달이 개인적 특성과 생태적 환경과의 끊임 없는 상호작용을 통해 이루어진다고 보았다. 그는 생태학적 체계를 개인(individual)과 개인을 둘러싼 환경 간의 끊임없는 상호작용을 미시체계(microsystem), 중간체계(mesosystem), 외체계(exosystem), 거시체계(macrosystem)로 제시하였으며 그 특징과 예시는 다음의 표와 같다.

〈표 10-1〉 **Bronfenbrenner이 제시한 인간발달을 위한 생태학적 체계**

| 체계(system) | 내용과 예시 |
| --- | --- |
| 개인(individual) | 학생 개인이 지니고 있는 심리적, 사회적 특성들(예: 학생의 공격성, 자부심 등) |
| 미시체계(microsystem) | 학생 개인이 갖는 친구, 교사, 학부모와의 직접적 경험(예: 교실내의 교우관계, 가정의 심리적 · 사회적 환경 등) |
| 중간체계(mesosystem) | 학생 개인의 행동에 영향을 미치는 미시 체계의 두 집단 이상의 관계와 영향(예: 학부모와 교사와의 관계, 학부모의 교우관계 등) |
| 외체제(exosystem) | 학생 개인과는 관계되지 않지만 학생 개인 행동에 상당한 영향력을 갖는 교육환경 또는 제도(예: 학교규칙, 청소년 관련 법규) |
| 거시체계(macrosystem) | 학생 개인 및 다른 체계에 간접적으로 관련이 있는 보다 넓은 의미의 사회적 문화와 환경(예: 입시교육, 대중매체, 지역사회 등) |

### (3) 학습 측면에서 학습자 특성

① 학습스타일

학습스타일은 학자마다 다양하게 정의, 유형화하고 있어 정의하기가 어렵다. 하지만, 일반적으로 학습스타일은 학습자 개인의 생물학적이고 발달적인 특성으로서 자신을 둘러싸고 있는 환경을 지각하고 처리하며, 이러한 과정에서 나타나는 독특하고 지속적인 개인의 학습 특성이다. 또한 학습스타일의 유형도 〈표 1〉과 같이 여러 부류가 있다. 여기서는 Felder와 Silverman의 학습스타일과 장의존형/장독립형을 그 예로 제시해 보고자 한다.

우선, Felder와 Silverman(1988)은 감각적 학습자, 직관적 학습자, 시각적 학습자, 언어적 학습자, 활동적 학습자, 반성적 학습자, 순차적 학습자, 통합적 학습자로 유형화하였다.

〈표 10-2〉 Felder와 Silverman의 학습스타일

| 학습스타일 | | 특징 |
|---|---|---|
| 정보처리 | 활동적 | 외향적인 특성으로 학습과정 중 토론이나 협동활동 등을 통해 문제를 해결하는 방법을 선호 |
| | 반성적 | 내향적인 특성으로 자기평가, 반성적 학습활동을 통해 문제를 해결하는 방법을 선호 |
| 정보지각 | 감각적 | 잘 조직된 순서에 따라서 정보를 인식하는 방법을 선호 |
| | 지각적 | 기억을 바탕으로 학습자가 자유롭게 정보를 조직하는 방법을 선호 |
| 정보입력 | 시각적 | 시각적인 정보인 그림, 도표, 사진, 미디어 콘텐츠를 선호 |
| | 언어적 | 언어적 정보인 텍스트나 음성 콘텐츠를 선호 |
| 정보저장 | 순차적 | 연속적이며 단계적, 구조적 학습방법을 선호 |
| | 전체적 | 전체적이고 포괄적인 관점에서 바라보며 자유로운 이해 방법과 다양한 학습방법을 선호 |

장독립형과 장의존형을 살펴보면, 장독립형은 사물을 지각할 때 그 사물의 배경에 영향을 적게 받음, 분석적, 구조화하며 사회적 관계에 관심 없음, 의사결정에 독립성을 보인다. 이들은 개별화 수업에서, 본인이 스스로 구조화 할 수 있는 과제가 제시될 때, 점수와 경쟁 상황에서 학습동기가 유발된다. 반면, 장의존형은 사물을 지각할 때 그 사물의 배경, 타인의 비판(사회적 관계)에 영향을 많이 받으며, 주어진 대상을 전체적으로 파악하는 경향이 있다. 이들은 협동학습 상황에서, 사회적인 내용이나 정보와 관련된 과제가 주어질 때, 이미 구조화되어 있는 과제를 제시할 때, 언어적 칭찬, 외적 보상이 주어질 때 학습동기가 유발된다.

〈표 10-3〉 **학습양식의 유형**

<table>
<tr><th>유형</th><th>연구자</th><th>학습양식</th></tr>
<tr><td rowspan="4">성격 중심 접근</td><td>Witkin</td><td>장독립성, 장의존성</td></tr>
<tr><td>Kagan</td><td>숙고성, 충동성</td></tr>
<tr><td>Briggs & Myers</td><td>외향-내향, 감각-직관, 사고-감정, 판단-인식</td></tr>
<tr><td>Gregorc</td><td>구체적-순차적 학습자, 구체적-임의적 학습자, 추상적-순차적 학습자, 추상적-임의적 학습자</td></tr>
<tr><td rowspan="4">정보처리적 접근</td><td>Kolb</td><td>조절적 학습자, 확산적 학습자, 동화적 학습자, 수렴적 학습자</td></tr>
<tr><td>Schmeck & Geisler-Brenstein</td><td>학업적 자아개념, 반성적 처리, 순차적-비반복적 처리, 방법론적 학습</td></tr>
<tr><td>Felder & Silverman</td><td>감각적 학습자, 직관적 학습자, 시각적 학습자, 언어적 학습자, 활동적 학습자, 반성적 학습자, 순차적 학습자, 통합적 학습자</td></tr>
<tr><td>McCarthy</td><td>상상적 학습자, 분석적 학습자, 일반상식 학습자, 역동적 학습자</td></tr>
<tr><td rowspan="2">사회상호적 접근</td><td>Dunn & Dunn</td><td>청각적-분석적 학습자, 청각적-통합적 학습자, 시각적-분석적 학습자, 시각적-통합적 학습자, 촉각적-분석적 학습자, 촉각적-통합적 학습자, 운동감각적 학습자</td></tr>
<tr><td>Grasha & Reichmann</td><td>회피적-참여적 학습자, 협력적-경쟁적 학습자, 의존적-독립적 학습자</td></tr>
</table>

출처: 고영남(2013), 학습양식과 교육을 토대로 구성함.

### ② 학습전략

학습전략은 학습을 보다 효과적으로 하기 위하여 학습자 자신이 취하는 모든 방법적 사고 또는 행동으로 학습자가 학습을 촉진하기 위해 사용하는 다양한 정신적 조작이다. 학습전략은 성공적 학업수행에 긍정적인 영향을 미친다. 즉, 학습자들이 어떠한 학습전략을 사용하느냐에 따라서 학업수행의 성공여부가 달라진다. 이러한 학습전략은 Pintrich 등(1991)이 개발한 제안한 학습을 위한 동기화 전략(the Motivated Strategies for Learning)이 대표적이다. 이들이 제안한 학습전략은 학습동기와 학습전략으로 구분되며, 이에 대해 제시하면 다음과 같다.

## 학습전략(the Motivated Strategies for Learning)

- **학습동기(motivation)**

1. 가치(value components)
   a. 내재적 목표지향(intrinsic goal orientation): 학생이 도전, 호기심, 숙련 등과 같은 내재적 목적으로 학습에 참여하고 있다는 인식 정도이다.
   b. 외재적 목표지향(extrinsic goal orientation): 학생이 성적, 보상, 성과, 다른 사람에 의한 평가와 경쟁과 같은 외재적 목적으로 학습에 참여하고 있다는 인식 정도이다.
   c. 과제 가치(task value): 학습과제나 자료 등에 있어서 얼마나 흥미롭고 중요하며 유용한가에 대한 학생의 평가 정도이다.

2. 기대(expectancy components)
   a. 통제신념(control beliefs): 학습에 대한 노력은 긍정적인 결과를 가져올 것이라는 학생의 신념을 말하는 것으로, 학습결과가 교사나 운 등 외적 요인이라기보다는 학습자 개인이 보다 전략적이고 효과적으로 학습에 임하고 노력한 결과임을 강조하는 정도이다.
   b. 학업적 자기효능감(self-efficacy for learning): 이것은 과제 수행에서 성공할 것이라는 기대와 그 과제에 대해 완전히 숙련할 수 있다는 자신의 평가 정도이다.

3. 정서(affective components)
   a. 시험불안(test anxiety): 시험에 대한 인지적, 정서적 불안, 시험을 망칠 것 같다는 부정적 생각, 시험에 대한 정서적, 생리학적 불안감 등을 말한다.

- **학습전략(learning strategies)**

1. 인지 및 메타인지 전략(cognitive and metacognitive strategies)
   a. 시연(rehearsal): 학습한 자료나 노트 등을 암기하거나, 중요한 개념 목록을 만들어 외우거나, 속으로 반복해서 말해보는 학습 전략이다.
   b. 정교화(elaboration): 바꿔쓰기, 요약, 유추와 노트필기 등으로 사전 지식과 새로운 정보를 통합하고 연계하는 학습 전략이다.
   c. 조직(organization): 범주화, 개요작성, 간단한 차트나 다이어그램 및 표를 만들기, 핵심 주제어 찾기 등으로 적절한 학습정보를 선택하거나 정보들을 연결할 수 있는 학습 전략이다.
   d. 비판적 사고(critical thinking): 읽고 듣을 것을 잘 이해하고 있는지 스스로에게 질문해 보거나, 다른 주장이나 결과에 대한 다른 대안을 생각해 보기 등으로 새로운 장면에 기존 지식을 적용할 수 있는 학습 전략이다.
   e. 메타인지 자기조절(metacognitive self-regulation): 생각에 대한 생각을 말하는 것으로, 계획, 점검, 조절 등과 관련된 학습전략이다. 계획(planning)은 어떤 전략과 정보처리를 사용할 것인

지에 대한 생각을 말하는데, 시작 전에 목차부터 살펴보기, 무슨 내용에 대한 것인지를 대강 훑어보기, 문제를 풀기 전에 무엇을 묻고자 하는지를 추측하기, 문제에 대한 작업이 이루어지기 전 목표 설정하기 등을 예로 들 수 있다. 점검(monitoring)은 자신의 주의집중을 추적하면서 이해 정도를 확인하는 것으로, 그 예는 학습내용에 집중하기, 자신의 이해정도를 스스로 평가해 보기, 시험치는 동안 문제 푸는 속도 체크하기, 자신이 얼마나 이해했는지를 검증해보기 등이 해당된다. 조절(regulation)은 점검과 밀접한 관계가 있다. 자신의 인지활동을 점검하다가 문제가 생기게 되면 앞으로 되돌아가고, 이해하기 어려운 부분이 있으면 속도를 줄이는 것을 예로 들 수 있다.

2. 자원관리 전략
   a. 시간 및 학습환경(time and study environment): 학습 시간의 계획과 관리와 함께 학습에 주의를 기울 수 있는 학습조건이나 환경을 만들 수 있는 정도이다.
   b. 노력 조절(effort regulation): 학습에서의 주의가 산만해질 때, 어렵거나 흥미롭지 못한 학습과제를 직면할 때, 학습에 대한 노력과 집중을 위해 자기조절이 가능한 정도이다.
   c. 동료학습(peer learning): 학습한 내용에 대한 동료에 대한 설명, 동료와의 토론, 협업적 과제 수행이 학습결과에 효과적이라고 인식하는 정도이다.
   d. 도움청하기(help seeking): 동료나 교수자에게 학습내용을 질문하거나, 학습자원을 요청하할 수 있는 정도이다.

### ③ 자기조절학습

자기조절학습이란 '학습자가 자신의 학습 활동의 주인이 되어 학습 목표와 학습동기를 진단하고, 학습에 필요한 인적·물적 자원을 관리하며, 학습의 모든 과정에서 의사 결정과 행위의 주체가 되는 자기 학습'이다(정미경, 2005). 자기조절학습의 구성요인은 일반적으로 동기조절, 인지조절, 행동조절 요인으로 구분된다. 이것은 앞에서 제시한 Pintrich 등(1991)이 개발한 제안한 학습을 위한 동기화 전략(the Motivated Strategies for Learning)과 맥을 같이 한다.

동기조절요인은 학습자 자신의 능력에 대한 기대, 학습에 참여하는 이유와 목적, 그리고 불안에 대한 처리 등과 관련된 요인이다. 둘째, 인지조절요인은 학습자가 자료를 기억하고 이해하는데 사용하는 실제적인 인지, 초인지 전략에 해당하는 인지조절 요인이며, 행동조절요인은 학습자가 자신의 학습을 성공적으로 이끌기 위해 가장 적합한 학습 환경을 선택하고, 구조화하며, 창조하는 것과 관련된 요인이다.

자기조절 학습자가 높은 학습자의 특성은 다음과 같이 정리할 수 있다. 첫째, 자기조절 학습자는 자신의 학업성취를 향상시키기 위해 학습에 인지적, 동기적, 행동적 전략을 체계적으로 사용한다. 둘째, 자기조절 학습자는 학습 중에 학습의 효과를 알아보기 위해 자기 지향적인 피드백을 사용한다. 셋째, 자기조절 학습자는 특정 자기조절학습 전략을 선택하여 사용하는 방법이나 이유를 설명할 수 있다. 넷째, 자기조절학습의 중요한 측면은 인지와 동기는 별개로 다루어져서는 충분히 이해하기 어려운 상호 연관성이 있는 과정이다. 다섯째, 자기조절학습은 내적인 학습 욕구를 가지고 학습 과정을 스스로 통제하고 검색하며, 관리하는 학습자의 전략적이면서도 의도적인 노력의 과정이라고 볼 수 있다. 여섯째, 자기조절학습 활동은 학습자의 학업성취 능력에 영향을 미친다.

#### ④ 자기주도학습

자기주도적 학습은 개별 학습자가 학습에 주도권을 가지고 자신의 학습요구와 동기를 진단하고, 학습목표를 설정하며, 학습에 필요한 인적, 물적 자원을 확보하고, 인지적, 행동적, 동기적 학습전략을 선택하여 지식을 구성하고, 성취한 학습결과를 스스로 평가하는 과정과 활동이다. 자기주도학습은 인지, 동기, 행동 등 하위 영역을 갖는다. 인지는 인지전략(시연, 정교화, 조직화, 창의성)과 메타인지전략(계획, 점검, 조절)으로, 동기는 숙달목적지향, 자기효능감, 상취가치, 시험불안, 개방성으로, 행동은 행동통제, 학업시간관리, 도움구하기 등으로 제시했다. 자기주도학습이 강조되어야 할 중요성을 다음 여섯 가지로 제시하였다. 첫째, 학습과정에서 학습자의 주체적인 해석 과정이 중요하다. 둘째, 학습경험에서 학습자가 주도적으로 참여하는 것이 중요하다. 셋째, 학습과정에서 학습자 자신이 경험하고 깨닫고 발견하는 작업이 중요하다. 넷째, 학습자의 자발적인 의지와 통제력이 중요하다. 다섯째, 학습자의 주도적인 평가능력이 중요하다. 여섯째, 학습의 결과보다 과정이 중요하다.

### (4) 정서적 측면에서의 학습자 특성

① 학습동기

학습동기는 내재적 동기(intrinsic motivation)와 외재적 동기(extrinsic motivation)로 나누어지며, 내재적 동기는 학습 활동 자체를 목적으로 하는 동기이며, 외재적 동기는 학습 활동이 다른 무엇을 위한 수단의 의미로 사용되는 동기이다(Schunk, 2006). 내재적 동기가 높은 사람들은 자기 결정감, 호기심, 과제에 대한 몰입, 흥미 등의 요인에 영향을 받는 반면, 외재적 동기가 높은 사람들은 경쟁, 평가, 인정, 금전, 타인의 통제 및 제약 등의 요인에 영향을 받는다. 학습동기는 학습자가 학업을 수행할 수 있도록 하는 원동력이며, 학습자가 스스로 학습을 선택하고 노력을 기울이며 어려움이 있어도 끈기를 보이게 하는 기제이기 때문에 학생들의 학업성취에 가장 큰 영향을 주는 요인이다.

앞에서도 살펴보았지만, 학습동기의 대표적인 모형은 주의집중(Attention), 적절성(Relevance), 자신감(Confidence), 만족(Satisfaction)의 요소를 지닌 Keller의 ARCS 모형을 들 수 있다. 그는 학습동기를 수업에서 학습자들의 주의력을 집중시키고, 학습자들의 흥미를 학습내용으로 연관시켜 적절한 학습활동을 확인하며, 학습을 성공할 수 있다는 자신감을 주고, 학습한 경험과 성취에 대해 만족하도록 하는 것으로 보았다.

② 성취목표지향성

성취목표지향성(achievement goal-orientation)은 학습자 개인이 성취를 추구하고, 경험하고 해석하는 방식의 유형으로서 다른 사람과 경쟁에서 자신의 성취를 드러내거나 피하거나, 또는 자기 스스로 과제 수행 능력을 확인하고 싶거나 그것을 수행하려는 자신감이 없어 회피하려는 경향을 말한다. 성취목표지향성은 수행접근, 수행회피, 숙달접근, 숙달회피의 4개 요인으로 구분된다. 수행접근목표는 다른 사람보다 더 잘하거나 적은 노력으로 성공함으로써 자신의 우수한 능력을 입증하려는 경향, 수행회피는 다른 사람보다 못할 것 같아 수행하기를 꺼려하는 경향, 숙달

접근목표는 자신의 유능함을 개발 또는 발전시키거나 과제를 숙달하는 것에 중점을 두는 경향, 숙달회피목표는 자신이 보유하고 있는 기술 또는 능력이 감소하거나 무능해짐을 보이지 않으려는 경향을 말한다. 일반적으로 숙달목표는 내재적 동기를, 수행목표는 외재적 동기와 관련이 있다.

③ 통제소재

개인의 행동은 자신과 타인의 행동 및 사건에 대한 원인을 어떻게 지각하느냐에 따라 달라진다. 어떤 사람은 자신의 능력이나 노력 등 내적 요인으로 돌리는 반면, 다른 사람은 운이나 재수, 타인의 탓 등 내적 요인으로 돌린다. 이러한 경향성을 내부-외부 통제성(이하 내외통제성)이라고 한다(김규태, 최경민, 2015). 내부통제성이 강한 사람은 높은 효능감과 긍정적 정서 등을 갖으며, 가족과 친구와의 긍정적 관계를 가지며, 책임감과 도덕적 추론 및 결정력을 보이며, 가족관계의 만족도가 높으며, 삶의 의미와 만족도가 높다. 반면, 외부통제성이 강한 사람은 적대적이고, 공격적이며, 대인관계가 부족하며, 부정적 스트레스와 불안이 강하며, 자아존중감이 낮으며, 우울과 부정적 정서를 보이며, 좌절된 상황에서 건설적인 대처보다 자기비난적이고 무기력한 대처를 하는 경향이 많다.

④ 학업적 자기효능감

학업적 자기효능감은 학습자가 학업적 과제의 수행을 위해 필요한 행위를 조직하고 실행해 나가는 자신의 능력에 대해 내리는 판단이다. 학업적 자기효능감이 높은 학습자는 높은 학업성취, 도전적 과제 선택, 과제의 성공적 수행을 위한 노력, 끈기 있는 과제 수행, 낮은 불안감, 수업에 대한 집중도와 참여도, 교과에 대한 흥미와 가치, 과제 수행에 대한 인식, 효과적인 학습전략 선택, 높은 자기조절능력, 학교생활적응도, 진로결정수준을 보이는 것으로 알려져 있다.

## 상황 적용 문제1 교사동기 유발 방법[2)]

• 다음과 같은 학생에게 나타난 학습동기측면에서의 문제의 원인과 해결책을 생각해 보자.

A학생은 평소에 학습 의욕이 떨어져서, 공부 시간에 학습활동에 잘 참여하지 않는다. 그러나 자신이 학습활동을 제대로 하지 않고 있다는 사실을 다른 친구들이 알아차릴까봐 친구들의 반응에 신경을 많이 쓰는 편이다. 지도교사의 칭찬을 받는 날이면 학습활동에 적극적으로 참여하려고 노력하는 모습을 볼 수 있다.

B학생은 학업성취 수준이 높은 편이어서, 수준 높은 과제도 잘 수행하고, 수행 후에는 기다리거나 다른 책을 읽는 편이다. 그러나 수업 시간에는 발표 및 학습 활동에 적극적으로 참여하지 않으며, 자기 과제해결 중심의 태도를 보인다. 또한 교사의 칭찬이나 물질적인 보상에는 별다른 관심을 보이지 않는 편이다.

◆ A학생
- 외재적 동기(타인의 평가)에 영향을 많이 받음.
- 타인이 부정적으로 판단하는 것을 회피하려하므로 학습의욕, 자신감, 도전의지가 약함.
  - ☞ 비교적 성취수준이 낮은 과제를 제공하여 성공의 경험을 갖도록 해줌.
  - ☞ 지속적인 보상이 필요.
  - ☞ 장기적으로는 학습 자체에 의미를 부여하고, 학습과정에서 학습의 즐거움을 얻을 수 있도록 유도하는 것이 필요.

◆ B학생
- 자신의 학습 능력보다 낮은 수준의 과제가 제시되어 학습동기가 낮음.
- 교사와의 래포 형성 미흡 및 외재적인 동기 부여에는 별다른 관심을 갖지 않음.
  - ☞ 학습 능력과 수준에 맞는 도전적인 과제 제시
  - ☞ 교사의 지속적인 피드백 제시로 학생과의 소통 강화
  - ☞ 학습의 즐거움과 흥미를 가질 수 있도록 내재적 동기 유발 필요

2) 김규태, 방경곤, 이병환, 권민석(2013)에서 인용

## 상황 적용 문제2 학생의 선행학습 고민에 대한 상담[3)]

중학교 1학년 담임교사인 A교사는 자신이 가르치고 있는 학교에서 학기 초에는 대부분의 학생들이 선행학습을 통해서 수업 내용을 많이 이해하고 있었다. 그런데 점점 학생들이 수업에 대한 흥미와 수업 참여도가 저조해지고, 학습에 대한 이해도가 낮아지는 현상을 목격하게 되었다. 그래서 몇몇 학생들과 그러한 현상에 대해 대화를 나누었더니 다음과 같은 말을 듣게 되었다.

C학생: "학기초에는 방학동안 선행학습을 하고 오니까 학습 내용이 좀 쉬운 것 같았는데요, 몇 달 지나면 다 잊어버리고 내용도 어려워지니까 재미없어요."
D학생: "맞아요. 지금도 과외도 하고, 학원도 다니느라 친구들과 놀 시간도 없는데, 자꾸 성적은 떨어져요."

A교사는 이런 상황에서 학생들에게 자기주도 학습이 필요한 이유와 제대로 된 학습을 할 수 있도록 지도해야겠다는 생각을 하게 되었다. A교사가 학생들을 제대로 지도할 수 있는 방안은 무엇인지? 그 근거도 생각해 보자.

◆ **학습자 스스로 학습목표를 설정하고 노력해야 함**
- 학습목표를 스스로 설정하고 이루기 위해 노력한다면 학습에 대한 동기가 더 유발됨

◆ **목표 달성을 위한 자기관리(self-management)가 요구됨**
- 목표 달성을 위한 학습 과정을 스스로 점검하는 자기 관리 활동이 필요함
- 인적 · 물적 자원의 선택, 학습 과정의 계획, 성과에 대한 점검을 통해 학습 방법을 개선해 나가야 함

◆ **자기통제(self-control) 활동이 필요함**
- 학습 과정에 대해 스스로 비판 및 반성을 통해 자기 행동과 사고를 통제할 수 있어야 함

---

3) 김규태, 방경곤, 이병환, 권민석(2013)에서 인용

◆ **학습하는 방법의 학습이 필요함**
- 효과적인 학습하는 방법의 학습 및 학습 전략의 습득으로 효과적인 학습 방법을 선택 및 개선 해나가야 함

## 2) 생활지도, 상담 및 진로지도[4)]

학교 현장에서는 장기결석, 학교부적응, 학교폭력 및 정서문제행동 치유 등을 위한 학생 상담 및 예방 프로그램 개발 운영 등을 위한 교사의 역량 함양을 요구하고 있다. 또한, 학생들이 중간·기말고사에 대한 부담에서 벗어나 체험 중심의 교과 활동과 함께 장래 진로 탐색과 선택 지원을 효과적으로 할 수 있는 교사들을 필요로 하고 있다. 아래에서는 생활지도, 상담, 진로지도, 청소년 비행과 학교폭력, 교육소외대상 학생 등과 관련한 기본적인 교육학 이론들을 제시한다.

### (1) 생활지도

생활지도는 영어의 'guidance'를 번역한 것으로 '안내하다', '지도하다', '관리하다', '이끌다' 등의 의미를 갖는다. 생활지도는 학생 개개인이 자신과 자신의 주변 환경에 대한 이해를 바탕으로 일상생활에서 직면하는 교육적 · 가정적 · 사회적 문제 등 다양한 문제를 스스로 해결하여 건전하게 성장 · 발달할 수 있도록 도와주는 조직적인 봉사활동이라고 볼 수 있다.

생활지도는 첫째, 자신을 올바르게 이해하도록 돕는다. 둘째, 자신의 잠재력을 발견하고 계발하도록 돕는다. 셋째, 당면한 문제를 정확히 파악하여 스스로 해결할 수 있도록 돕는다. 넷째, 신체적 · 인지적 · 정의적 · 사회적 측면이 골고루 성장 · 발달하도록 돕는다. 다섯째, 모든 환경에 건전하고 성숙하게 적응하도록 도우며 끊으

4) 이 장에서 제시된 생활지도, 상담, 진로지도는 김규태, 강유정, 권민석, 최경민(2017)의 교육행정 및 교육경영(제4장 생활지도 및 경영), 박선환, 박숙희, 우지향(2013)의 생활지도와 상담, 강영배(2013)의 청소년 진로교육 및 상담론, 김봉환, 정철영, 김병석(2006)의 학교진로상담, Swanson & Fouad(2005)의 사례로 배우는 진로 및 직업상담에서 발췌하여 재구성하였음.

로 민주시민의 자질을 갖추도록 돕는다

생활지도의 활동은 일반적으로 조사활동, 정보활동, 상담활동, 정치활동, 추수활동 등이 있으며, 이에 대해 살펴보면 다음과 같다.

첫째, 조사활동은 계획이나 실천을 위해 보다 과학적이고 정확한 학생들의 실태를 파악하거나 학생들의 자기 이해를 돕기 위한 활동이다. 각종 표준화 검사, 학업성취도 검사, 환경조사, 질병조사, 생활사 조사, 가족관계 조사, 교우관계 조사, 관찰에 의한 행동의 누가기록하고, 학생의 현재, 미래 활동에 대한 정확한 판단을 목적으로 학생에 대한 정보를 수집하는 과정하며, 학생의 개별성을 찾아내는 자료 제공 및 학생이해 활동, 학생평가 활동 등이 필요하다.

둘째, 정보활동은 학생들이 필요로 하는 각종 정보 및 자료를 제공하여 학생들의 개인적 성장과 사회적 적응을 돕기 위한 활동이다. 교육정보, 직업정보, 개인적 및 사회적 정보를 의미하며, 정보는 학교 자체에서 조사하거나 인쇄물을 통해 수집, 정리, 보관하여 개인상담이나 집단상담시 제공한다. 정보 수집 방법으로는 인터넷 정보, TV, 신문, 잡지, 각 분야 전문가, 각종 간행물 및 논문, 전문서적 등이 있으며, 정보 제공 방법으로는 강의, 개인 및 집단 상담, 온라인 상담, 안내 책자, 게시판, 편지, 교내 방송, 오리엔테이션, 현장 견학, 전문가 초빙 등이 있다.

셋째, 상담활동은 상담자와 내담자 간의 관계에서 면접상담의 기술을 통해 학생들의 자율능력과 문제해결력을 기르는 동시에 학생들의 적절한 감정 처리를 위해 조력함으로써 정신건강을 향상시키고 적응을 돕는 활동이다. 상담활동은 협력적인 관계 형성→문제 탐색→문제 해석→방향 설정의 과정으로 이루어지며, 상담활동의 목적은 학생들의 행동변화 촉진, 학교 적응능력 향상, 합리적인 의사결정 능력 배양, 대인관계 기술 증진, 학생 개인의 잠재능력 개발이다. 상담의 종류에는 개인상담, 집단상담, 전화상담, 쪽지상담, 온라인상담, 또래상담 등이 있다.

넷째, 정치활동은 자신의 적성 및 진로의 특성을 정확하게 이해하여 진로를 현명하게 선택하도록 도와주는 활동이다. 주로 진학지도, 취업지도, 상위학교나 계열, 학과 선택 등이 해당된다. 정치활동은 학생에 대한 충분한 자료와 정보를 토대로 학생이 스스로 희망하는 분야를 선택할 수 있도록 조력하는데 주안점이 있다.

다섯째, 추수활동은 지도를 받은 학생들의 추후 적응 상태를 확인하여 항상 보살피고 부적응에 대한 조력과 보다 나은 적응을 돕는 활동이다. 사후 점검활동으로 상담자나 교사가 학생에게 제공한 도움의 성과를 알아보기 위한 우발적인 추수활동과 사례연구의 대상이 되었거나 집중적인 교정 지도를 받은 학생에 대한 추수활동, 졸업생, 중퇴자, 졸업예정자, 진학예정자에 대한 추수활동 등이 있다.

### (2) 상담

상담은 "내담자의 자기성장을 궁극적인 목적으로하여 상담자와 내담자 사이에 이루어지는 조력관계의 과정"이다. 구체적으로 상담은 도움을 주는 과정이다. 둘째, 상담은 면대면의 관계에서 이루어지는 것이다. 여기서 대면관계가 의미하는 기본적인 배경은 신뢰관계의 구축을 의미한다. 셋째, 적응적, 교정적, 치료적인 것을 목표로 하는 심리치료와 달리 상담은 교육적, 예방적, 발달적인 것을 목표로 한다.

상담은 생활지도의 가장 핵심적인 활동으로 개인 대 개인의 관계성을 바탕으로 형성된다. 관계성을 중시하는 상담이 효과적으로 수행되기 위해서는 상담과정에서 교사가 갖추어야 자세들이 있는데, 그것들은 신뢰, 수용, 긍정적 존중, 공감적 이해, 솔직함 등에 해당된다.

① **신뢰**(trust): 상담과정에서 무엇보다 중요한 것은 상담자와 내담자 사이의 신뢰이다.

② **수용**(acceptance): 내담자의 견해, 태도, 가치에 대해 인정하고 편견이나 선입감이 개입된 판단 없이 내담자를 받아들이는 것이다.

③ **긍정적 존중**(positive regard): 내담자와 관련된 모든 사물, 상황에 대한 사고나 감정을 긍정적으로 평가하고 판단하는 것으로 모든 문제해결은 긍정적인 생각에서 시작된다는 점을 강조하고 있다.

④ **공감적 이해**(empathic understanding): 상담자는 내담자의 불안, 좌절, 혼란 등

을 내담자의 입장에서 이해해야 한다. 흔히 감정이입, 공감이라고 설명되는 공감적 이해는 내담자의 경험, 신념, 사고 등을 상담자가 내담자인 것처럼 듣고 이해해야 함을 의미한다.

⑤ 솔직함(genuineness): 상담자가 내담자와의 상담관계에서 자신의 경험이나 감정을 왜곡하지 않고 필요한 경우에는 그 감정을 솔직하게 표현할 수 있음을 의미하는 것으로 진실성 또는 일치성이라고도 한다.

상담은 인간의 성장, 발달을 향한 잠재력을 중시하고 이러한 성장에 방해가 되는 장애물을 제거하는데 주안점을 두고 진행하며, 지식이나 사실보다는 감정을 중시하며, 과거보다는 현재를 중시하며, 상담관계 자체를 내담자의 성장경험으로 삼아야 하며, 허용적인 분위기가 있어야 하며, 압력이나 강요가 없어야 한다.

상담을 위해서는 내담자의 기본 정보 수집, 주로 호소하는 문제와 상담경위 및 동기 파악, 현재 생활과 환경의 탐색, 상담에 대한 내담자의 요구, 기대 파악, 필요한 조력의 방법(상담, 심리검사, 집단상담 등)들을 연결 등이 필요하다.

상담의 과정은 1) 상담에 대한 내담자의 자발성을 일깨운다, 2) 상담이나 상담상황에 대하여 이해시킨다, 3) 자신의 감정을 자유롭게 표현하도록 돕는다, 4) 부정적인 감정을 토로하게 한다, 5) 긍정적인 감정을 표현한다, 6) 자기이해, 자기수용을 경험하게 한다, 7) 긍정적 행동을 취하게 된다, 8) 상담을 종결하는 순서로 진행되는 것이 일반적이다.

상담이론의 유형은 여러 가지가 있으나, 여기서는 행동주의 상담과 인간주의 상담을 제시하고자 한다.

우선, 인간중심 상담은 칼 로저스에 의해서 창안된 상담방법이다. 인간중심상담은 심리적 부적응을 겪고 있는 사람뿐만 아니라 인간적 성숙과 자기실현을 추구하는 모든 정상적인 사람들에게 적용할 수 있다. 인간중심 상담자가 내담자에게 진솔하고, 내담자를 무조건적인 긍정적 존중을 보이고 내담자의 감정을 공감한다면 내담자는 자아실현의 경향성을 발휘한다고 믿는다. 이에 인간중심 상담의 목표는 한 개인이 지니고 있는 문제의 해결보다는 인간적 성장에 목표를 두고 있다. 즉, 충분히 기능하는 인간이 되도록 돕는 것이라고 할 수 있다.

로저스는 상담 관계의 6가지 필요충분조건을 제시하였다(김규태 등, 2016). ① 상담자와 내담자가 심리적 접촉을 한다. ② 내담자는 불일치의 상태에 있고 상처받기 쉬우며 초조하다. ③ 상담자는 내담자와의 관계에서 일치성을 보이며 통합적이다. ④ 상담자는 내담자를 위해 무조건적 · 긍정적 존중을 경험한다. ⑤ 상담자는 내담자의 내적 참조틀을 바탕으로 한 공감적 이해를 경험하고 내담자에게 자신의 경험을 전달하려고 시도한다. ⑥ 내담자는 의사소통의 과정에서 상담자의 무조건적 긍정적 존중 및 공감적 이해를 지각하고 경험한다.

다음으로, 행동주의 상담이론은 철저하게 관찰가능하고 측정 가능한 외현적 행동의 변화에 그 초점을 두고 있다. 그러므로 철저하게 통제된 연구에 의한 실험적 발견에 의존하며 광범위하게 정의 임상적 절차를 활용한다. 이에 행동주의 상담이론은 과학적 원리가 포함되어 있다. 이에 행동주의 상담에서의 상담의 목표 설정은 매우 중요하며 상담의 목표는 구체적이고 달성가능한 행동 단위로 내담자와 합의하여 설정하여야 하며 목표가 고정된 것이 아니라 상담의 진행과 함께 목표의 수정도 가능하다.

행동주의 상담자는 상담에서 능동적이고 지시적인 역할을 담당해야 한다. 그들은 과학적 지식을 인간문제의 해결에 활용하기 때문에 때로는 교사의 역할을 수행해야 하기도 한다. 행동주의 상담자들은 다른 상담자들과 마찬가지로 내담자가 준 단서에 주의를 기울이며 요약, 반영, 명료화 등의 기법도 필요에 따라 사용할 수 있다. 행동주의 상담은 내담자와 상담자 모두 적극적인 역할을 해야 하며 특히 내담자는 자신의 명확한 역할이 있고 상담과정에 대한 내담자의 인식과 참여가 상담의 결과에 상담한 영향을 미친다. 물론 행동주의 상담에서는 관계지향적인 접근의 상담자들이 중요하게 여기는 공감적 이해, 따스함 등이 전적으로 동의를 하지 않지만 상담자와 내담자의 관계가 중요하다고 하며 이러한 것들이 행동의 변화를 촉진시킨다고 주장한다. 행동주의 상담에서의 주요 기법은 행동수정원리와 맥을 같이한다.

**바람직한 행동의 증강 방법**

- **차별강화**

학생이 보이는 여러 행동 중 목표로 하는 행동 하나만을 선택하여 강화하는 방법이다. 예를 들어, 교사의 허락 없이 수시로 자리를 뜨고 돌아다니는 학생의 행동을 수정하고자 할 경우, 학생이 제자리에 앉아 있을 때에만 강화하고, 그 밖의 행동에 대해서는 강화를 하지 않는다.

- **행동형성(행동조형)**

- 학생이 한 번도 해 본 적이 없거나 거의 하지 않으려는 행동을 가르치고자 할 때 이용하는 방법이다. 새로운 행동을 형성하고자 하는 것이므로 어려운 과제를 한 번에 제시하지 말고 작은 단계로 나누어 조금씩 부과해야 한다.
- 밥을 잘 먹지 않으려는 학생의 경우, 밥을 한 숟가락 또는 두 숟가락 먹었을 때 칭찬을 해 주는 방식으로, 적은 양을 요구하여 동기유발을 시키고, 점차 음식의 종류와 양을 늘려 가는 것이 바람직하다.

- **프리맥의 원리**

- 학생이 좋아하고 빈번히 하는 활동이 무엇인지를 확인해 두었다가 학생이 해야 할 일을 완전히 하였을 때, 그 좋아하는 활동을 할 수 있게 허락해 주는 행동수정 방법이다. 프리맥의 원리를 사용하고자 할 때는 학생의 여러 행동의 빈도를 조사하여 빈도표를 만들고, 빈도가 높은 행동은 빈도가 낮은 행동을 강화하는데 사용한다.
- 한 학생의 빈도가 가장 낮은 행동이 수학공부이고, 빈도가 가장 높은 것이 딱지치기라고 했을 때, 수학공부를 하면 딱지치기를 시켜줘서 수학공부를 강화하는 방식이다.

- **토큰강화**

학생이 바람직한 행동을 했을 때, 원하는 다른 물건으로 교환이 가능한 토큰(상징물)을 주어 강화하는 방법이다. 이 방법은 한 가지 강화물만을 주었을 때 생길 수 있는 포화현상을 방지할 수 있으며, 강화의 시간적 지연을 예방할 수 있다는 장점이 있다.

- **용암법(fading)**

용암법이란 Skinner의 행동수정기법 중 하나로, 특정한 행동이 다른 사태에서도 발생할 수 있도록 그 조건을 점차적으로 변경시켜 주는 과정을 말한다. 예를 들면, 집에서는 안경을 쓰지만 학교에 가면 안 쓴다든지, 식구들 앞에서는 말을 잘 하지만 이웃이나 학급의 학생들 앞에서는 말을 못한다든지 하는 경우에 사용되는 기법이다.

☞ 식구들 사이에 친구의 수를 차츰 늘려 최종적으로 친구들만 있는 곳에서도 말을 할 수 있도록 하는 방법이다.

**바람직하지 못한 행동을 약화시키는 방법**

- **상반행동의 강화**
  문제가 되는 행동과 반대되는 바람직한 행동을 찾아 강화하여 문제행동을 감소시키거나 제거시키는 방법이다. 예를 들어, 수업시간에 제멋대로 지껄여대는 학생의 경우, 상반행동인 손을 들고 발언할 기회를 얻어야 발언할 수 있도록 상반행동을 강화하므로 함부로 지껄이는 행동을 감소시키는 경우이다.

- **타임아웃(Time-out)**
  잘못된 행동을 하는 행동을 하는 학생을 다른 장소에 잠시 격리시키는 방법이다. 이 방법이 효과를 거두기 위해서는 다음과 같은 조건이 필요하다.
  ① 문제 행동을 하는 장소가 떠나기 싫어할 만큼 재미있는 곳이어야 한다.
  ② 학생이 일시적으로 격리되어 있을 곳에는 학생에게 재미와 흥미를 줄 수 있는 강화자극이 없어야 함.

- **소거**
  문제 행동에 주어지던 강화를 중단하여 그 행동의 발생율을 감소시키려는 것이다. 예를 들어, 아이가 교사의 관심을 받기 위해 수업시간에 울거나 소리를 지른다고 판단이 될 때는 아이의 행동을 무시하여 소거되도록 한다.

출처: 김규태, 방경곤, 이병환, 권민석(2013)에서 인용

### (3) 진로관련이론 및 진로상담

① Holland의 성격-직무 적합성

이 이론은 개인 간의 성격에는 본질적인 차이가 있고, 진로에는 다양한 유형이 있고, 자신의 성격 유형과 부합하는 직무 환경에 있는 사람이 직업안정성과 직무만족이 높다는 것을 강조한다. Holland는 현실형(realistic type), 탐구형(investigative type), 친화형(social type), 관습형(conventional type), 사업형(enterprising type), 예술형(artistic type)으로 구분하여 성격 특성과 그에 적합한 직업을 제시하였다.

〈표 10-4〉 **홀랜드 성격 유형에 따른 직업 분류**

| | 유형 | 성격 특성 | 적합한 직업 |
|---|---|---|---|
| 현실형 | 기술, 체력, 조정을 바탕으로한 육체적 활동을 선호 | 소심, 성심, 고집, 안정, 순응, 실용적 | 정비공, 선반공, 조립공, 농부 |
| 탐구형 | 사고력, 조직력, 이해력이 요구되는 활동을 선호 | 분석, 호기심, 독립, 독창적 | 생물학자, 경제학자, 수학자, 보도기자 |
| 친화형 | 다른 사람을 도와주고 육성시키는 활동에 주력 | 사교, 친절, 이해, 협력적 | 사회봉사, 교사, 상담가, 임상심리학자 |
| 보수형 | 제도적 규제와 질서, 명명백백한 활동을 선호 | 확인, 인률, 실용, 상상력, 부재, 비탄력적 | 회계사, 기업 관리자, 은행 출납원, 사무서기 |
| 사업형 | 상대방에 대한 영향이나 언변활동을 선호 | 자신감, 야망, 오만, 청력적, 권력 지향적 | 변호사, 부동산중개업자, 대외홍보 전문가, 중소기업 관리자 |
| 예술형 | 창조적이고 비체계적인 모호한 활동은 선호 | 상상력, 무질서, 실용, 이상, 감성적 | 화가, 음악가, 작가, 실내 장식가 |

② 사회 인지 진로 이론(Social Cognitive Career Theory: SCCT)

이 이론은 반두라의 사회인지이론(특히, 자기효능감)을 진로발달 및 선택에 적용한 이론으로, 직업흥미가 어떻게 발달하고, 진로선택이 어떻게 이루어지며, 수행 수준이 어떻게 결정되는지를 제시한 이론이다. 이 이론은 진로탐색과 선택 및 수행이 직업에 대한 체험이나 모델링에 대한 관찰학습을 통해 이루어지며, 이 과정을 촉진하는 것이 바로 자기효능감이라는 점을 강조한다. 즉, 개인은 체험과 모델링 관찰을 통해서 자신이 갖는 진로에 대한 자기효능감을 보이는 직업 및 활동에 관심을 갖고 탐색 및 선택하는 경향을 보인다는 것이다. 이는 진로선택 자기효능감이라고 한다.

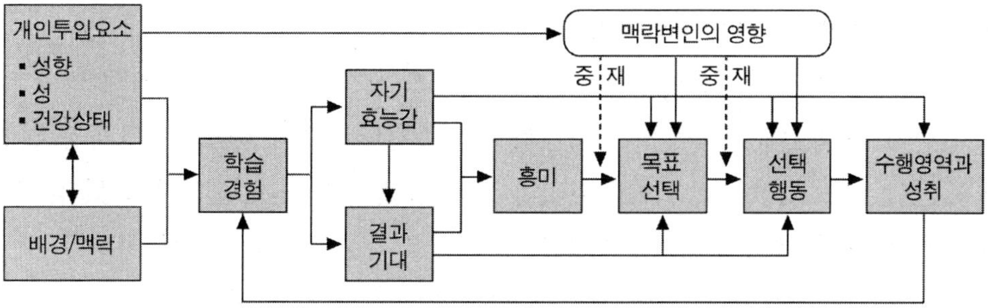


〈표 10-5〉 **진로체험 프로그램 유형**

| 유형 | 내용 |
| --- | --- |
| 현장견학형 | • 기업, 박물관, 공공기관 등의 견학으로 정보 제공<br>• (예시) 기업 · 공공기관 등의 홍보관과 생산시설 활용으로 생산품의 발달과정, 생산과정 등 체험 |
| 현장체험형 | • 직업 현장체험을 통해 폭넓은 직업 탐색의 기회 및 직업세계에서 요구하는 기초적인 지식이나 기술 학습 기회 제공<br>• (예시) 대학, 기업체, 공공기관과 협력하여 실질적인 체험학습(제과제빵만들기, 목공예, 자동차 정비 체험 등) |
| 대화형 | • 다양한 직업의 직업인(명장, CEO, 전문가 등)을 초빙하여 직업과 인생에 대한 깊이 있는 이해를 도모할 수 있도록 설명회 또는 간담회 개최<br>• (예시) 기업의 전문직업인을 다수 초청하여 희망하는 전문직업인과의 '대화의 장' 운영 |
| 콜로키아형 | • 다양한 직업군을 만나 면담, 체험 등을 통해 진로인식 및 진로탐색을 할 수 있는 기회 제공<br>• (예시) 학생 자신이 희망하는 직업군을 선택하여 주말, 방학 등을 이용한 '직업알기 프로젝트' 수행 |
| 지역 연계형 | 도 · 농 · 산 · 어촌 학교간 자매결연으로 지역의 특색에 따른 직업체험 공유 |
| 시청각 자료 활용형 | 기업, 공공기관 등의 제작한 각종 저작물 등을 활용한 직업체험, 교과통합 진로교육 수업시 활용 |
| 1校1社형 | • 소외 학생에게 다양한 진로교육의 기회를 제공할 수 있도록 1校1社 등 추진<br>• (예시) 기업이 소외계층을 대상으로 진로체험, 학습지원, 복지 제공, 채용 등이 가능하도록 협약 |

③ Ginzberg의 과업선택 발달이론

Ginzberg는 직업의 선택은 하나의 발달과정으로, 그것은 단 한번에 결정이 아니라 일련의 결정들이 계속적으로 이루어지는 것이라고 주장했다. 각 단계의 결정은 전 단계의 결정 및 다음 단계의 결정과 밀접한 관계를 가지고 있다고 했다. 또 직업선택이란 일회적인 행위, 즉 단일결정이 아니라 장기간에 걸쳐서 이루어지는 일련의 연속적인 결정이며, 직업선택 과정은 비가역적이라고 한다.

직업선택의 과정 단계로 환상적 직업선택 단계(6-10세), 잠정적 직업선택 단계(11-17세), 현실적 직업선택 단계(18-22세)로 구분했다.

- 환상적 직업선택 단계(6-10세): 현실여건, 자신의 능력이나 가능성을 고려하지 않고, 독단적으로 특정 직업을 선택해서 그 직업에서 하는 일을 놀이활동을 통해 표출하려고 한다. 즉, 대통령, 과학자, 우주인 등 현실감 없이 여러 과업을 꾸는 단계이다.
- 잠정적 직업선택 단계(11-17세): 선택과정에서 흥미, 능력, 가치 등을 고려한다. 그러나 이 시기에는 현실적인 요인들을 고려하지 않기 때문에 시험적 선택 단계라고 한다. 자신의 흥미를 고려해서 장차 자신의 할 일을 잠정적으로 선택하는 단계라고 할 수 있다.
- 현실적 직업선택 단계(18-22세): 자신의 흥미, 능력, 가치, 기회뿐만 아니라 직업의 요구조건, 교육기회

④ Super의 직업자아개념

Super는 인간이 능력, 흥미, 성격 등에 있어서 차이가 있으며, 이런 특성의 차이로 인해 특정한 직업들에 대하여 적합성을 지니게 된다고 하였다. 개인의 직업적 선호와 능력, 진로와 직업과 관련된 자아개념도 개인의 발달단계에 따라 변화하기 때문에 직업선택과 이와 관련된 진로지도 활동도 그에 맞게 제공될 필요가 있다고 하였다. 그가 제시한 직업자아의 발달은 성장기(0-14세), 탐색기(15-24세), 확립기(25-44세), 유지기(45-65세), 쇠퇴기(65세 이후)로 구분된다. 이중 성장기에 해당되

는 초기 청소년(초등, 중1 정도)은 부모, 가까운 친척, 교사 등과 매체의 인기 있는 인물들과 동일시함으로서 직업자아개념이 세워진다. 또한, 탐색기에 해당되는 중고등학생들은 학교생활, 여가활동, 파트타임 일을 통해서 자아검증, 역할시행, 직업적 탐색을 하며 직업자아개념을 확립한다.

⑤ 진로상담

진로상담은 개인이 평생 동안 자신과 직업세계에 대한 충분한 이해를 바탕으로 자신의 진로를 구체적으로 계획하고, 주도적이고 합리적으로 선택하도록 돕는다. 이 선택 안에서 지속적인 발전을 할 수 있도록 지원하는 진로에 초점을 둔 종합적인 상담활동으로 취학 후 대학에 이르기까지 교육제도 내에서 사회생활에서의 진로교육 및 지도를 포함한다. 진로상담은 또한 학생으로 하여금 장래 진로를 개척하기 위하여 치밀한 방법과 계획을 세워 생애문제에 대처해 나갈 것인가에 관한 여러 문제를 현명하게 선택하고 적응하는 방법과 진로발달과정을 통하여 자기이해와 자신의 잠재력을 발견할 수 있도록, 전문가인 상담자와의 원만한 인간관계 속에서 내담자가 진로결정을 할 수 있는 계기를 마련해 주는 종합적인 조력과정이다.

진로상담은 학생 개인의 가능성을 발견하고 그것을 최대한 실현하도록 돕는 활동이라고 할 수 있다. 구체적으로 개인이 자신과 일의 세계를 이해하고 탐색하여 자기 자신에게 적합한 일을 선택하고, 선택한 일을 잘 수행할 수 있도록 취학 전부터 평생 동안 학교, 가정, 사회에서 가르치고, 도와주는 활동일 것이다.

### (4) 청소년 비행이론

청소년 비행은 청소년이 반사회적 행위를 하거나 사회규범에 어긋나는 행위를 말한다. 청소년비행이론에는 아노미이론, 차별접촉이론, 하위문화이론, 사회통제이론, 문화적 일탈이론, 낙인이론 등이 있다(천정웅, 김민, 김진호, 박선영, 2011). 이에 대해 간략하게 제시하면 다음과 같다.

① 아노미이론: 사회구조와 문화 속에서 정당한 방법으로 규정된 목표를 달성할

수 없을 때, 그리고 자신의 목표를 추구할 기회가 제한되어 있을 때 비행을 저지른다고 보는 이론이다.

※ 아노미는 한 사회의 문화목표와 제도화된 수단 간의 괴리 현상을 말한다. 문화목표는 한 사회에서 거의 모든 성원에게 바람직하다고 규정된 것이며, 제도화된 수단은 문화목표를 달성하는 합리적인 수단이나 방법을 말한다.

② **차별접촉이론**: 모든 일탈행위는 타인과의 상호작용과 소통을 통해 학습되며, 또한 비행 문화를 함께 공유하는 또래관계 속에서 비행을 배우게 된다는 이론이다.

③ **하위문화이론**: 하위문화를 지닌 집단은 비행과 관련된 비합법적 수단을 배울 수 있는 기회가 더 많이 주어져서 비행을 저지르게 된다는 이론이다.

④ **사회통제이론**: 비행의 원인은 비행 동기가 아니라 그 동기를 통제할 수 있는 통제기제, 즉 사회적 유대에 있다고 보고, 사회적 유대가 약할 때 비행을 저지르게 된다는 이론이다.

⑤ **낙인이론**: 비행은 개인 행위의 특성 요인보다는 사람들이 범죄자라고 낙인을 찍는 행위에서 기인한다고 보는 이론이다.

〈표 10-6〉 **Bronfenbrenner의 생태학적 발달 체계 관점에서의 청소년**

| 체계(system) | 내용과 예시 |
|---|---|
| 개인 | 학생 개인이 지니고 있는 심리적, 사회적 특성들(예: 학생의 공격성, 자부심, 성취동기 결핍, 열등감, 자기통제성 등) |
| 미시체계 | 학생 개인이 갖는 친구, 교사, 학부모와의 직접적 경험(예: 결손가정, 빈곤가정, 열등생으로의 낙인, 동료 학생 및 교사와의 관계 소원 등) |
| 중간체계 | 학생 개인의 행동에 영향을 미치는 미시 체계의 두 집단 이상의 관계와 영향(예: 교외 불량서클 가입, 학교 밖 비행 친구 등) |
| 외체제 | 학생 개인과는 관계되지 않지만 학생 개인 행동에 상당한 영향력을 갖는 교육환경 또는 제도(예: 엄격한 학교규칙, 청소년 단속 및 규제, 청소년 활동 시설 부족 등) |
| 거시체계 | 학생 개인 및 다른 체계에 간접적으로 관련이 있는 보다 넓은 의미의 사회적 문화와 환경(예: 입시교육, 폭력 및 비행을 담은 대중매체, 향락주의문화 등) |

### (5) 학교폭력[5)]

학교폭력은 학교내·외에서 학생을 대상으로 발생한 상해, 폭행, 감금, 협박, 약취, 유인, 명예 훼손, 모욕, 공갈, 강요·강제적인 심부름 및 성폭력, 따돌림, 사이버 따돌림, 정보통신망을 이용한 음란·폭력 정보 등에 의하여 신체·정신 또는 재산상의 피해를 수반하는 행위를 말한다. 학교폭력의 유형은 다음과 같이 구분된다.

① **상해**: 신체의 건강을 훼손하는 행위
② **폭행**: 사람에 대하여 직접·간접적으로 힘을 행사하는 것
③ **감금**: 사람을 일정한 장소 밖으로 나가지 못하게 하여 신체적 활동의 자유를 장소적으로 제한하는 것
④ **협박**: 해악을 알려 상대방에게 공포심을 일으키는 것
⑤ **약취·유인**: 타인의 보호를 받거나 자유로운 사람을 자기나 제3자의 지배 범위로 옮기는 것
⑥ **모욕**: 공연히 사람을 모욕하는 것으로서 사실을 적시하지 않고 사람에 대한 경멸의 의사를 표시하는 것
⑦ **공갈**: 사람을 때리거나 협박하여 겁먹게 한 후 재물을 빼앗는 행위
⑧ **강요**: 폭행 또는 협박으로 권리행사를 방해하거나 의무 없는 일을 하게 하는 행위
⑨ **성폭력**: 자신의 의사에 반하여 성적인 수치감을 주는 행위를 포함한 신체적·정신적 피해를 주는 모든 행위
⑩ **따돌림**: 집단따돌림이란 힘의 불균형을 특징으로 하는 대인관계에서 일어나는 것으로 공격적인 행동이거나 고의적으로 해를 입히는 것으로 반복적이고 지속적으로 이루어지는 특징을 가지고 있다.
⑪ **정보통신망을 이용한 음란·폭력 정보 등(사이버 폭력)**
- 인터넷에서 특정인에 대한 모욕적인 언사나 욕설 등

5) 김규태, 방경곤, 이병환, 권민석(2013)에서 인용함

- 특정인에 대한 허위의 글이나 명예에 관한 사실 유포
- 인터넷상에서 음란한 대화를 강요하거나 성적 수치감을 주는 대화
- 특정인에게 원하지 않는 접근을 지속적으로 시도하거나 성적 괴롭힘을 행사
- 몰래카메라 촬영물 등 음란물 유통
- 온라인 게임 상에서 아바타를 폭행, 게임 아이템에 대한 사기 및 절도
- ID를 무단으로 도용하거나 이를 악용하는 행위

학교폭력의 징후를 보이는 가해학생과 피해학생의 특징은 다음과 같다.

| 가해 학생 | 피해 학생 |
| --- | --- |
| • 교실에서 큰 소리를 많이 치고, 반 분위기를 주도함<br>• 교사가 불러도 못들은 척 피하거나 수업분위기를 독점하려함<br>• 교사 권위에 도전하는 행동을 종종 함<br>• 불평불만이 많고 거친 행동과 화를 잘 냄<br>• 남에게 위협을 줄 만한 흉기를 소지함<br>• 친구에게 물건, 돈을 자주 빌림<br>• 등하교시 책가방을 들어다 주는 친구나 후배가 있음<br>• 가정 형편에 비해 고급 의상을 착용하거나 돈의 씀씀이가 헤픔<br>• 하교 후 귀가하지 않고 학교주변에서 친구들과 자주 서성임 | • 평소보다 표정이 어둡고 두려워하는 기색이 있음<br>• 수업에 집중하지 못하고 멍하니 있거나 창밖을 자주 쳐다봄<br>• 쉬는 시간이나 점심시간에 친구들과 어울리지 못하고 혼자 있음<br>• 친구의 심부름을 자주함<br>• 수업 중 질문에 답하거나 의견을 말할 때 친구들이 흉내내거나 비웃음<br>• 일기나 노트에 죽고 싶다거나 폭력적인 그림 낙서 등이 발견됨<br>• 조퇴가 늘어나거나 결석이 잦음<br>• 성적이 큰 폭으로 급격히 떨어짐<br>• 특별한 볼 일 없이 교무실, 교사 주위를 배회함<br>• 친구들로부터 이름보다는 비하성 별명이나 욕으로 불림<br>• 전학을 요구하거나 전학방법에 대해 이야기함<br>• 갑자기 생긴 신체적 외상에 대한 설명을 피함 |

〈표 10-7〉 **학교폭력 발생 시 대처 요령**

| 순서 | 대 처 방 안 | 비 고 |
|---|---|---|
| 1 | 사안 발생 즉시 학교장에게 보고하고, 가・피해학생 보호자에게 알린다. | 신고의무 있음 |
| 2 | 피해자의 치료가 필요하면 신속하게 병원으로 이송한다. | 출석인정 |
| 3 | 진상조사 시 가해자와 피해자의 인권을 존중하고 학습권을 보호한다. 어느 한쪽에 치우치는 인상을 주지 않도록 한다. | 민원발생 유의 |
| 4 | 진술서를 받고 증거자료(혹은 증인)를 확보한다. | 투명하게 처리 |
| 5 | 피해학생을 임시 보호하고, 가해학생의 선도가 긴급한 경우, 학교장이 선조치를 한다.(긴급 시 가해학생 우선조치: 1호, 2호, 3호, 5호, 6호) - 출석정지, 서면사과, 접촉급지, 교내봉사, 특별교육 이수 또는 심리치료<br>피해학생이 결석 시 위문 등 성의 있는 자세를 보여 믿음을 심어준다. | 긴급조치 후, 자치위원회 추인가능 |
| 6 | 가해 및 피해 학생과 상담할 때에는 별도로 상담하는 것이 적절하다. (상담 순서는 사안에 따라 판단) | |
| 7 | 가해 및 피해 학생 학부모와의 상담을 통해 학생 지도에 상호 협조하고, 학교폭력 예방 및 대책에 관한 법률을 상세히 설명한다. 피해학생 보호 및 치료, 분쟁조정 심의 여부 등을 확인한다. | |
| 8 | 자치위원회 개최를 통보한다.(위원, 가・피해학생 학부모) 이때 위원에게는 위임장을 동봉하여 발송한다. | |
| 9 | 자치위원회를 개최하고 피해학생 보호 및 가해학생 선도 조치를 결정한다.<br>이때 가・피해 학부모나 학생이 희망할 경우 소명 기회를 부여한다. | 분쟁조정 신청접수 시 5일 이내에 분쟁조정 개시 |
| 10 | 자치위원회 결정 사항은 교육적 차원에서 신속하게 조치하고, 추후지도에 만전을 기한다. | |

## (6) 교육소외계층 학생에 대한 지원[6)]

교육복지 우선지원 사업은 교육・문화적 여건이 상대적으로 열악한 도시지역 저소득층 등 교육취약계층 학생들을 대상으로 다차원(학습, 문화・체험, 심리・심성, 복지 등)적인 지원을 통해 실질적인 교육기회 보장 및 교육격차 해소를 위해 추진되고 있는 사업이다. 교육복지 우선지원 사업의 대상은 다음과 같다.

6) 김규태, 방경곤, 이병환, 권민석(2013)에서 인용함

① **1차 집단**: 기초생활보장수급자 자녀, 법정한부모 가정 자녀, 차상위계층 자녀, 난치병, 특수교육 대상자, 자치단체석식지원학생, 건강보험료 최저생계비 120% 이하 자녀, 다문화 가정 자녀, 새터민 가정 학생, 조손가정 자녀 등
② **2차 집단**: 담임교사가 추천하는 저소득 가정의 아동 · 학생 등
③ **3차 집단**: 일반학생(전체 학생)

교육복지 우선지원 사업의 주요 내용은 다음과 같다.

| 영 역 | 주 요 내 용 |
|---|---|
| 학습 | 교육과정과 연계한 기초학습력 확보 및 학습결손 치유 · 예방 프로그램 |
| 문화 · 체험 | 교실 중심의 교육에서 벗어나 현장체험학습의 기회를 제공함으로써 교육내용을 보충 · 심화, 다양한 문화 · 체험을 통해 문화적 결핍에서 벗어나도록 하여 교육효과를 극대화, 건강한 또래 문화 형성 |
| 심리 · 심성 | 아동 · 청소년들의 긍정적인 자아개념, 건강한 사회 함양을 위해 성장과정에서 방임 · 방치 등의 경험으로 인한 심리적 문제로 학교생활이나 일상생활에 적응하기 어려운 학생들을 치유하기 위한 프로그램 |
| 복지 | 학교 · 가정 · 지역사회와 연계하여 학생의 통합 보호체계 구축 |
| 지원 | 사업 운영을 위한 교직원 및 학부모 연수, 사업홍보 등 프로그램 운영 |

### (7) 문화실조과 보상교육

개인이 소속된 사회의 가치관이 규정하는 인간의 바람직한 발달을 도모하는 데 필요한 문화적 환경이 결핍된 상태를 뜻한다. 여기서 문화적 환경이란 인류가 진화과정에서 만들어 사용해 오고 있는 문화유산 일체를 말하는 것으로, 언어, 예술, 용구, 기구, 인쇄물, 컴퓨터, 통신매체 등 일체를 포함한다. 이것은 주로 빈곤계층이나 소수자 집단에 속하는 아동에게는 주의집중력이나 주의지속력의 저하, 언어능력의 부족, 일반지능의 저하 등 여러 심리적 문제가 취학전 시기부터 일어난다. 이것을 '문화결핍(cultural deprivation)'이라 하는데, 이 문화결핍이 원인이 되어 학업부진이

일어나며 나아가서는 취직곤란이나 빈곤까지 초래한다. 인간발달에 있어서 유전 요인보다 환경 요인을 더 중시하는 입장에서 나온 것으로, 문화 실조에서 벗어나기 위해서는 문화 환경을 개선해야 한다는 주장이 교육정책에 반영되어 보상 교육(compensatory education)의 필요성이 제기되었다. (교육심리학용어사전, 2000; 특수교육학 용어사전, 2009)

### (8) 교육평등

교육평등은 허용적 평등, 보장적 평등, 조건의 평등, 결과의 평등으로 구분된다. 허용적 평등은 계층, 신분 등 차별 없이 모든 사람들에게 교육받을 기회를 제공이다. 보장적 평등은 경제, 사회, 지리적 장애 요소를 제거하고 교육 받을 권리를 보장하는 것이다. 예를 들면, 섬지역 학생들이나 재정 능력이 부족한 가정의 학생들에게 교통수단이나 장학금을 제공함으로 의무교육을 받을 수 있게 하는 것이다. 조건의 평등은 교육과정, 교사의 질, 학교 시설 등에서 누구나 같은 조건에서 교육을 받을 수 있는 조건을 제공하는 것이다. 결과의 평등은 문화실조 등에 대한 보상교육, 교육복지사업 등을 통해 학업성취의 평등을 적극적으로 실현하는 것이다.

## 학생 생활지도를 위한 Q & A[7)]

### Q1 수업 시간마다 잠을 자는 학생이 있다. 어떻게 하면 좋을까?

먼저 잠자는 원인을 파악하여 지도하도록 합니다. 건강상의 문제가 아니면 대부분 밤늦게 TV를 보거나 컴퓨터를 오래한다거나, 스마트폰에 중독되었다거나, 기타 소설, 만화에 빠져 있는 경우가 많다. 교사가 해 볼 수 있는 다른 방법으로 방과 후 대체 활동을 마련하거나, 운동을 권유하고, 실질적인 도움이 될 수 있도록 부모님께 스마트폰이나 컴퓨터 사용 시간 체크하는 방법도 생각해 볼만하다. 스마트폰, 컴퓨터 중독인 학생들은 교사 혼자 힘으로는 치료가 불가능함으로 Wee센터나 전문적인 치료기관에 도움을 의뢰하는 것도 한 방법이다.

### Q2 산만한 학생은 어떻게 지도해야 하는가?

첫째, 생활의 틀을 만들어주고 주변 환경을 정리하여 산만함을 줄여주도록 한다. 교사는 주변 환경을 산만하지 않게 조정하고 집중할 과제에 대한 호기심을 높여준다. 소음이나 잡다한 물건이 눈에 띄지 않게 자극을 줄이고 사려 깊은 과제를 부여하며 일상생활을 규칙적이고 일관성 있게 해나갈 수 있도록 지도한다.

둘째, 집중하거나 산만한 태도를 고치려는 노력에 대해 보상해 준다. 주의지속 시간은 칭찬과 보상이 주어지면 늘어난다. 또한 결과보다 학생들의 시도 자체를 격려하고 보상하는 것이 효과적이다.

셋째, 자기조절 방법을 가르친다. '일단 멈추고, 쳐다보고, 듣는다.'라는 생각을 심어주고 근육이완법, 복식호흡법으로 긴장을 풀게 한다.

넷째, 규칙을 만들어 활용한다. 아침에 등교해 책가방 정리 - 아침자습하기 - 책읽기

7) 한국교육학술정보원(2007)의 초임교사를 위한 장학가이드북 및 Q&A 내용을 제시한 것이다.

등 교사와의 약속을 하고 지키게 한다. 학교와 학급에서의 규칙은 글로 적어 게시하고 일과표나 체크리스트를 만들어 스스로 표시하게 한다. 또한 제 때 할 일을 마치지 못했을 경우에는 쉬는 시간을 활용하여 과제를 끝낼 수 있도록 함으로써 책임감을 배양시켜준다.

## Q3 다른 학생과 잘 어울리지 못하는 학생은 어떻게 지도합니까?

첫째, 학생이 처한 현재의 마음을 이해하는 것이 가장 중요하다. 친구들과 어울리지 못한다고 해서 조바심을 내거나 지나치게 간섭하기보다는 학생에 대한 이해와 학생 스스로 친구를 사귈 수 있도록 도와준다. 얼마나 마음고생이 심했는지 학생을 다독거려 주고, 그 누군가의 좋은 친구가 될 수 있다고 믿게 한다. 학생의 생각을 자유롭게 표현하도록 하여 학생의 입장을 정확하게 파악해 준다.

둘째, 학생이 스스로 좋은 느낌을 갖도록 이끌어 준다. 대개 소심한 학생들은 사람을 쉽게 사귀지 못하고 눈에 띄지 않아 접근해 오는 사람도 드물어 스스로 대인관계에 대해 부정적인 생각을 하고 있는 경우가 많다. 가령 "난 원래 내성적이고 많이 수줍어해."라는 일종의 체념을 하는데, 이건 원만한 대인관계를 형성할 수 없는 내성적인 사람이라는 인식을 강화시킬 뿐이다. 내성적이고 소극적인 행동은 사람에 의해 이루어지는 것이지 사람 그 자체가 아니라는 것을 알려주고 학생이 만날 사람들이 좋은 사람일 것이라는 믿음을 갖게 하면서 자신이 사랑받는 존재이며 부모님과 친구들에게 필요한 존재라는 의식을 갖게 한다. 학생이 지금 자신에 대해 어떻게 생각하는지 알아보고, 가족이나 친구들에게 자신이 어떤 모습으로 바뀌었으면 좋을지 능력이든 외모이든 자신에게 긍정적인 자아상을 심어 주어 자부심을 가질 수 있게 한다.

셋째, 심한 열등감에서 친구들과 어울리기를 피하는 경우라면 학생의 가능성과 능력을 높이 평가해 주고, 사소한 것일지라도 학생의 장점을 격려하여 꾸준한 칭찬으로 자신감을 갖게 한다. 친구들과 비교하여 자신의 부족한 점만 찾아내어 스스로 열등한 인간이라고 자기를 비하시키는 학생들의 경우 가정에서 부모가 학생을 대하는 태도에 문제가 없는지 알아보고 또 학생이 열등감을 갖게 한 요인이 무엇인지를 찾아보아야 한다. 즉 학생에 대한 부모의 기대 수준이 지나치게 높지는 않은지, 또 형제간이나 또래 학생과 지나치게 비교를 해서 학생으로 하여금 기를 죽여 위축되게 하지는 않는지를 살펴보아야 한다.

넷째, "친구들하고 친하게 지내야지. 친구를 사귀면 얼마나 좋은지 아니?"라고 비난하거나 명령하거나 충고하는 식의 어투보다는, 존중하는 태도를 보이면서 "넌 누구하고 친구가 되고 싶으니? 어떻게 하면 친구가 될 수 있을까?"하고 함께 생각해 보는 것이 좋다. 대개 친구를 잘 사귀지 못하는 학생의 경우, 실패가 두려워 행동에 옮기지 못하는 경우가 많다. 이럴 때 교사는 이런 학생이 가까운 곳에서 친구를 발견하게 되면 친구를 사귀는 것이 얼마나 즐거운 일인지, 그리고 그 친구 사이를 유지하기 위해서는 계속적인 노력이 필요하다는 것을 일깨워 주어야 합니다.

다섯째, 상대방의 입장을 느껴보도록 도와준다. "네가 그렇게 말했을 때 친구 기분은 어떨까?", "너라면 어떻게 했겠니?" 등의 질문을 통해 상대방의 입장과 감정을 이해하도록 해준다. 학생이 상대방의 입장을 이해하는 것이 쉬운 일은 아니지만, 친구들과 놀면서 때와 장소, 상황에 맞게 자신의 행동을 적절히 조절하고 다른 사람의 입장에서 생각할 줄 아는 마음을 갖도록 한다. 다른 사람들이 이야기할 때 그 사람의 의도를 잘 파악하고, 그에 대한 자신의 느낌이나 생각을 조리 있게 이야기하게 한다.

## Q4 학습부진과 학습장애의 차이점은 무엇인가?

학습부진은 정상적인 지능을 갖고 있고 신경계의 이상이 없으나 정서적 문제(우울증, 불안, 강박증), 사회·경제적 요인(가정불화, 빈곤, 결손가정)으로 인하여 학습 성취도가 떨어지지만, 이러한 요인들이 제거되거나 치료적 개입을 통해 교정되면 정상적인 학습능력과 학업성취도를 보일 수 있는 경우를 의미한다. 반면 학습장애는 정상적인 보통 수준의 지능을 가지고 있으나 뚜렷한 이유 없이 특정영역에서 두드러진 학습간의 차이를 보이는 경우를 말한다. 학습장애 진단을 위해서는 다음과 같은 것들을 살펴볼 필요가 있다. 참고로 학습지진은 지능지수가 70~85 정도로 낮은 상태여서 학습 속도가 느린 경우를 말한다.

학습부진 또는 학습장애를 진단하고 치료하기 위해서 학생들의 상황을 잘 파악할 필요가 있다. 그 예를 들면, 국어, 수학 등의 학습 성취가 학년 수준에 비해 지나치게 부진하거나, 읽기 때 낱말을 인식하지 못하거나 느리거나 다른 말로 바꾸어 읽거나 낱말을 빠뜨리는 경우, 쓰기 속도가 너무 느리고 글자를 앞뒤, 상하로 바꿔 쓰거나 읽을 수 없을 정도로 난필로 쓸 때, 도형 따라 그리기 등 공간 적응 지각과정에서 정확도 속도가 떨어지거나 학습과제 수행 시 주의가 지나치게 산만해 집중하지 못하고 같은 것을 찾는데 어려워 할 때나 다른 학습능력에 비해 기억력이 지나치게 떨어지는 경우, 문제해결 전략이나 학습전략을 적절히 활용하지 못하는 경우 등을 들 수 있다.

## 상황 적용 문제1 행동수정원리 적용8)

- 다음과 같은 학생의 생활 및 학습태도를 살펴보고, 수정하고자 하는 행동을 한 가지 골라 적절한 지도 방안을 생각해 보자.

A학생은 수업시간에 교사의 말을 잘 듣지 않고, 책상에 계속 낙서를 하거나 가지고 있는 물건을 자주 부수어 버리는 습관을 가지고 있다. 색연필이나 학용품 등 새 것을 가져오면 3일이 멀다하고 못쓰게 만든다거나, 어떤 것은 가져온 그 당일에 망가지기도 한다. 알림장 쓰기도 마찬가지다. 다른 친구들이 알림장을 쓸 때까지 알림장을 꺼내지도 않는다. 글쓰기가 서툴러서 알림장을 쓰기 시작해서 마칠 때까지 시간도 많이 걸린다.

수업 시간에 과제를 해결하지 못하여 남아서 하게될 경우, 아주 오래 시간이 걸리더라도 과제해결은 다 하고 가는 편이다. 즉, 옆에서 누군가가 말하지 않으면 아무것도 하지 않고, 계속 누군가가 말해주면 조금씩 하는 특이한 편이다.

◆ **행동수정의 절차는 일반적으로 표적 행동의 선정과 정의→기초선 측정→행동수정 기법의 적용→행동수정 효과의 검증(피드백 수집)→행동의 일반화 과정을 거친다.**

- 표적 행동의 선정과 정의
  ☞ 알림장 제 시간에 쓰기
- 기초선 측정
  ☞ 행동수정을 통해 변화시키기로 한 행동이 자연상태에서 얼마나 일어나고 있는지를 객관적으로 확인한다.

8) 김규태, 방경곤, 이병환, 권민석(2013)에서 인용

☞ 문제행동을 감소시키는 것이 목표라면 그 문제행동에 대해 관찰・기록하고, 적응행동을 증가시켜야 하는 것이 목표라면 그 적응행동에 대해 관찰・기록한다. 어떤 행동을 관찰하고 어떻게 기록할 것인지를 정하고 기록지에 학생의 행동을 관찰하고 기록한다.

- 행동수정 기법의 적용
  ☞ 알림장을 몇 분 안에 쓸 것인지를 목표를 정하고 칭찬 스티커나 칭찬 도장 등 어떤 강화물을 줄 것인지를 정한다. 프리맥의 원리, 토큰 강화 방법 등 다양한 방법을 적용하여 행동을 강화해 나간다.
- 행동수정 효과의 검증(피드백 수집)
  ☞ 교사는 가능한 하루에 한번 이상 아동과 만나 그날의 기록을 확인해야 한다.
- 행동의 일반화 과정
  ☞ 강화물이 없는 상태에서도 학생의 행동이 유지될 수 있도록 점검한다. 관찰하고, 기록하고, 기록한 내용을 확인하고, 행동 변화에 대한 학생의 생각과 감정을 탐색한다. 그리고 칭찬이나 미소와 같은 사회적 강화는 예전과 동일하게 제공한다.

## 상황 적용 문제2 다문화학생에 대한 지도9)

- A교사는 중학교 2학년 담임교사이다. A교사반에는 국제결혼가정자녀(베트남인 어머니)인 B학생이 있다. B학생은 어느 날 친구들끼리 다음과 같은 이야기를 주고 받는 것을 듣게 되었다.

친구C. "우리반 B랑은 도대체 말이 안 통한다니까. 내가 친절하게 해 주려고 해도 뭘 말을 알아들어야 친절하게 해 주지."
친구D. "야. 말도 마라. 바보처럼 아는 것도 없으면서 생긴 건 또 왜 그렇냐? 자기네 나라 가서 살 일이지. 왜 우리나라에 와 있냐?"

'친구C'와 '친구D'의 대화를 통해서 나타난 B학생이 겪고 있는 어려운 점이나 문제점은 무엇인지? 3가지 말하고, 그 원인에 대한 해결 방안도 생각해 보자.

9) 김규태, 방경곤, 이병환, 권민석(2013)에서 인용

◆ **다문화가정 자녀가 겪는 문제점**

- 한국어 능력 부족: 언어와 문화가 다르므로 친구들과 의사소통의 어려움을 겪음
- 학습부진: 한국어 능력 및 기초학력 부진으로 교과 학습에 어려움이 있음
- 일반학생의 인식부족: 신체적 특징으로 인해서 주변 사람들을 회피하려하거나 놀림을 받기도 함
- 학교 생활에 부적응

◆ **해결 방안**

- 정확한 실태 파악을 통한 학생에 맞는 맞춤형 지도 계획 수립
- 다문화 학생의 학급 적응프로그램(또래상담, 또래멘토, 학생 및 교사 결연제 등) 운영
- 다문화교육 이해 제고를 위한 일반 학생 교육 계획 수립 및 실시
- 다문화가정 자녀 대학생 멘토링으로 기초학력향상
- 이중언어강사를 활용한 다문화가정 학생 학교생활 상담 및 학력 향상 지도
- 다문화교육 이해 제고를 위한 교원 및 학부모 연수

## 상황 적용 문제3 교육소외계층 학생 지도[10)]

- A교사는 교육복지우선지원사업 학교에 근무하고 있다. 아래에는 A교사 학급의 상황을 제시하였다. A교사가 B학생에게 학교에서 추진되는 현장체험학습 안내장을 전할 때의 문제점을 찾고, B학생을 설득할 방안을 생각해 보자.

학생 B는 부모님의 이혼으로 현재 어머니와 둘이서 살고 있다. 올해 학교에서는 교육복지우선지원사업을 추진하고 있으며, B도 마땅히 지원대상이 되었다. 업무담당교사는 대상 학생들의 문화적 결핍을 채워주기 위하여 다양한 체험학습을 계획하여 운영하고 있다. A교사는 업무담당교사가 봉투에 B학생의 이름이 적힌 체험학습 안내장을 보내올 때마다 걱정이 앞선다.

왜냐하면, 지난 달에는 현장체험학습 안내장을 받은 B에게 옆에 앉은 짝꿍이

"B야, 너 체험학습 가냐? 옆 반의 C도 간다던데. 아~ 찌질한 애들끼리 가는 거구나!"

하고 놀리는 바람에 체험학습을 한사코 거부한 사건이 있었기 때문이다.

10) 김규태, 방경곤, 이병환, 권민석, 2013)에서 인용

당시에 A교사는 B를 달래고, 짝꿍도 혼내고 설득하였다. 그러나 그 날 이후 A교사는 B에게 현자체험학습 참가를 권유하여 한 번도 성공한 적이 없다.

◆ **문제점**

- 다른 학생들이 보는 데서 공개적으로 안내장을 전하여 놀림의 대상이 되었다.
- 사업 대상을 1차 집단에 한정함으로써 낙인효과가 발생하였다.

◆ **설득 방안**

- 사업 내용에 따라 참가 대상을 다양하게 운영하여 낙인효과를 방지하기
- 안내장을 전할 때는 다른 학생들 몰래 개별적으로 전달하기
- 상담을 통해 B의 상처 입은 마음을 먼저 치유하기
- 부모님께 상황을 설명하고, 협력하여 설득하기 등
- B와 친한 친구를 함께 참여하도록 계획하기 등

## 2. 전문가 오피니언

### 1) 학습자 이해 및 상담[11)]

#### (1) 사회정서역량과 인성교육

지능정보사회에서 인공지능이 인간의 능력을 뛰어넘는 능력을 발휘한다고 해도 인간이 지니고 있는 성찰능력이나 도전정신, 공감 및 배려 등 사회정서 및 윤리 능력은 인간 고유의 능력 영역이 될 것이다. 이는 미래사회에서의 교육 방향성을 설정하는데 있어 중요한 고려사항이 되어야 할 것이다. 그렇다면 어떻게 인성과 감성을 함양하도록 미래교육을 설계할 수 있는가? 그것은 사회 및 정서 역량을 강화하는 교육에서 그 실마리를 찾을 수 있을 것이다.

감성이 풍부한 사람은 타인의 처지를 깊이 이해하고 공감하며 의미 있는 깨달음에 이름으로써 자신의 삶을 함부로 대하지 않는다. 따라서 문제 상황이 생겼을 때 타인의 감정을 파악하고 수용하는 감정이입이 이루어지는 공감적 정서가 안정적으로 형성되어 있다. 이는 자신에 대한 긍정적인 느낌과 높은 자존감, 자신감을 바탕으로 한 것으로, 지성과 인성의 조화롭고 균형 있는 발달까지 도모할 수 있다. 그렇다면 사회정서역량의 특성은 무엇인가? 이는 서울시교육청이 제시한 사회정서 역량 세부요소를 통해서 이해될 수 있다.

11) 본 내용은 한국교육개발원에서 발간한 교육정책포럼(통권 제285호, 2017년 3월 발간; 통권 276호, 2016년 6월 발간)에서 다룬 “감성 및 인성교육, 위기학생상담 관련 컬럼들”에서 발췌 요약한 것이며, 자세한 내용은 해당 자료를 참고바라며, 여기서 제시된 표나 그림에 대한 별도 인용은 하지 않았다.

**사회정서 역량**

- 자연현상이나 예술적 산물에 대한 심미적 감수성
- 자신의 생각을 다양한 방법으로 표현하는 문화 예술적 능력
- 타인의 감정을 이해하고 공감하는 태도
- 신체적, 정신적, 사회적 건강의 개념을 이해하고 유지하는 능력
- 이질적 타자와 협력하고 갈등을 관리하며 사회적 관계를 유지하는 능력
- 신체 활동을 통하여 놀이, 학습, 일에 참여하는 능력
- 각종 미디어의 오용이나 중독으로부터 자신을 보호하는 태도

서울시 교육청은 학교에서 교육과정의 일환으로 실시되는 다양한 예술교육(음악, 미술, 무용, 연극, 영화, 뮤지컬, 국악, 사진, 만화, 애니메이션 등)이 내실 있게 운영되도록 강조하고 있다. 특히 단기성, 이벤트성 문화예술교육을 지양하고 정규 교육과정을 통해 체계적, 지속적으로 문화예술교육을 실시하도록 권장하고 있는데, 실제로 한국문화예술교육진흥원의 예술 강사 지원 사업은 학생, 교사, 학부모의 만족도가 90%를 상회할 만큼 높아 대표적인 문화예술교육으로 자리 잡았다.

한편, 인성교육도 지능정보사회에서 학교교육에서 중요한 고려사항이다. 그동안 인성교육이 정직, 예의, 효 같은 개인의 덕목을 기르는 데 집중했다면 미래사회가 요구하는 인성은 '협력적 인성'이다. 즉, 경쟁과 줄 세우기, 정답 맞히기 교육이 강조하는 개인 역량에 의한 성공과 성취에서 벗어나 친구와 소통하고 협력하며 타인을 배려하고 공감하는 인성을 바탕으로 문제 해결을 위해 집단 지성을 창출, 학습하면서 더불어 사는 삶의 가치를 배워가는 인성을 강조하는 것이다. 이 같은 협력적 인성은 교실 속에서 지식으로 배우는 인성이 아니라 삶 속에서 체험, 경험하고 실천을 통해 길러지는 인성이다. 이는 서울시교육청에서 제시하는 '인성과 시민성을 함양하는 참여 · 자치역량'은 다음과 같은 세부요소를 통해 알 수 있다.

- 자아 존중감을 바탕으로 자신의 존재를 이해하고 관리하는 능력
- 민주적 절차와 방법을 활용하여 의사를 결정하고 실행하는 능력
- 타인의 고통을 이해하고 이를 극복하기 위해 함께 실천하려는 태도
- 정의와 비차별 정신을 바탕으로 공공의 이익을 위해 참여·행동하려는 태도
- 생태, 평화, 인권에 대한 윤리적 인식을 바탕으로 책임감 있게 참여하는 태도
- 문화 다양성에 대한 이해를 바탕으로 세계 시민과 공감하고 교류하는 태도

따라서 학생이 자신이 사는 세상과 사회에 대해 폭넓은 관심을 가지고 작은 참여와 실천이라도 경험하고 시민으로서의 다양한 경험을 쌓도록 학생회, 동아리, 봉사활동 등의 자치활동을 활성화하여야 한다. 수업의 장면에서도 협력의 과정을 통해 문제를 해결하는 학습 경험을 할 수 있도록 교사의 수업설계와 평가과정 전반에 걸친 노력이 필요하다. 이 같은 과정은 학생들에게 타인과의 협력을 위해 노력하고 실천하는 것이 왜 중요한지를 직접 경험함으로써 몸으로 체득하게 하는 인성교육의 효과를 가져올 수 있을 것이다.

### (2) 위기학생상담

학생들은 일반적으로 초등학교 1학년부터 고등학교 3학년까지 약 12년 동안 학교라는 공간을 중심으로 교사, 친구, 부모 등과 상호작용을 하면서 정신적·신체적 발달과정을 거친다. 이러한 과정에서 학생들은, 개인차가 있지만, 학교적응이라는 도전에 직면한다. 전문가들은 학생들이 학교적응에 실패하는 다양한 현상을 통칭하여 “학교 부적응”이라 부른다. 대표적인 예로 학업 부진, 질병, 무단결석 등이 있으며, 정도가 심할 경우 학업 중단, 자살 등에 이를 수 있다. 학교 부적응은 개인, 가정, 학교, 사회 등 다양한 요인이 복합적으로 작용하여 발생하지만, 학교폭력 문제도 그중에 한 몫을 차지한다.

학교폭력 피해 학생들은 낮은 자존감, 학습능력의 저하, 우울, 신체적 질병, 외상 후 스트레스 장애 등에 시달리며, 가족들도 이로 인해 자책감, 가족 간 갈등 등 후

유증으로 고통을 겪을 수 있다. 또한, 적절한 지원과 도움을 제때에 받지 못하면 성인이 된 이후에도 다양한 사회부적응 문제로 어려움을 겪을 개연성이 높다. 학교폭력은 지속적으로 감소하고 있으나, 학생 자살, 학생정서행동특성검사결과 관심군 등 지원이 필요한 고위기군 학생은 여전히 줄어들고 있지 않다. 또한, 학생들의 학교생활 만족도(통계청, 2016) 조사결과에 의하면 '전반적인 학교생활에서 어느 정도 만족하고 있습니까?'라는 질문에 만족한다고 응답한 비율은 52.3%로 절반 정도만 만족하는 것으로 나타났다.

### (3) 위기학생 예방 및 지원 현황

지금까지 위험학생 문제를 대처하기 위한 정책적 노력은 체계적으로 이루어져 왔다. 이러한 노력은 청소년 문제를 예방하고 감소하는 데 상당한 효과를 본 것도 사실이다. 예를 들면, 정서·행동발달검사를 통해 학생들의 정신건강을 감별하고 고위험군 청소년은 상담 및 정신치료를 의뢰하고 Wee 클래스 상담실을 운영하여 학생들 가까이서 심리·정서적 도움을 제공하고 이외에도 학교폭력예방교육, 자살예방교육, 인터넷과 몰입예방교육 외 각종 인성교육과 특별교육의 진행 그리고 학업중단숙려제와 또래상담 프로그램의 운영 등을 들 수 있다.

### (4) 위기학생 예방 및 지원을 교사상담 역량 강화

높은 위험학생이 상존하고 있고, 낮은 학교생활 만족도를 지닌 학생들에게 필요한 것은 여러 가지일 수 있으나 그 중 이들을 직접 지도하는 교사들의 학생 상담 및 지도 역량 계발과 이들의 상담 활동을 지원하는 것이 필요하다 할 것이다.

현재의 교사양성과정에서 예비교사의 상담역량을 강화할 필요가 있다. 그러나 현행 제도 하에서 예비교사들의 상담역량 강화를 위해 개설되고 있는 교직 교과목은 '교직이론'(선택-각각 2학점) 영역의 「생활지도 및 상담」, 「교육심리학」이 있고, '교직소양'(필수-2학점) 영역으로 「특수교육학 개론」, 「학교폭력 예방 및 학생의 이해」

과목 정도를 들 수 있다. 그러나 이 중에서도 교직이론 과목은 필수과목이 아니라 10여개 과목 중에서 6과목 이상 12학점 이상을 선택해서 수강하도록 규정되어 있어 경우에 따라서는 상담능력과 관련된 교직이론 영역의 과목을 전혀 듣지 않고 교직에 나가는 경우도 발생할 수 있다. 또한, 교사 선발과정에서도 생활지도 및 상담능력을 평가하는 부분에 대한 비중은 매우 낮다는 문제점이 있다. 그리고, 현직 교사의 상담관련 연수에 있어서도 상담관련 연수 기획자의 상담전문성이 부족하거나, 연수 수요자의 요구를 조사하고 그들의 요구를 반영하여 연수를 기획하지 않고 공급자 중심의 연수가 이루어지는 경우가 많거나, 연수 대상자들의 역량수준을 고려하지 않고 대단위의 획일적 연수를 실시하는 경우가 있으며, 상담역량 강화를 위한 연수가 학교상담의 특성과 학교의 현실을 고려하지 않은 내용으로 구성되는 경우가 있다. 따라서 교사들의 상담역량을 강화하기 위한 양성, 임용, 현직연수 과정을 위기학생 관련 실제 문제나 현장 적용력을 높일 수 있는 방향으로 실질적 개선이 요청된다고 할 것이다.

① 또래상담 활성화

학교 현장에서는 위기학생을 예방하고 지원하는 방안으로 또래 상담 및 멘토링 프로그램이 진행되고 있다. 이것은 친구와 함께 나의 고민을 공유하여 '나' 중심의 사고에서 벗어나 '우리' 중심의 공동체 문화를 체득할 수 있는 기회를 제공하여 '나'의 고민을 어른보다는 또래가 이해하는 게 보다 현실적인 대안을 찾는 데 효과적일 수 있다. 이를 위해 또래 상담자에게는 친구의 문제와 고민에 대해 상담자 역할을 수행하고, 학교폭력등 다양한 또래 문제를 예방할 수 있는 사전 교육이 필요하다.

② Wee 클래스 활성화

교사의 상담역량을 강화할 뿐만 아니라 그들의 상담활동을 지원하기 위해 교사들이 인식하는 학교상담실인 Wee 클래스 활성화 및 불만족 요인을 파악하여 그에 입각하여 적절한 지원을 해 줄 필요가 있다. 교사들이 인식하는 Wee 클래스의 도움요소는 '위기 개입, 자문 및 조언' 등으로 나타났다. 교사들이 '위기개입'의 중요도를 높게 답한 것은 교사 혼자 감당하기 힘든 문제들(예: 자살, 임신, 폭력, 자퇴 등)에 대해 Wee 클래스의 서비스가 도움이 되었기 때문인 것으로 보인다. 또한 '자문 및 조언'을 높이 평가한 것은 상담과정을 통해 얻게 된 정보를 교사에게 제공하여 상담역량을 높인 점을 긍정적으로 인식한 것으로 보인다. 반면, 교사가 인식한 Wee 클래스의 불만족 요인은 '상담교사 부족, 상담교사의 역량 부족' 등으로 나타났으며 이들 사항을 보완할 수 있는 조치가 필요할 것이다.

〈표 10-8〉 **교사가 인식한 학교상담 도움요소의 군집과 진술문 예시**

| 군집 | 군집명 | 각 군집별 진술문 예시 | 중요도 |
|---|---|---|---|
| 1 | 자문 및 조언 | "상담선생님과 아이 문제로 이야기를 나누면서 함께 해결방안을 찾을 수 있다." 등 | 4.38 |
| 2 | 심리적 지지 | "상담선생님에게 학생지도에 대해 힘든 점을 터놓고 상의하면서 위로와 지지를 받았다." 등 | 4.05 |
| 3 | 정보획득 | "상담교사는 교사들에게 학생들을 도울 수 있는 다양한 정보(전학, 자퇴, 재입학, 대안학교, 검정고시 등)를 제공해준다." 등 | 4.15 |
| 4 | 교사 간 협력 | "상담선생님이 학교 내에서 다른 교사들과 협력 관계를 잘 형성하고 있다." 등 | 3.80 |
| 5 | 상담환경조성 | "학교에서 상담실은 누구나 편안하게 느끼는 공간이다." 등 | 3.83 |
| 6 | 외부기관연계 | "상담선생님은 외부기관 및 자원과 효과적으로 네트워크를 형성하고 있다." 등 | 4.17 |
| 7 | 예방활동 | "고위험군 학생에 대해 사전에 상담을 의뢰하여 큰 문제로 발전하는 것을 예방할 수 있었다." 등 | 4.13 |
| 8 | 위기개입 | "상담교사가 자살, 임신, 가정폭력, 성정체성 등 담임으로서 감당하기 힘든 문제들에 대한 상담을 맡아주었다." 등 | 4.60 |
| 9 | 학생과 공감적 관계 형성 | "아이들이 상담선생님에게 지지와 공감, 위로 등을 받는다고 느낀다." 등 | 4.13 |
| 10 | 상담교사의 전문성 | "상담교사는 아이들을 이해하는 폭이 넓고 문제를 심층적으로 파악한다." 등 | 4.40 |
| 11 | 학부모상담 | "상담선생님은 학부모가 상담이나 치료를 거부할 때 학부모가 받아들일 수 있도록 잘 설득한다." 등 | 4.07 |
| 12 | 중재 | "교사가 학생이나 학부모와 갈등을 겪고 있을 때 상담선생님이 중재해 주었다." 등 | 3.75 |

〈표 10-9〉 교사가 인식한 학교상담 불만족요소의 군집과 진술문 예시

| 군집 | 군집명 | 교사가 인식한 불만족요소 | 중요도 |
|---|---|---|---|
| 1 | 지나친 허용적 태도 | "상담교사가 아이들의 잘못된 행동에 대해서 너무 관대하게 대한다." 등 | 3.84 |
| 2 | 비밀보장 문제 | "상담교사에게 들은 학생에 대한 정보가 큰 도움이 되지만 담임이 알고 있다는 사실을 밝히지 않아야 하기 때문에 신경이 많이 쓰인다." 등 | 3.60 |
| 3 | 수업 중 상담의 문제 | "수업 중 상담에 대해 불편해하는 교사들이 있다." 등 | 3.80 |
| 4 | 교사 대상 서비스 부족 | "교사가 내담자로 이용할 수 있는 상담서비스가 없다." 등 | 3.68 |
| 5 | 상담교사부족 | "상담교사 혼자 감당하기에 상담과 행정업무가 많다고 여겨져 선뜻 상담을 의뢰하는 것이 망설여진다." 등 | 4.30 |
| 6 | 상담 업무의 비공개성 | "상담교사가 하는 일이 교사들에게 잘 알려지지 않는다." 등 | 3.63 |
| 7 | 상담교사의 역량 부족 | "상담교사마다 역량이나 전문성의 차이가 크다." 등 | 3.95 |

## 2) 진로교육[12)]

우리나라는 이미 지능정보기술을 기반으로 사회 전 영역에서 자동화가 일반화된 미래 사회상을 의미하는 '지능정보사회'를 전면에 내세우며 이러한 변화에 대응해 나가고 있다. 노동과 자본이 주요 생산요소였던 기존의 산업사회와는 달리 지능정보사회에서는 기술혁신, 창의성, 그리고 빅데이터 기반의 정보 활용능력이 중요한 생산요소로 강조되며, 그 기반 위에서 산업간 경계선의 붕괴와 융합산업의 확산, 새로운 일자리 유형의 창출 등이 반복되는 사회구조로의 변화를 가져올 것이다. 또한, 일을 수행하는 방식도 인간 중심에서 인간과 기계의 조화와 협업 형태로 바뀌어나가면서 생산성, 근로시간 등의 변화로 이어지고 종국에는 인력수요 및 고용구

12) 본 내용은 한국교육개발원에서 발간한 교육정책포럼(통권 제289호, 2017년 7월 발간; 통권 277호, 2016년 7월 발간)에서 다룬 진로교육 관련 컬럼들에서 발췌 요약한 것이며, 자세한 내용은 해당 자료를 참고바라며, 여기서 제시된 표나 그림에 대한 별도 인용은 하지 않았다.

조의 변화를 유도하게 되면서 교육 · 고용 · 복지 정책의 전반적인 혁신과 변화를 요구하게 될 것으로 예측된다. 이와 같이 4차 산업혁명 시대, 지능정보사회로의 진입에 따른 일자리 유형의 변화, 일을 수행하는 방식이나 인식의 변화가 우리 사회에서 요구되는 인재상, 인재 양성의 방법 및 과정의 변화로 이어지고 있음을 알 수 있다.

### (1) 학교 진로교육의 현황

'2015 개정 교육과정'에서는 학생들이 자신의 소질과 적성에 맞는 학교교육을 받을 수 있도록 하기 위해 진로교육을 강조하고 있다. 또한 2015년 「진로교육법」의 제정 · 시행으로 학교 진로교육의 법적 근거를 마련하였고, 2017년 국가진로교육센터의 개설을 통해 생애주기별 위계성과 연계성을 갖는 진로교육의 활성화를 위해 노력하고 있다. 그리고 학생 진로개발역량 증진 및 전문적 진로상담을 담당하고 있는 진로전담교사를 배치하였다. 2011년 1,553명의 진로전담교사를 고등학교에 배치하기 시작하여 2016년에는 11,274개의 초 · 중 · 고등학교(97.2%)에 11,192명의 진로전담교사를 배치하기에 이르렀다. 아울러 진로교육 중심의 학교교육과정 편성 · 운영을 위해 '진로교육 집중학년 · 학기제'를 2016년부터 시범적으로 운영하고 있으며, 올해에는 학교급 · 학교유형을 다양화시키고, 시범운영학교의 수도 확대하였다. 마지막으로, 진로체험지원센터를 통해 학교에서 직접 진로체험처를 발굴해야 하는 어려움을 해소하고, 동시에 안전하고 질 높은 진로체험을 위한 현장점검을 실시하고 있으며, 농산어촌 원격영상 진로멘토링, 진로체험버스, 진로종합정보망 커리어넷(www.career.go.kr)을 통해 다양한 진로정보서비스를 제공하고 있다.

**진로교육 집중학년 · 학기제**

「진로교육법」 제13조에 따라 교육감이 특정 학년 또는 학기를 정하여 진로체험 교육과정을 집중 운영하는 것으로 진로 관련 과목1)을 집중편성하거나, 일반교과와 연계하여 진로 요소를 강조하는 수업을 운영한다거나, 창의적 체험활동2) 중 진로활동의 비중을 확대하는 등의 방법으로 점진적으로 확대 운영3)할 계획이다. 이와 더불어 진로심리검사 기준을 마련하고, 진로 · 진학상담을 위한 매뉴얼 등을 제작 · 보급한다.

### (2) 학교 진로교육에 대한 실태

중학생과 고등학생은 모두 '진로와 직업 수업'에 참여한 비율이 각각 87.7%와 84.3%로서 가장 높았고, '진로동아리' 참여율이 각각 31.6%와 38.7%로 가장 낮았다. 그러나 참여에 대한 만족도는 '진로와 직업 수업'이 가장 낮고 상대적으로 '진로동아리'와 '진로체험' 활동이 만족도가 높은 것으로 나타나, 학생들이 수업보다는 활동 중심의 진로교육에 보다 만족하는 경향을 가진다.

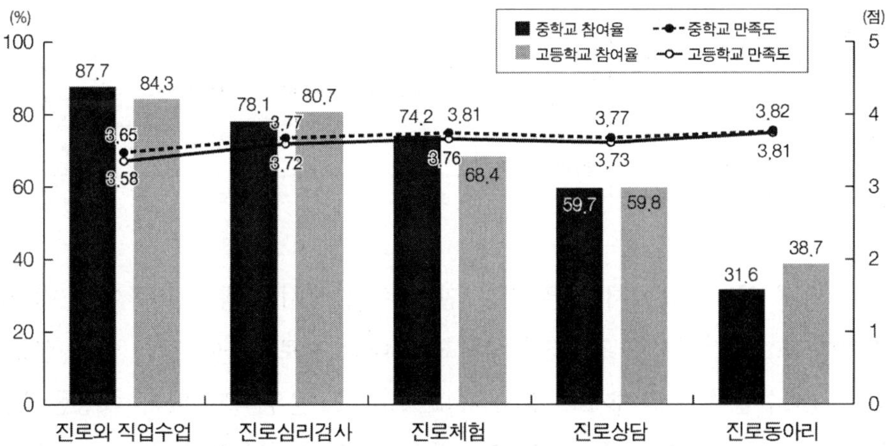


출처: 교육부 · 한국직업능력개발원(2015). 2015 학교진로교육 실태조사

[그림 10-1] **진로활동별 참여율 및 만족도(중고등학생)**

일선 학교 교사들은 진로교육에 도움이 되는 주요 활동으로 '진로 · 직업체험'이 지목되고 있지만, 학교급이 높아질수록 영향력이 감소하고 있다고 인식하는 경향이 있다. 이는 현재 중학교에 집중되고 있는 진로 · 직업체험 기회가 초등학교 시기부터 제공될 필요가 있음을 의미하는 것이다. 이외에도 학교급이 높아질수록 진로적성검사의 비중은 작아지고, 학생 자치 동아리활동이나 개인상담 등에 대한 비중이 높아지는 현상도 발견할 수 있다. 이러한 현상은 학교급이 올라갈수록 피상적 · 집단적으로 이루어지는 활동보다 학생이 적극적으로 고민하고 성찰하고 참여할 수 있는 개인 맞춤형 활동이 학생의 진로발달에 도움이 된다는 점을 의미하는 것이다.

〈표 10-10〉 **도움이 되는 진로교육활동(교사 인식)** **(단위: %)**

(단위: %)

| 구분 | 학교급 | | |
|---|---|---|---|
| | 초 | 중 | 고 |
| 진로/직업체험 | 61.00 | 46.24 | 38.52 |
| 진로적성검사 | 16.00 | 17.55 | 14.79 |
| 학생 자치 동아리 활동 | 4.00 | 7.52 | 12.06 |
| 개인상담 | 5.00 | 13.37 | 14.01 |
| 기타 | 14.00 | 15.32 | 20.62 |

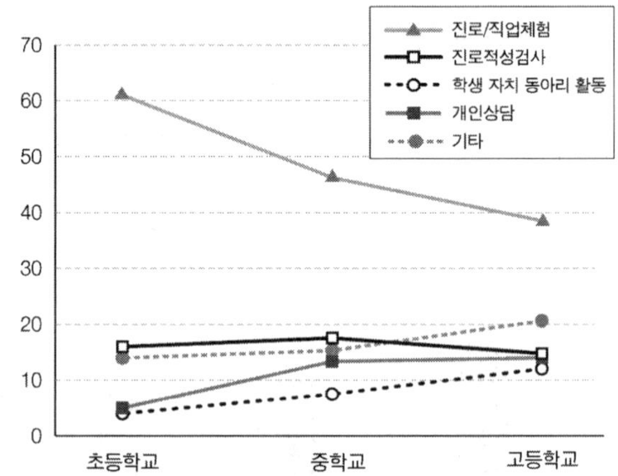


진로교육은 학교교육에서 좋은 진로 관련 수업 실시를 통해 이루어질 때 효과적일 것이다. 2015년 경기도 진로진학상담교사 대상 진로교육에 관한 연구 설문 결과에서는 진로수업이 아직까지도 강의식(42.9%)으로 운영되고 있어 학생중심수업으로의 전면 확대를 위한 지원 시스템이 필요하다고 분석되었다. 또한, 대다수 진로진학상담교사들은 효과적인 진로수업을 위해서 진로교육 활동지(40.0%)와 동영상자료(32.3%) 제작 및 지원이 필요하다고 하였다. 진로진학상담교사는 수업을 체계적으로 지원할 시스템이 있었으면 좋겠다는 의견을 가장 많이 표출하였다.

### (3) 진로교육의 문제점

첫째, 진로교사가 배치된 학교 비율이 높아지고 있지만, 약 400여 개 학교에는 진로교사가 없고, 약 300여 개 학교는 다른 학교의 진로교사가 순회근무하고 있다는 점을 들 수 있다. 이미 진로교사가 배치된 학교라 하더라도, 한 명의 진로교사가 모든 학년의 학생을 담당하기 어렵다. 심지어 대규모 학교에서는 진로교사가 1학년 학생의 진로 수업도 다담당하지 못하고 시수가 남는 일반교과 교사와 분담해야 하는 상황이 발생한다. 이처럼 충분한 진로교사가 확보되지 못하는 상황에서 한 사람의 낙오도 없이 모든 학생에게 다가가는 학교 진로교육은 어려운 실정이다.

둘째, 학교 교육과정에 진로교육이 견고하게 착근하지 못한 것도 중요한 문제이다. 진로교사는 교과교사로서 수업을 해야 하는데, 「진로와 직업」을 선택교과로 채택하고 있는 학교는 30~40% 수준으로 많지 않다. 그러다 보니 창의적 체험활동의 '진로활동' 시간에 「진로와 직업」 교과서로 수업하는 경우도 흔히 발생하고 있다. 이마저도 진로교사가 아닌 시수가 남는 일반교과 교사가 진행하는 경우가 흔하고, 대규모 학교에서는 「진로와 직업」 교과 수업도 진로교사가 아닌 일반교과 교사가 해야 하는 경우도 발생하고 있다. 학교 전반에서 진로체험이 활성화되는 것은 의미 있는 일이지만, 일부 학교에서는 단순히 실적 채우기를 위한 행사로 개최되기도 한다. 진로교사가 체험처 발굴 및 연계에 힘을 쏟다 보니 오히려 학교 진로수업은 소홀히 할 수밖에 없는 현실적인 어려움도 발생하고 있다.

셋째, 학교 진로교육의 물리적 및 내용적 인프라도 부족하다. 학교 진로수업에 필요한 전용 진로활동실을 갖추고 있는 학교는 중등에서 절반 정도에 불과하며, 초등은 거의 없는 상황이다. 학생의 대면상담을 위한 진로상담실도 없이 진로교사 사무실에 칸막이를 설치하고 진로상담을 하는 경우도 많다. 진로교육을 위한 내용적 콘텐츠도 부족하다. 커리어넷을 통해 다양한 진로정보를 제공하고 있지만, 수요자인 학생과 교사, 나아가서 학부모를 위한 대상별 맞춤형 정보는 부족한 편이다. 아울러 시기가 지나 개정이 필요하거나 수요자의 선호 경향에 맞지 않아 새로 개발이 필요한 진로정보 자료들이 많다. 수요자들이 필요로 하는 정보를 찾기 쉽게 하고 지속해서 소통할 수 있는 플랫폼이 되도록 하는 것도 지속적인 개선이 필요하다.

다섯째, 진로교육을 위해 활용하는 진로상담이나 진로적성검사 등을 적절하게 활용해야 할 것이다. 진로 관련 각종검사는 개인의 진로 흥미나 결정 등 개인적 특성을 파악하여 진로 준비하는데 효과적인 참고자료로 활용될 수 있다. 그러나 이런 검사들이 개인이나 진로담당 교사들이 학생들의 진로를 결정하는 데 지나치게 맹신되거나 진정한 의미의 학생 개인의 진로정체감을 결정한다는 믿는 오류를 범할 수 있다는 것이다. 왜냐하면 학생들 자신의 진정한 진로나 직업에 대한 미래 불확실성에 기인한 것이다. 따라서 진로적성검사결과는 학생이나 교사 모두가 참고자료로서 사용하고 학생 자신이 자신의 진로정체감을 확립하도록 돕는 진로상담을 할 필요가 있다.

### (4) 진로교육의 활성화 방안

첫째, 학교급별로 생애단계별 진로교육을 학교교육과정에 반영하고 학생 개인 맞춤형 진로교육을 뛰어넘어 생애주기별 맞춤형 진로설계 코칭의 형태로 현장에 확산시켜 나갈 필요가 있다. 또한, 학생들이 자율적으로 참여하는 풍토에서 혁신 및 도전정신을 기를 수 있도록 기업가정신(창업), 핵심역량 교육 등과 연계하여 실시할 필요가 있다. 왜냐하면 자신의 진로와 직업 선택이 개인의 역량에 대한 효능감에 따라 결정될 수 있기 때문이다.

둘째, 생의 입장에서 자신의 진로에 대한 발달 단계, 생애목표와 진로 정체성을 바탕으로 자신의 진로를 자신감 있게 선택할 수 있는 진로결정효능감을 신장하는 방향으로 진로교육을 실시해야 할 것이다. 예를 들면, 청소년의 뇌는 이성적인 사고를 담당하는 전두엽보다는 뇌에서 감정을 담당하는 편도체가 더 활성화된다. 또한, 청소년기는 자아를 발견하면서 동시에 세상의 다채로움에 눈을 크게 뜰 수 있는 역동적인 때이다. 사람은 자신이 사회에서 기여할 수 있는 분야를 찾아서 역할을 만들어가고 경제적으로도 자립한다. 진로라는 것이 세상과 그 안에서의 자기 역할을 연관 지으면서 만들어가는 것이라고 볼 때, 청소년 시기야말로 진로개발을 위한 여정에 나서서 탐색해볼 수 있는 출발점이다.

청소년기의 진로교육은 자아정체성과 떼려야 뗄 수 없는 관계라는 점을 방증하는 것이다. 이를 위하여 진로프로그램 운영을 활성화하여 진로발달 단계에 맞는 진로심리검사를 학교에서 자율적으로 실시하고, 이에 대한 분석을 통한 개별 학생 상담활동을 맞춤형으로 제공할 필요가 있다. 또한, Bandura가 제시한 바와 같이 청소년의 진로결정은 의미 있는 타자의 관찰과 모방을 통한 진정한 자기 진로의 정체감을 통해 이루어진다는 점을 고려하여 다양한 진로직업 체험활동이나 지역의 인적자원을 활용한 전문직업인 초청 특강 등을 실시할 필요가 있다. 특히, 청소년 기업가 체험 프로그램, VR(Virtual Reality)를 이용한 우주비행사나 항해사 등의 직업 체험 프로그램, 인공지능(AI) 관련 SW개발자, 로봇공학자, 헬스케어 종사자 등의 미래 직업세계를 체험할 수 있는 프로그램을 지속적으로 개발·보급할 필요가 있다.

셋째, 청소기의 진로개발은 직업탐색과는 다른 것으로서 새로운 길을 창조하는 폭넓은 활동이라는 점을 인식할 필요가 있다. 청소년기의 진로에서 현재 존재하는 직업들과 자신의 특성을 가늠하여 연결시켜보도록 하는 패러다임이 만연한 것에 대해서 반성할 필요가 있다. 교육은 오지 않은 미래, 현재의 상상을 뛰어넘을 세상을 헤치고 살아갈 시민을 기르는 일이다. 적어도 현재 청소년들이 사회의 주역으로서 왕성하게 일할 30대에서 60대까지의 시기는 2030년대에서 2060년대까지이다. 사라질지도 모르는 직업들 중에서 희망직업을 찾는 데 시간과 노력을 기울이는 것은 소모적일 수 있다.

진로개발 이론에서도 변화무쌍함과 불확실성이 키워드인 미래 사회를 생각할 때, 우연하게 맞닥뜨리는 일들을 자신의 진로에 유리하게 활용하여 만족스러운 직업생활을 영위하게 되는 현상을 설명한 우연학습이론(Happenstance Learning Theory)이 있다. 현재의 중학생들이 진로를 개척해가는 과정에서 꼭 필요한 것은 원하는 직업과 자신을 매칭시키는 것이 아니라 우연하게 펼쳐지는 상황을 자신의 진로로 연결시키기 위해서 필요한 호기심, 인내심, 융통성, 낙관성, 위험감수 등의 역량을 기르는 것이다.

넷째, 진로교육은 단위학교의 교과 교육과정과 밀접하게 연결될 필요가 있다. 각 교과의 특성에 따라 모든 교사가 모든 과목에서 진로교육을 실천해야 한다. 예를 들면, 사회과목을 가르치는 교사는 정치, 경제, 사회, 문화, 법률, 행정 등의 다양한 분야에 대한 폭넓은 이해와 미래 직업세계에 대한 해박한 견해를 밝힐 필요가 있다. 국어교사는 읽기와 글쓰기, 말하기와 듣기, 문학과 문법 등을 가르치면서 작가, 사서, 상담, 출판, 도서, 정치, 언론, 방송, 광고, 미디어 등의 다양한 직업 세계를 안내할 책임이 있다는 말이다. 예체능교과는 예체능대로, 언어교과는 언어교과대로, 수리과학교과는 수리과학분야로, 사회교과는 사회분야로 각각 고유한 영역의 진로에 대하여 지속적으로 학생들에게 안내할 필요가 있다. 그러면 학생들은 수업을 통해 전문 교과 내용에 대한 인지적 이해와 더불어 체험을 통한 실용적 이해를 곁들이게 되고, 그러한 교과 수업은 곧 미래의 직업을 경험하는 시간이 되는 것이다.

다섯째, 학생들의 풍부한 감성을 키우는 주제 중심의 협동학습, 프로젝트 학습, 보충심화형 수업 등을 운영하고, 학생들이 다양하고 흥미롭게 접근할 수 있는 교과별 독서활동, 교과 통합(융합) 프로젝트 학습 등을 실시한다. 창의적 체험활동을 내실화하기 위해서 주제중심 교과연계 및 융합형 콘텐츠를 활용하고, 상급학교 적응을 지원하기 위한 프로그램의 운영과 개인별, 모듬별, 학급별 맞춤형 체험과 탐방 프로그램을 운영한다. 또한, 국토사랑, 향토 문화체험, 봉사활동과 연계하여 진로체험형 프로그램을 실시하고, 창의력과 인성을 증진시키는 교과별 독서 체험 프로그램을 운영한다.

여섯째, 학교교육과정을 직접 준비하고 운영하는 교원들이 지속적으로 전문성을 키워갈 수 있도록 교원의 직무 맞춤형 연수, 교사연구회 운영 등 다양한 지원체제를 마련해 줄 필요가 있다. 또한, 진로교사를 대폭 확대 배치하여 현실화하거나, 학교 진로교육의 역할분담 체계를 통한 종합적 진로교육이 이루어져야 한다. 학생 개인 맞춤형 진로교육이 이루어지기 위해서는 진로교사의 인원수를 대폭 확대 배치해야 한다.

## 교직 상황 중심 논술 연습

**다음은 학생 부적응과 문제행동에 대한 연수를 통해 A 교사가 자신의 학생지도를 되돌아본 성찰일기이다. 다음의 지문과 문제를 읽고 논술하시오.**

> 최근 다른 교과 교사들을 통해 우리 반 학생들이 수업 시간에 반쯤 자고 있는데, 그 이유로 장래 진로도 맞지 않은 수업에 흥미가 없으며, 학생들의 장난 때문에 집중이 되지 않아 학교 수업은 포기하고 있다는 말을 들었다. 그런데 오늘 연수에서 학생들에게 적극적이고 소극적인 측면의 행동수정원리를 적절하게 활용하면 수업 참여와 동기를 향상시킬 수 있다는 점을 깨달았다. 그래서 학생들의 수업 참여 실태를 파악하여 행동수정원리의 적용 방식을 고려하여 교과교사들과 상의해 볼 필요가 있다.
>
> 최근 한 학부모가 우리집 아이는 학교에 다니기 싫어하는데, 수업에서 활달한 학생들이 주도권을 잡고 있어서 조용하고 내성적인 우리 아이는 수업에 참여하고 싶어도 하지 못하고 있다고 한다. 오늘 학습자의 특성들을 들으면서 학습자의 학습스타일을 고려한 학습집단 편성을 통해 이런 문제를 해결할 수 있다고 들었다. 그런데 우리 학급 학생들의 학습스타일이나 성격을 고려하여 소집단을 편성하는 것을 고민해 보아야 겠다. 그런데 그렇게 하면 어떠한 효과가 있을 것인가?
>
> 우리 학생들은 학생 개인 문제를 우리보다 학원선생님에게 얘기하고 있어서 교사들은 올바른 상담 능력을 갖출 필요가 있다. 오늘 인간중심상담을 배웠는데 나의 상담 기법은 여러 측면에서 개설될 필요가 있다는 점을 깨달았다.
>
> 진로상담 연수에서 자유학기제 성공을 위해 무엇보다도 학생 자신에게 알맞은 진로정체성을 형성하고 그것을 계발할 수 있는 프로그램 개발과 적용이 필수적임을 깨달았다.

❶ 수업 참여 증진을 위한 적극적 행동수정원리 2가지와 소극적 행동수정원리 2가지를 제시하시오.

❷ 학습자 특성 중 학습스타일이나 성격 등을 고려해 소집단 편성 운영 방법과 효과를 각 2가지씩 제시하시오.

❸ 인간중심상담에서 지향하는 상담기법 3가지를 제시하시오.

❹ 진로정체성 형성을 위한 프로그램 개발 전략 3가지를 제시하시오.

# 소집단 구성 운영에 대한 참고자료

## Q1 협동 학습을 위한 소집단 구성은?[13)]

협동학습을 위한 소집단의 조직과 운영은 여러 방법이 있으며 다음과 같이 예를 들 수 있다.

① 조직은 3월 학년 초부터 시작하며

② 소집단원 수는 4인 1조, 6인 1조, 8인 1조 등 이질 집단 구성 원칙으로 한다.

③ 운영 방법은 월별, 격월별, 분기별 등으로 소집단원 바꾸기, 역할 바꾸기를 시행합니다.

구체적인 방법은

Ⓐ 자리 배치

모둠학습 능력을 생각해서 이질적인 능력을 가진 학생들끼리 자리를 배치하고 능력이 다소 우위에 있는 학생들을 적절히 모둠에 나누어 배치를 한다.

Ⓑ 공동 작품을 통한 공동체 의식 조성

서로에게 힘이 되고 위안이 되는 친구는 학습의 효과를 높일 수가 있습니다. 또래로부터 배우는 학습은 때때로 교사로부터 배우는 그 이상일 수 있다. 따라서 우리 반이 모두 하나라는 공동체 의식을 심어주는 것은 학습의 효율성과 관련이 깊으므로 모둠 공동 작품을 만든다.

Ⓒ 소그룹 세우기 활동(의도적 모둠학습 활동)

협동학습은 인원은 다르지만 모둠학습의 기회가 많습니다. 따라서 새롭게 조직된 모둠 원들과 모둠 이름, 역할 나누기, 모둠 규칙 등을 만드는 시간을 준다.

Ⓓ 효과적 통제를 위한 여러 가지 침묵 신호 만들기

아이들을 효과적으로 통제하기 위하여 여러 가지 침묵 신호를 만들어 사용한다.

---

13) 여기서 제시된 Q & A는 한국교육학술정보원(2007)의 초임교사를 위한 장학가이드북 및 Q&A 내용을 제시한 것이다.

예) 침묵번호 - 손가락의 개수대로 소리 크기를 조절한다. 하나는 속삭이는 소리, 둘은 친구끼리 대화하는 소리, 셋은 여러 사람 앞에서 발표하는 소리, 넷은 운동장에서 내는 소리, 동작조절카드 - yellow card와 red card를 만들어 개인과 모둠 보상의 징표로 동시에 사용한다.

Ⓔ 보상제도 (긍정적인 관심 보이기)
모둠별 보상을 실시하되 되도록 긍정적인 보상을 실시하도록 한다.

Ⓕ 도구 사용 (모둠 필통, 협동학습 도구함)
협동학습을 하다 보면 필요한 학습 도구들이 많다. 학생들은 학생들대로, 교사는 교사대로 필요한 도구들을 일목요연하게 정리를 해 두는 것이 필요하다. 교사용과 모둠별로 바구니를 이용하여 『협동학습 도구함』을 만든다.

소집단 활동을 활성화하기 위한 교사의 역할은

① 소집단 1조부터 차례로 소집단 토의 활동에 참여하여 사회를 시범적으로 맡아 진행한다든지, 또는 토의에 직접 참여한다.
② 순회지도 때 토의가 부진하거나 딴 짓을 하는 학생, 그리고 토의에 참여하지 않고 고립된 학생을 찾아 적극 지원하여 흥미를 갖도록 유도한다.
③ 소집단 토의 시 다른 소집단에 방해가 되지 않도록 소곤소곤 이야기하게 지도한다.
④ 발표를 독점하는 학생이 없도록 발표 기회를 고루 준다.

## Q2 수업 시 소집단 학습을 활용하면 좋은 점은?

① 모든 학생이 학습에 참여하게 된다.
② 문제해결의 시간과 노력을 줄일 수 있다.
③ 사고의 깊이와 폭을 넓힐 수 있다.
④ 개인차를 정확히 파악하여 능력에 맞는 지도를 할 수 있다.
⑤ 문제를 해결하거나 의사 결정하는 능력을 길러준다.
⑥ 학급내의 인간관계를 개선하여 공동체의식을 형성할 수 있다.
⑦ 긍정적 자아개념과 함께 타인에게 배려하는 태도를 형성할 수 있다.
⑧ 학생들의 숨어있는 다양한 재능을 개발하고 격려해 줄 수 있다.
⑨ 소집단 학습은 교사에게 다양한 수업전략을 제공해 준다.

■ 논술연습지

■ 논술주제:

■ 논술개요

| 논술문제 | 논술내용 | 논술지문 |
|---|---|---|
| | | |
| | | |
| | | |
| | | |
| | | |

제 11 장

# 교사리더십 및 배움의 공동체

## 셀프진단평가

다음은 D교육청에서 보낸 단위학교 배움의 공동체 운영 지원 관련 안내문의 일부 내용이다. 아래의 지문과 질문을 읽고 여러분이 논술 내용으로 작성할 내용을 제시하시오.

❖ **배움의 공동체 운영 지원 사항**

- 2015 개정 교육과정의 도입에 따라 교원의 학교 교육과정 편성·운영 능력과 교과 수업 개선 및 창의적 체험활동에 대한 지도 능력을 제고하기 위한 교내외 학습조직 활동 지원
- 제4차 산업혁명 시대를 맞이하여 다양한 지능정보기술을 활용한 융복합 교과 구성, 교수학습방법 및 평가를 위한 교내외 학습조직 활동 지원
- 창의적 체험활동, 범교과활동, 자유학기제 등 학년 간, 교과 간 문제기반학습, 프로젝트기반 학습 운영을 위한 교내외 학습조직 활동 지원
- 교과 및 창의적 체험활동 등 과정을 중시하는 수행평가 방법 및 채점의 타당성 및 공정성 확보를 위한 교내외 학습조직 활동 지원
- 학생의 적절한 진로탐색과 선택을 지원하는 다양한 진로 프로그램 개발 및 상담 활동을 위한 교내외 학습조직 활동 지원

❶ 학교 조직에서 운영될 수 있는 배움의 공동체(또는 학습조직)의 유형들은 무엇이며, 그것들을 공식조직과 비공식조직 차원으로 분류할 수 있는가?

❷ 학교 조직에서 이루어지는 배움의 공동체의 기능과 효과는 무엇인가?

❸ 교사전문성, 교사리더십과 배움의 공동체의 관계는 어떠한가?

❹ 배움의 공동체가 활성화될 수 있는 교육조직은 어떤 특성을 갖는가?

❺ 리더로서의 교사가 갖추어야 할 지식, 기술, 태도는 무엇이며, 그 역할은 무엇인가?

❻ 학교 교육과정, 수업, 평가, 진로지도 등을 위한 배움의 공동체 유형과 운영 전략은 어떠해야 하는가?

## 1. 주요이론

최근 학교 현장은 현장 중심 전문가와 리더십을 갖춘 교사들을 필요로 하며, 또한 수업 및 생활지도 등 현장 문제에 대해 교사들이 함께 연구하고 성찰하는 전문적 학습공동체 운영을 강조하고 있다. 아래에서는 학교의 사회적 기능과 조직적 특성, 교사의 교직관과 전문성, 배움의 공동체와 교사리더십 등에 대한 기본적인 지식과 스킬들을 제시할 것이다.

### 1) 학교의 사회적 기능[1)]

학교는 교육을 목적으로 설립된 공적인 조직으로서 그 나름의 기능을 수행한다. 학교는 재능 있는 사람들을 분류・선발하는 합리적인 체제이며, 사회에서 대부분의 역할 수행에 필요한 인지적 기술과 규범을 가르치는 기관이다. 이러한 측면은 학교교육의 기능론적 접근이라 볼 수 있다. 기능론적 관점에서 학교의 사회적 기능은 사회화, 문화유산 전달 기능, 사회적 통제, 사회적 선발과 배치 등으로 제시될 수 있다. 우선, 학교는 사회화 기능을 수행한다. 즉, 학교는 개인이 사회에 적응할 수 있도록 도와주고, 사회가 계속하여 발전할 수 있도록 통합해 주고, 개인과 사회 사이에 존재하기 쉬운 갈등을 해소해 주고, 전체 사회의 기능이 원활하게 수행될 수 있도록 도와준다. 둘째, 문화는 가정, 학교 등과 같은 사회의 교육기관을 통해 사회 성원간에 널리 보급되고 세대 간 전수가 이루어진다. 특히 학교교육은 문화유산을 다음 세대에 전달하여 내면화시키고 동화시키는 기능을 한다. 셋째, 학교는 사회의 유지존속과 통합을 위하여 개인의 사회화나 문화의 전달이라는 기능과 함께 사회통제의 기능을 수행한다. 넷째, 학교는 사회구성원을 서로 다른 사회적 지위에 적절하게 분배하는 선발과 배치의 기능을 수행한다. 반면, 갈등이론은 기능주의 관점

1) 이종각(2012)의 Basic+ 교육사회학, 김신일(2009)의 교육사회학에서 발췌 재구성하였다.

에서 학교 기능과는 대조적으로 산업화된 기술사회 혹은 자본주의 사회의 지배적인 가치를 가르치는 것으로 본다. 즉, 학교를 자본주의 체제의 유지에 합목적적인 의식의 재생산을 통해 기존의 사회체제 및 경제질서를 지속시키고 이를 재생산하는 기능을 담당하고 있는 것으로 본다. 또한, 학교가 인재를 정확하게 선별함을 전제하는 능력주의(meritocracy) 교육관을 배격한다. 을 허구라고 단호히 배격한다.

〈표 11-1〉 **기능론과 갈등론의 학교교육에 대한 관점 비교**

| 기 능 론 | 갈 등 론 |
|---|---|
| (1) 학교는 사회의 안정과 질서에 기여하는 제도이다.<br>(2) 학교는 사회가 요구하는 기술, 지식 등과 공동체 의식을 전수한다. 학교교육이 기술훈련을 통하여 국가의 경제성장과 발전 그리고 인간의 자기실현에 결정적인 역할을 한다고 본다.<br>(3) 학교는 사회 구조적 모순을 해결하여 주며, 사회 평등화를 도모한다. 교육기회의 균등화를 통하여 삶의 기회를 공평하게 해줄 수 있다는 의미에서 교육이 사회적 불평등을 해소할 수 있다고 본다.<br>(4) 교육은 독립적이며 자율적이라는 자유주의적 이데올로기에 근거하고 있다. 학교에서 전수하는 교과내용은 사회구성원들의 합의에 의한 것이다.<br>(5) 학교는 개인의 재능과 노력에 따라 공정한 평가를 하며, 아울러 정당한 사회적 보상이 주어진다.<br>(6) 학교는 지위의 사다리며, 공정한 사회이동을 촉진한다.<br>(7) 학교교육을 통해 각종 사회문제를 해결할 수 있다. | (1) 학교는 기존의 위계질서를 공고히 하며, 지배계급의 이익에 종사하는 도구이다.<br>(2) 학교는 기존의 질서를 재생산함으로써 사회 불평등을 영속화한다. 학교교육을 자본주의적 위계구조에 대응해서 노동자를 차별적으로 양상하는 계급생산의 메커니즘이라고 본다.<br>(3) 교육이 이데올로기적 상부구조로서 경제적 토대의 대응체라는 유물론적 해석에 근거하고 있다. 학교에서 가르쳐지는 내용은 지배계급의 문화와 이익에 밀접히 관련되어 있다고 본다.<br>(4) 학교는 피지배계층에게 기존의 불평등 위계구조에 순응하도록 강요하는 이데올로기적 기관이다.<br>(5) 학교는 인간을 강요하고, 억압함으로써 타율적이고, 수동적인 존재로 전락시키고 있다.<br>(6) 학교는 지적 기술보다 지배계층이 선호하는 가치관, 규범, 태도 등을 은밀히 강조하고 있다.<br>(7) 학교에서 행하는 능력주의 이데올로기는 외형상 공정하게 보이나, 피지배계층의 아동을 효과적으로 탈락시키고, 지배질서의 정당성을 강조하기 위한 위장된 이념에 불과하다. |

## 2) 학교조직의 이해[2)]

교사가 일하는 학교조직을 교직이라고 한다. 교직은 공식조직과 비공식조직을 지

2) 김규태, 강유정, 권민석, 최경민(2017)에서 발췌 재구성하였다.

니고 있다. 공식조직은 공식적인 조직표상에 나타난 조직으로서 공식화된 분업의 계통과 인원의 배치, 공식적인 의사소통의 경로와 권한의 배분 등을 강조하는 조직이다. 공식조직으로서의 학교조직은 학교운영계획서를 통해서 이해될 수 있다. 학교운영계획서에는 학교규칙, 교육목표, 교육과정 운영, 교무분장, 위임전결, 학교 각종 위원회 등에 대한 운영 규정과 계획이 담겨있다.

또한 공식조직으로서의 교직은 계선조직(line organization)와 참모조직(staff organization)의 특성을 지니고 있다. 계선조직은 수직적인 지휘명령계통을 바탕으로 학교 업무를 직접 수행하는 제1차적인 조직이다(예: 교장-교감-학년부장). 참모조직은 계선조직의 기능을 원할하게 추진하도록 기획・자문・협의・경고・정보수집・연구 등의 기능을 수행하는 조직이다(예: 교무부, 연구부, 학생부 등).

한편, 비공식적 조직은 공식조직 내에 존재하면서 공식조직에 의해 충족되지 못하는 여러 가지 사회적・심리적 기능을 수행한다. 또한 그것은 공식조직 내부에서 자연발생적으로 생기는 조직이다. 그 예를 들면, 교과협의회, 교직원 상조회, 교사들 간의 각종 동호회 모임이 이에 속한다.

〈표 11-2〉 **공식 조직과 비공식 조직의 비교**

| 공식 조직 | 비공식 조직 |
|---|---|
| • 공적인 목표 달성을 위한 인위적 조직<br>• 제도화된 공식 규범을 바탕으로 성립<br>• 권한의 계층, 명료한 책임 분담, 표준화된 업무 수행, 비정의 인간관계<br>• 외면적이고 가시적<br>• 능률・비용의 논리에 의해 구성・운영<br>• 계속 확대되는 경향 | • 자연 발생적 조직<br>• 상호간의 상호작용을 바탕으로 성립<br>• 혈연, 지연, 학연, 취미, 종교 및 이해관계<br>• 내면적이고 비가시적<br>• 감정의 논리에 의해 구성・운영<br>• 항상 소집단의 상태 유지 |

학교조직은 관료적 특성과 전문적 특성을 동시에 지니고 있다. 이를 학교조직의 이중성이라고 한다. 교사는 학교 조직의 일원이므로 학교조직에서 설정한 규칙과 규정을 준수해야 한다. 예를 들면 정해진 시간에 출근하고 수업을 해야 하며, 정해

진 기준과 절차에 따라 업무를 수행해야 하는 반면에, 교과 수업과 평가, 학생에 대한 지도는 전문적 지식과 경험을 바탕으로 자율적으로 결정하고 책임을 져야 한다. 이때 전자는 학교조직의 관료적 특성이라고 하며, 후자는 학교조직의 전문적 특성이라고 한다(김규태, 2012). 다른 의미로 말하면 Hage가 과 같이 분류한 대로 전자는 기계적 조직으로, 후자는 유기적 조직으로 볼 수 있다.

학교조직은 기계적이고 합리적인 관료주의라는 이미지를 지니고 있다. 이는 공식화, 중앙집권화, 성문화된 규칙과 규정, 수직적 의사소통, 감독, 위계, 효율성 및 외재적 인센티브 등의 특징을 갖는다. 공식 조직에서 상급자(또는 기관)는 하급자(기관)의 권한과 업무를 위임할 권리, 준수해야 할 규칙과 규정, 수행하는 책임에 대해 감독하고 평가할 권리를 갖는다. 하급자(기관)는 상급자의 명령에 복종하고, 규칙과 규정을 따르고, 책임 결과를 보고해야 하는 의무를 갖는다.

한편 교직은 학교운영, 수업과 지도 등에 대해 전문적 지식과 기술을 요청하는 전문가 조직이다. 학교조직의 전문적 성격은 전문가로서의 교사와 그들의 교육활동의 수혜자인 학습자 간의 상호관계와 이를 위해 활용하는 전문 지식과 경험을 강조한다. 전문가로서 교사는 자신의 전문 지식을 통한 수업과 지도의 자율성을 바탕으로 학생과 학부모에 대한 봉사 정신과 책임감을 지니고 전문적 성과를 낼 것을 기대받는다. 또한 교사의 직무는 지속적인 전문성 계발과 훈련, 동료 및 전문가 집단의 통제를 받는다.

요약하면, 교직은 관료주의와 전문성주의를 동시에 지니고 있다. 관료주의 관점에서 교직은 동질적이고, 표준화되며 집합적인 측면이 강한 특징을 지닌 교직 문화를 반영한 반면에, 전문성주의 관점에서 교직은 다양한 개인의 전문적 기술과 과업을 강조하는 교직 문화를 반영한 것이다. 한편, 구조적 측면에서 볼 때 관료주의는 좀 더 단단하게 결합된 시스템의 특성을 지니면서 중앙집권화된 통제 구조를 지향한다. 이에 따라 교직은 외부 책무성 통제 속에서 더 명시적이고 구체적인 규제를 받기 때문에 상대적으로 낮은 전문적 재량권을 행사한다. 반대로 전문성주의 관점에서 교직은 느슨한 조직 구조를 지니는 분권화된 통제 시스템 속에서 내부 책무성기제를 바탕으로 비공식적인 전문적 규범과 기준에 의해 통제를 받기 때문에 상대적으로 높은 재량권과 전문성주의를 실천할 수 있다.

### 3) 교사의 교직관과 전문성[3)]

교직을 이해하려면 그 수행 주체인 교사는 누구이며 어떠한 역할을 수행하는가를 이해할 필요가 있다. 교사는 수업활동과 학생지도에 필요한 소양과 지식을 갖추고 고도의 자율성과 사회적 책임성을 실천하는 교육공무원이다. 교사는 법령에서 정하는 바에 따라 학생을 교육한다. 또한 교사는 임용주체에 따라 국공립 교사와 사립교사로 구분된다. 국가와 지방자치단체에서 임용한 교사는 국공립교사이며 교육공무원 신분을 지닌다. 그러나 학교법인에서 임용한 교사는 사립교사로 불리며, 교육공무원은 아니지만 교육공무원법상 적용을 받음으로 준교육공무원이라 볼 수 있다.

교직관은 교사가 자신이 수행하는 교직활동을 어떻게 바라보는가에 관한 것이다. 일반적으로 교직은 성직자관, 노동직관, 전문직관 등 세 가지로 구분된다. 성직자관은 교사를 성직자와 같이 소명의식을 가진 직분을 수행하는 사람으로 본다. 이는 교사는 언제나 교육의 중심에 있게 되었으며, 지적으로나 도덕적으로 학생들이 본받아야 할 모델로서 수행해야 한다는 측면을 강조한다. 노동직관은 교사를 근로자로 보는 관점이며, 정신적 노동을 주로 하는 것이며, 계약에 의해 고용된 상태이므로 교사 또한 노동법에 규정하는 권리와 의무를 강조한다. 전문직관은 고도의 지적·정신적 전문성을 실천하는 봉사자로서 교과내용에 관한 지식과 함께 교과를 가르치는 방법에도 정통해야 하며, 개별 학생에 대한 이해를 바탕으로 최상의 학습 및 생활지도를 실천하는 사람이다.

교사의 전문성은 장기간 교육 훈련, 전문적 지식, 자율성, 전문적 통제, 도덕적 실행, 봉사 등으로 요약될 수 있다. 첫째, 교사는 장기간의 전문적 지식체계인 교수

3) 김규태, 이인학, 김도진 등(2016)의 교육사회학에서 발췌 재구성하였다.

실천에 대한 지식, 내용지식, 교육과정 실행지식 등에 정통(精通) 하다. 둘째, 교사는 복잡하고 모호하며, 불확실하고 개별적이며 주체적인 인간의 경험을 풍부하고 충실하게 이해하며 교육행위를 실천한다. 셋째, 교사는 자신의 지식과 기술에 따라 스스로 결정할 수 있는 자유재량권을 행사한다. 넷째, 교사는 자신의 동료에 의한 통제와 자신의 업무 수행을 판단할 전문적 식견과 기술을 지닌 외부 전문가들에 의해 통제를 받는다. 다섯째, 교사는 교육 실천 과정에서 자신들의 도덕적 판단과 결정을 한다. 즉 교육행위를 하는 과정에서 외부의 압력, 법규 및 규칙보다는 자신의 양심, 신념과 동기에 의해 직무를 수행한다. 여섯째, 교사는 고객의 필요와 요구에 맞는 교육 프로그램을 개발 제공하여 고객의 만족도를 높인다.

기능주의적 관점에서 보는 교사의 역할은 첫째, 교사는 학교교육을 통해 학생들을 기존 사회의 유지와 적응을 위한 사회화를 담당한다. 둘째, 교사는 사회에 적합한 인재를 양성하고 배출한다. 셋째, 교사는 학생들의 재능과 능력을 평가 분류한다. 넷째, 교사는 기존 사회의 유지나 통합과 변화를 촉진한다. 반면, 갈등주의자들은 교사의 기능과 역할을 다음과 같이 보는 경향이 있다. 첫째, 교사는 기존의 질서를 재생산함으로써 사회 불평등을 지속시킨다. 둘째, 교사는 자본주의의 이데올로기를 학생들에게 전달하고 통제하며, 위계적 교육제도와 계층적 불평등을 합리화한다. 셋째, 교사는 시험이나 평가를 통해 능력별 집단 편성을 통해 계층의 선발과 분배과정을 정당화한다. 넷째, 교사는 교직 업무를 단순 사무직화하고 자신의 일로부터 소외시키고 있다. 이것은 애플(Apple)의 탈기술화(deskilling)와 기술재학습(reskilling)의 현상으로 설명이 가능하다. 탈기술화는 국가에서 표준화된 교육계획 아래 다양한 교육 자료, 구체적 학습 안내, 정형화된 학습 기자재 등을 제공함으로써 교사의 할 일은 단지 컴퓨터 마우스의 클릭만 하는 존재로 떨어진다. 기술재학습은 이런 기술퇴화의 상황에 적응된 교사들이 국가에서 새로운 교육과정이나 내용이 제시되면 그것을 재학습하지만, 교사가 점점 단순한 작업의 반복으로 인해서 자신의 역할과 기능을 상실하게 되는 것이다. 하지만 갈등주의적 접근에서도 교사가 수행하는 적극적 역할과 기능을 언급하기도 한다. 우선, 교사들은 그들의 전문성 행위의 목표가 자신의 전문성주의와 이해를 옹호하는 것이 아니라 진정한 수업과 학습(authentic pedagogy)을 옹호할 수 있다.

이러한 교사의 옹호 및 참된 리더십은 상징적 상호주의 관점에서 보면 반성하는 실천가(reflective practitioners)로도 볼 수 있다. 반성하는 실천가들은 교직 수행 과정에서 상황맥락 지식에 따라 전문적 판단과 실천 방법을 강구하는 전문가이다. 그들은 자신의 전문적 활동과 결과를 냉정하게 평가하는 교육비평가다. 게다가 교사는 공식적인 위계와 구조 속에서 주어진 과업과 역할만을 수행하는 수동적 실천가가 아닌 능동적인 리더로서 역할을 수행해야 할 것이다. 전문가들은 멘토, 교육과정 개발자, 의사결정자, 문제해결자, 변화촉진자, 그리고 현장연구자로서 그 역할을 수행할 수 있다.

### 4) 배움의 공동체[4)]

최근 학교 현장에는 배움의 공동체를 지향하자는 목소리가 높다. 학교 현장에서 배움의 공동체는 교사들의 지속적인 능력 개발과 전문성 향상에 헌신하는 전문적 공동체로서의 학교, 교사들이 함께 사고, 성장, 탐구, 몰입하여 함께 배우는 학습공동체로서의 학교로 불리워지고 있다.

배움의 공동체는 공공성, 민주주의, 탁월성을 원리로 삼고 있다. 공공성은 학교는 공적인 사명과 책임을 가지고 민주주의를 실천하고 열린 공간으로 학교 안과 밖에서 소통해야 함을 의미한다. 민주주의는 학교 자체가 민주적인 사회 조직으로 운영되어야 한다는 의미이다. 탁월성은 경쟁이 아니라 스스로 최선을 다해야 최고를 추구한다는 의미로 가르침과 배움에서 도약이 있는 배움을 강조한다는 의미이다.

배움의 공동체는 수업 공개와 피드백을 중요시 여긴다. 교사가 어떻게 가르쳐야 하는 것이 아니라 학생들이 어디서 배우고 어디서 주춤거리느냐에 초점을 두고서 이야기를 나눈다. 이를 통해 교사의 가르침 중심의 수업 접근에서 벗어나서 학생의

4) 김규태, 강유정, 권민석, 최경민(2017)에서 발췌 재구성하였다.

배움을 중심으로 한 학생들에게 초점을 맞추어서 수업을 바라보게 되었다는 긍정적인 평가를 받게 되었다. 그리고 학생들의 협력적 배움을 뛰어 넘어 교사들의 협동적 배움을 강조하게 되었다. 교사 개인의 수업 기술 개선이나 학생들의 상호작용에서 벗어나서 교사들의 전문적 학습 공동체를 강조하게 되었다.

이러한 학교에서의 배움의 공동체 유형을 들면, 수업친구, 교과 및 학년협의회, 수업동아리 등을 들 수 있다(김현섭, 2013).

① **수업 멘토**: 학교 안에서 동료 교사 중에 수시로 수업 고민을 나눌 수 있는 친구 교사를 정하며 함께 수업 친구 또는 멘토로 두고 수업에 대한 진지한 나눔과 성찰을 할 수 있다.
② **학년 협의회 및 교과 협의회**: 초등학교의 경우에는 학년 협의회, 중·고등학교의 경우에는 교과 협의회를 활성화할 수 있다. 협의회는 행사나 행정을 함께 협의회는 수준에서 그쳤지만, 이제는 행정 업무가 아니라 생활지도 및 수업의 영역 등에 대해 상호 코칭이나 멘토링을 할 수 있다.
③ **수업 동아리**: 학년이나 과목에 상관없이 수업에 대한 혁신 의지를 가지고 있는 교사들이 함께 모여서 고민을 나누고 연구를 하는 모임이다.

### 5) 교사리더십[5)]

교사는 교육활동의 성패를 결정하는 자로서 교육 구성원들에 대해 효과적으로 동기를 유발하고 영향력을 행사하는 리더십을 배양할 필요가 있다. Danielson(2006)은 교사리더십을 교사의 전문성 활용, 재량권 부여 등을 통한 권한 위임과 확산을 통한 학생의 학업 향상과 학교 개선을 도모하는 활동으로 보면서, 그 특징을 다음과 같이 제시했다. 첫째, 다양한 조직리더십의 개념과 원리를 통해 설명되고 이해되어야 한다. 둘째, 학교 성과의 지속적인 유지를 위한 동료 교사들의 자발적인 협업 행

5) 김규태, 강유정, 권민석, 최경민(2017)에서 발췌하였다.

위이다. 셋째, 교직의 거대한 변화보다는 일상에 대한 완만하고 지속적인 변화에 초점을 둔다. 넷째, 교사 개인의 전문성을 신뢰하고 존중하며 자율적 판단과 재량을 부여하는 권한 위임 과정에서 일어나는 리더십 확대 과정이다.

Phelps(2008)는 리더로서의 교사로서 지녀야 하는 핵심 지식, 기술과 성향은 다음과 같다.

〈표 11-3〉 **리더로서 교사가 지녀야 하는 핵심 기술, 기술, 성향**

| 구분 | 지식 | 기술 | 성향 |
|---|---|---|---|
| 특징 | • 변화(과정과 실행)<br>• 학교문화<br>• 교육 개혁<br>• 리더십(섬기는 리더십) | • 옹호<br>• 공감과 소통<br>• 전문적 탐구<br>• 비전 창출<br>• 협업과 네트워크 | • 위험 감수와 지속성<br>• 도전 의식<br>• 봉사 의식<br>• 효능감<br>• 회복력(resiliency) |

Harrison과 Killion(2007)은 리더로서의 교사 역할에 대해 다음의 열 가지를 제시하였다.

① **자원 공유자**(resource provider): 수업 자료, 수업 계획서, 평가 문항, 유용한 웹사이트 및 읽기 자료 등을 공유한다.

② **수업 전문가**(instructional specialist): 동료 교사에 대한 효과적인 수업 전략과 방법에 대한 조언과 코칭을 한다.

③ **교육과정 전문가**(curriculum specialist): 학교 교육과정 편성 운영, 성취 기준 및 평가 등에 대해 동료 교사들을 지원한다.

④ **학급경영 지원자**(classroom supporter): 생활지도 및 학급관리 등에 대한 피드백과 컨설팅을 제공한다.

⑤ **학습 촉진자**(learning facilitator): 교사의 전문성을 신장하도록 돕고 학습 조직의 활성화를 도모한다.

⑥ **멘토**(mentor): 초임교사에 대한 역할 모델과 수업, 교육과정, 학교 규칙 등에

대한 안내자 역할을 한다.

⑦ 학교 리더(school leader): 학년, 부서 및 위원회 등에서 책임을 수행하면서 학교 구성원과 함께 일하며 학교 비전을 공유하고 목표 수립 및 실천에 전력투구한다.

⑧ 데이터 코치(data coach): 수업, 학생지도, 학교운영 관련 데이터 수집 및 활용을 통한 데이터 기반 의사결정을 장려한다.

⑨ 변화 촉진자(catalyst for change): 현상 유지에 만족하지 않고 새로운 실천 전략에 헌신적으로 도전하고 위험을 감수한다.

⑩ 학습자(learner): 지속적인 자기계발을 위한 학습을 통해 실천적 성찰을 수행한다.

리더로서 교사는 카운슬러, 컨설턴트, 멘토, 코치이다. 카운슬러는 개별적인 정서 및 문제 행동을 치유하는 교사를, 컨설턴트는 타 기관(교육청, 다른 학교 등) 등에서 당면한 문제 해결을 위한 정보, 전문지식, 조언, 전략을 제공하는 교사를, 멘토는 선배교사(부장교사, 수석교사 등)이 신임 또는 후배에게 교육과정, 수업, 생활지도 등에 대해 전문적 지식과 경험을 공유하여 후배교사의 전문성을 성장하도록 돕는 교사, 코칭은 학생 또는 동료 교사들의 역량과 전인적 성장을 도모하도록 일과 생활 전반을 돕는 교사를 말한다.

① **카운슬러(counseller)로서의 교사**: 학생 개인의 개별적·상황적 정서 및 문제 행동을 인식하고 학생들이 우울증, 불안, 내적 혼란, 타인과의 갈등과 같은 문제들에 대처하도록 돕는 사람을 말한다.

② **컨설턴트(consultant)**: 교육청이나 학교 등에서 당면한 문제나 과업에 대한 상황을 분석하고 전문적인 안내와 조언을 해 주고 그 대가로 수당이나 보수를 받는 사람을 말한다.

③ **멘토(mentor)**: 교직 업무나 수업 등 특정 영역에서 숙련된 학식과 경험을 지닌 선배 교사가 후배 교사에게 전문 지식과 경험을 나누고, 역할 모델을 제시하고, 특정한 전문적인 활동이나 직업에 대해서 도움을 주는 사람을 말한다.

④ **코치(coach)**: 학생 또는 동료 교사들의 역량을 증대시키고, 이들의 잠재력과 기술을 개발하고, 목표를 향해 실천할 수 있도록 도우며, 긍정적 정서와 행동, 사람이 갖고 있는 강점, 미래의 가능성이 성장하도록 자극하고 헌신하는 교사를 말한다.

## 2. 전문가 오피니언[6)]

학교의 변화는 조직이나 구조, 체제의 변화를 통해서라기보다는 그 속에서 살아가는 구성원들이 '자신이 처한 구조 에 대한 생각'이 바뀜으로써 보다 구체적이고 실제적으로 이루어진다. 학교개혁 성패의 열쇠는 구성원들이 가지고 있 다고 해도 과언이 아닐 것이다. 학교를 진정 혁신하고자 한다면 구조적인 변화와 더불어 내부 구성원들 생각의 변화, 규범적 변화, 문화적 변화가 동반되어야 한다. 전문가 학습 공동체의 경우는 학교 기반 공동체로 공동체 활동을 통해 소속 교사들의 공통 목표와 기대 및 가치를 함께 만들어 나가면서 결과적으로는 학생들의 학습까지 증진시키는 식으로 개별 학교의 문화가 생성될 수도 있다

전문적 학습 공동체(professional learning community) 는 교사들 간의 협력을 통한 학교 변화와 전문성 신장을 취지로 운영되고 있다. 전문적 학습공동체는 교사 간 협력적 문화를 바탕으로 개인이 학습하여 획득한 새로운 지식을 함께 공유하여 학습하는 전문가들로서 교사들로 하여금 학습하는 환경을 조성해 나가도록 하는 공식적, 비공식적 학교조직을 의미한다. 여기에는 인디스쿨(2000년부터 운영되어온 초등교사 최대 온라인 커뮤니티로, 현재는 수익사업을 하지 않는 비영리민간단체로 발전되었음), 협동학습 연구회처럼 학교 밖 네트워크 형태가 있으며, 교내 책 읽기 모임, 수업 연구 모임처럼 학교 내 네트워크 등으로 운영되는 경향이 있다.

6) 본 내용은 한국교육개발원에서 발간한 교육정책포럼(통권 258호, 2014년 12월 발간; 2015년 이슈페이퍼 CP 2015-01-1)에서 다룬 전문적 학습공동체 관련 컬럼들에서 발췌 요약한 것이며, 자세한 내용은 해당 자료를 참고바라며, 또한 표나 그림에 대한 별도 인용은 하지 않았다.

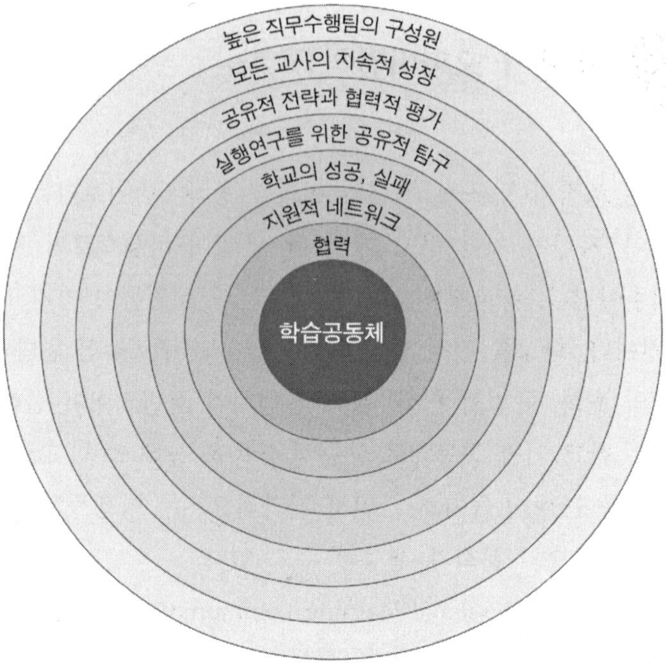


전문적 학습공동체의 성립 근거는 첫째, 조화롭게 발전하여 조직 내에서 널리 공유되는 사명, 비전, 가치, 목표로 이루어진 견고한 밑바탕, 둘째, 공통의 목표를 달성하기 위해 협동적으로 일하는 협조적인 팀, 셋째, 지속적인 개선에 집중하기 위한 결과 중심적 관점이다. 또한, 전문적 학습공동체는 팀문화, 협동문화를 필요로 한다. 왜냐하면 전문적 학습동곧체는 공통의 목적을 달성하기 위해 상호 의존적으로 일하는 구성원들로 이루어진 협동적인 팀으로 특징지어진다. 이러한 효율적인 팀을 만들어내려면, "상호의존"과 "공통의 목적"에 초점을 두어야 한다. 이렇듯 협동문화를 만들기 위해서 기본적으로 협동을 위한 시간은 학교 일정에 포함되어 있어야 하고, 팀의 규칙에 의해서 협동이 이루어져야 한다. 팀은 구체적이고 측정 가능한 행동으로 목표를 세우고, 학습에 관련된 중요한 질문과 관련 정보를 공유하며, 협동의 결과물도 명확히 해야만 한다.

전문적 학습공동체의 관건은 팀학습(team learning)인데, 이것은 팀워크와 협동을 이끌어 내어 개인학습 결과를 공유하도록 하는 기제가 된다. 팀학습은 교사들에게 학습을 유도하는 한편, 개개인이 습득한 학습 내용을 다른 교사들과 공유할 수 있도록 해준다. 이것은 개인 학습을 조직 학습으로 연결시키는 성패는 개인의 학습 경험을 다른 사람과 어느 정도 공유하느냐 하는 팀학습 활동에 달린 것이고, 이러한 팀 학습이 활발하게 이루어질 때 바로 전문적 학습공동체가 형성되는 것이다. 이를 위해서는 참여하는 교사에게 팀 학습 조직과 활동에 대한 주인의식과 헌신성을 요구하는데, 이를 통해 교사들의 긍정적 참여를 이끌어 낼 수 있다.

이러한 팀학습은 학교 안팎에서 공동 수업 만들기, 교육과정 및 수업 개발을 위한 모임, 교육과정 재구성을 통한 공동실천 등을 통해 구현된다. 이는 OECD TALIS 2013 보고서에서도 찾아볼 수 있다. 이것은 OECD가 교육지표 사업 외에 24개 회원국과 10개 비회원국 중학교 교사 약 10만 명을 대상으로 하는 교수-학습에 대한 국제조사(OECD Teaching and Learning International Survey, 이하 TALIS)를 말하며, 2014년 6월에 발표하였다. 이 보고서 결과 중 교사들의 전문성 신장을 활동을 보면, 강의/워크숍, 교육학술회의/세미나, 타학교 관찰방문, 기업/ 공공기관/비정부기관 등 방문이나 연수 과정 이 수, 자격취득 프로그램, 전문성 개발을 위한 교사네트워크, 개인 및 공동연구, 멘토링 및 동료 관찰 등을 통해 전문성 개발 활동에 참여하고 있는 것으로 나타났다. 이 중에서 전문성 개발 교사네트워크, 멘토링 및 동료관찰, 개인/공동연구, 타학교로의 관찰 방문 등은 전문적 학습공동체를 반영한 것으로 볼 수 있다.

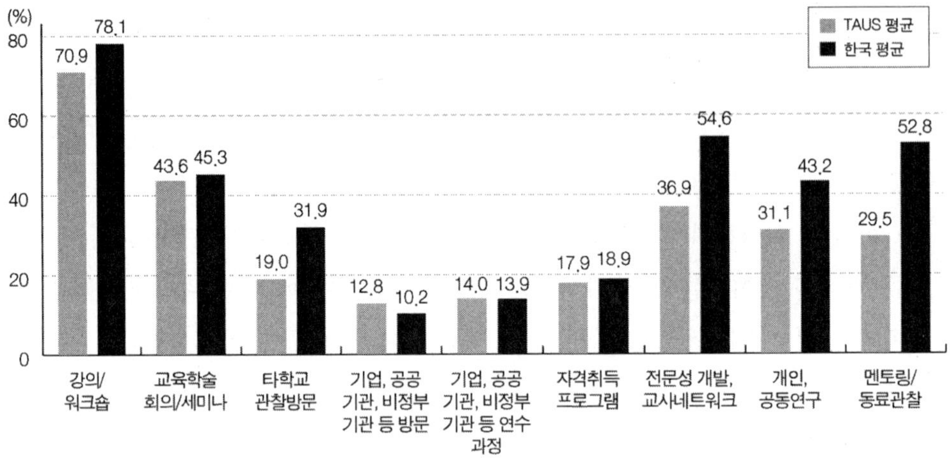


[그림 11-1] **교사 전문성 개발 참여 형태별 비율(단위: %)**

전문적 학습공동체는 공동체, 학습, 프로들의 모임의 성격을 지닌다. 우선, 공동체라는 측면은 교사들이 공동의 목표를 설정하고 팀이 되어 함께 일하며, 문제들을 파악하고, 해결방안을 모색하며, 또한 그것은 지속적인 관계 속에서 공동의 교육목표에 헌신하고 집단적으로 책임을 지며, 전문가로서 그리고 인간적으로 서로의 삶과 존엄성을 존중하고 배려하는 관계를 지향한다. 둘째, 전문적 학습공동체는 새로운 아이디어를 찾고, 충고를 받아들이며, 효과적인 것과 효과적인 않은 지침들을 반성적으로 구별해내며, 연구하고 실행하며 동료들과 함께 학습하는 것을 강조한다. 셋째, 교사들에게 활력을 주고, 일할 시간을 보장 해 주며, 집단적, 전문적 가치를 존중하도록 하여 전문가들로서의 교사들의 경험과 판단을 중요시한다는 것이다.

학교 현장에서 이루어지는 전문적 학습공동체는 다음과 같은 효과를 보이고 있다. 첫째, 교사들이 각자 자신의 비전을 설정하고 변화의 흐름에 주도적으로 적응해 나가며, 팀 학습을 통해서 협력적으로 자신의 정체성을 타인과 비교하면서, 자신의 비전을 스스로 실천하는 주체자로 거듭나도록 돕는다. 둘째, 교사들의 개인주의 한계를 인식하게 하고 각자의 관심과 공동 이슈를 중심으로 팀을 이루는 팀 중심 학습시스템으로 전환하게 될 것이다. 셋째, 교사들은 자신이 하고 있는 일에 대한 성찰과 반성을 통해서 새로운 패러다임의 변화에 쉽게 적응할 수 있을 것 이며 협력학습을 통해서 학교를 보는 관점이나 다른 교사들에 대한 이해가 넓어질 것이다. 넷째, 교사들이 보다 거시적인 관점에서 문제의식을 느끼고 이에 대한 해결책을 모색하는 전문가적 소양을 갖추게 될 것이다.

이러한 전문적 학습공동체를 활성화하기 위해서는 무엇보다도 교원의 업무 경감 등을 통하여 학습 참여 및 시간을 확보하도록 도울 필요가 있다. 또한 교사가 학습공동체 활동에 열심히 참여하고 싶어도 학교 문화가 관료화되어 있거나 개인주의 문화가 팽배해 있는 경우에는 쉽게 팀 학습이 이루어지기 어려움으로 수평적, 팀학습 문화를 조성하는 것이 필요하다. 아울러, 전문적 학습공동체를 지향하는 학교조직의 비전을 세우고 구성원들이 이를 공유하는 과정이 필요하다. 공유된 비전은 교사들이 왜 팀 학습을 해야 하는지부터 팀 학습의 목표와 과업을 명료하게 하고 학교가 추구하는 방향에 대한 공감대를 형성하는 지침이 될 것이기 때문이다.

## 교직 상황 중심 논술 연습

**다음은 D교육청에서 단위학교에 보내는 교내외 배움의 공동체 운영 지원 관련 안내문의 내용이다. 아래의 지문과 질문을 읽고 논술하시오.**

> 2015 개정 교육과정의 도입에 따라 중등 교원의 학교 교육과정 편성·운영, 통합적 교과 구성 및 운영, 과정 중심 평가의 확대, 학생의 진로 탐색 및 선택의 적절성 제고 등을 위해서 다음과 같이 교내외 배움의 공동체 운영 지원을 하고자 하오니 관심 있는 교원들의 참여 및 지원을 바랍니다.
>
> 첫째, 2015 개정 교육과정은 핵심역량을 배양하도록 교과 간 연계 및 통합을 강조하고 있어, 이를 위한 교내외 배움의 공동체를 발굴하여 지원하고자 합니다.
>
> 둘째, 제4차 산업혁명 시대를 맞이하여 다양한 지능정보기술을 활용한 교수학습방법 및 평가 방법이 요청되고 있는 바, 이를 위한 교내외 배움의 공동체를 지원하고자 합니다.
>
> 셋째, 최근 자유학기제 및 진로 위주 범교과활동 등을 위한 학년 간, 교과 간 문제기반학습, 프로젝트기반학습 운영이 활발한데 이를 위한 교내외 배움의 공동체를 지원하고자 합니다.
>
> 넷째, 교과 및 창의적 체험활동에서 과정을 중시하는 다양한 수행평가 방법과 그 타당성 및 신뢰성 확보를 위한 교내외 배움의 공동체를 지원하고자 합니다.

❶ 2015 개정 교육과정 운영을 위한 교사 전문성 신장을 위한 방안 2가지를 제시하시오.

❷ 교내외에서 운영할 수 있는 배움의 공동체 유형 3가지와 그 운영 효과 2가지를 제시하시오.

❸ 핵심역량 강화를 위한 교과 간 연계 및 통합 운영을 위한 교내외 배움의 공동체 운영 방법 2가지를 제시하시오.

❹ 학년제, 교과 간 문제기반학습(PBL) 운영을 위한 배움의 공동체 운영 전략 3가지를 제시하시오.

❺ 단위학교에서 과정을 중시하는 수행평가 방법 개발 및 그 타당성 및 신뢰성 확보를 위한 배움의 공동체 운영 전략 3가지를 제시하시오.

■ 논술연습지

■ 논술주제:

■ 논술개요

| 논술문제 | 논술내용 | 논술지문 |
|---|---|---|
| | | |
| | | |
| | | |
| | | |
| | | |

# 부록

## 교육학 논술: 연습

교육학 논술 모의평가

# 교육학 논술 모의평가

여기서는 교육학 논술 모의평가를 위한 문항을 제시한다. 실제 교육학 논술 시험 시간인 60분 동안 작성할 필요가 있다. 모의평가는 3-4명 이상의 동료들과 함께 정해진 시간에 논술하고, 이후 답안을 함께 논의하며 분석함으로 배움의 공동체의 효과를 체험하기를 권장한다. 또한 여기서 제시된 모의평가 문제들을 참고로 하여 교육학 논술의 가장 효과적인 학습은 개별적으로 또는 공동으로 교육학 논술 시험 문제를 출제해 보거나, 채점해 보는 것이다.

## 모의평가 1

A 중학교의 교직원은 2015개정 교육과정을 반영한 2018학년도 학교교육과정계획서를 작성하기 위한 워크숍을 개최하였다. 그 워크숍에서 여러 의견이 제시되었는데, 그 중에서 교직원 모두가 적극 수용한 사항은 다음과 같다. 이러한 의견이 반영된 학교교육과정계획에 담길 학교교육목표, 수업운영방향, 학생이해 및 진로지도, 교육과정 및 수업 리더십 증진을 위한 배움의 공동체 운영에 대한 내용은 어떻게 제시되어야 할 것인가에 대해 논술하시오.

| | |
|---|---|
| **이역량 교사**<br>"우리 사회는 협력적 문제해결을 위한 핵심역량을 강조하고 있고 학교교육목표도 이를 반영할 필요가 있습니다" | **김참여 연구부장**<br>"문제 풀이식 수업이나 주입식 수업은 학생들의 자기주도적 학습 능력을 저하함으로 참여 중심 수업과 과정 중심 평가 방법을 활용할 필요가 있습니다." |
| **박이해 3학년 담임교사**<br>"자유학기제 성공을 위해 무엇보다도 학생 자신에게 알맞은 진로정체성을 형성하고 그것을 계발할 수 있는 진로효능감을 갖도록 지도해야 합니다." | **최동료 교사**<br>"제4차 산업혁명 등 변화하는 사회 속에서 적응할 수 있는 효과적인 진로지도를 위한 교사리더십과 이와 관련된 배움의 공동체를 활성화할 필요가 있습니다." |

✤ **배점**

- 논술의 내용
  - 자기주도적 학습을 촉진하는 참여 중심 수업 3가지와 과정중심평가 방법 3가지
  - 학생 진로 계발을 위한 진로상담 및 진로정체성을 위한 방법 각 3가지
  - 진로교육을 위한 리더로서의 교사 역할 3가지와 배움의 공동체 운영 방법 3가지
- 논술의 구성 및 표현
  - 논술의 구성 요소와 '교사가 갖추어야 할 역량'과의 연계 및 논리적 형식
  - 표현의 적절성

- 모의평가 연습지
- 논술주제:
- 논술개요

| 논술문제 | 논술내용 | 논술지문 |
| --- | --- | --- |
| | | |
| | | |
| | | |
| | | |
| | | |

# 모의평가 2

**B 중학교 교사들의 모임에서 2015 개정 교육과정의 단위학교 학교 편성 운영을 위해 고려해야 할 수업목표, 수업방법 및 평가, 교육목표, 수업운영방향, 상담 및 수업 리더십 증진을 위한 배움의 공동체 운영을 토론하였다. 이에 대해서 논술하시오.**

| **이역량 교감**<br>“사회나 기업들은 타인을 존중하고 배려하는 사회정서역량이 필요하며, 학교교육목표도 이를 반영할 필요가 있습니다” | **김참여 학생**<br>“학교 수업은 학생 간 경쟁을 강조하여 서로 배려하거나 존중하는 바람이 없고, 또한 수업 방법도 강의식이 주류를 이룹니다. 따라서 학교 수업은 학생들의 특성을 고려하면서도 인성 함양을 위한 수업의 구성과 방법으로 실시될 필요가 있습니다.”<br>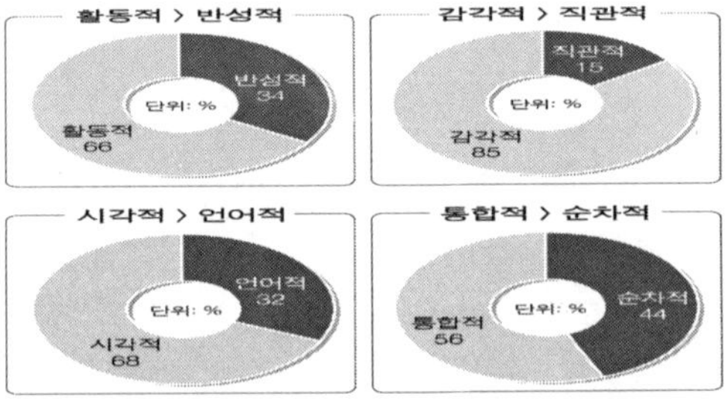 |
|---|---|
| **박이해 학부모 대표**<br>“학생들은 개인 문제를 우리보다 학원선생님에게 얘기하고 있어서 교사들은 올바른 상담 능력을 갖추어야 합니다.” | **최동료 부장교사**<br>“변화하는 교육과정과 수업 등을 위한 교사리더십을 발휘해야 하며, 이를 위해 배움의 공동체를 활성화할 필요가 있습니다.” |

### ✤ 배점

- 논술의 내용 [총 15점]
  - 학생들의 사회정서역량을 강화하기 위한 수업목표 3가지
  - 학생들의 사회정서역량을 촉진하는 참여 중심 수업과 그와 관련된 평가 방법 각 3가지
  - 학생 이해를 위한 효과적인 상담 방법 3가지
  - 배움의 공동체 운영 방법 3가지
- 논술의 구성 및 표현
  - 논술의 구성 요소와 '교사가 갖추어야 할 역량'과의 연계 및 논리적 형식
  - 표현의 적절성

■ 모의평가 연습지

■ 논술주제:

■ 논술개요

| 논술문제 | 논술내용 | 논술지문 |
| --- | --- | --- |
| | | |
| | | |
| | | |
| | | |
| | | |

## 모의평가 3

**다음은 A시 ○○교육지원청에서는 관내 중학교 교육과정, 교수학습, 생활지도 개선을 위해 학교장, 수석교사, 일반교사, 학생, 학부모 등이 참여하여 참여중심수업의 문제점, 즐거운 수업 운영, 학습자 중심 학습환경 구축, 과정 중심 평가 등에 대한 토론이 있었다. 아래의 글은 토론의 핵심을 요약한 것으로 아래의 지문과 질문을 읽고 논술하시오.**

교사: 참여중심수업에 의문이 있다. 왜냐하면 문제 중심이나 프로젝트 중심의 학습 활동을 하려면 학생들이 기본지식이나 이해가 선행을 해야 하기 때문이다. 그래서 교사가 학생들의 수업행동에 따른 적절한 보상이나 벌을 하거나, 또는 학생들의 인지적 학습과정을 촉진하는 수업 전략을 잘 활용하는 것이 중요하다고 생각합니다.

학생: 요즘 친구들은 수업 내내 휴대전화만 보고 있고, 자신의 진로와 맞지 않는 수업을 해서 흥미도 없어요. 어제는 한 애가 "저는 애견 미용사가 되려고 하는데, 생물학적 지식 같은 걸 배워서 뭐 해요?"라고 말했는데, 이것은 많이 학생들의 공감하는 부분이기도 해요.

학부모: 우리집 아이는 학교에 다니기 싫다고 해요. 그 이유를 물으니 선생님은 잘하는 학생들하고만 질문하고 답을 주고받는데, 자거나 떠드는 아이들에게는 눈길도 주지 않는다는군요. 조용하고 내성적인 우리 아이는 수업에 참여하고 싶어도 어떻게 해야할지 모르겠다고 합니다.

학교장: 우리 사회가 학생들에게 새로운 역량을 요구하고 있고, 이를 키우기 위해 교사는 역량 중심 수업을 할 필요하며, 동시에 역량 향상을 판단할 수 있는 평가 방법도 체계적으로 강구할 필요가 있습니다.

❶ 교사가 지향하는 교수학습이론 관점에서 본 학습의 개념은 무엇인가를 제시하고, 교사가 비판하는 참여중심수업을 활성화할 수 있는 전략 2가지를 제시하시오.

❷ 학생이 말한 수업 상황에서 학생이 제기하는 교사의 수업 문제를 Reigeluth가 제시한 교수설계 구성요소인 교수조건과 교수결과 차원에서 진단하고(각 1가지 제시), 교사가 수업에 학생들을 적극적으로 참여할 수 있게 하는 행동수정원리 3가지를 제시하시오.

❸ 학부모가 강조하는 학습자 중심 수업을 위해 Jonassen이 제시한 교수설계이론 관점에서 교사들이 활용해야 할 교수전략 3가지를 제시하시오.

❹ 학교장의 관점에서 핵심역량을 강화하는 수업을 실시하기 위해 고려해야 할 통합 교과 구성 전략에 대해 2가지만 제시하시오. 또한 통합 교과 운영을 통한 역량 평가를 위한 전략에 대해 2가지를 제시하시오.

■ 모의평가 연습지

■ 논술주제:

■ 논술개요

| 논술문제 | 논술내용 | 논술지문 |
| --- | --- | --- |
| | | |
| | | |
| | | |
| | | |
| | | |

Memo

## 모의평가 4

**다음은 2015 개정 교육과정에 따른 학교 현장 변화를 주제로 A 고등학교의 교육과정 관련 학습조직 소속 교사들의 대화 내용이다. 아래의 지문과 질문을 읽고 논술하시오.**

이 교사: 2015 개정 교육과정에 따라 앞으로 교사들이 제공할 수업에서도 6대 핵심역량이 계발될 수 있도록 통합적 교육과정 구성 운영이 필요합니다.

김 교사: 앞으로 우리 학생들은 학습과 일에서 협력적 문제해결 능력을 필요로 하고 있음으로 자유학기제를 이용하여 교과 간 벽을 허물 수 있는 교수학습방법과 평가 방법을 강구하여 실시해야 합니다.

박 교사: 4차 산업혁명과 지능정보사회를 살아야 할 우리 학생들의 특성을 고려하여 교사들의 생활지도 및 진로교육 방법도 혁신되어야 합니다.

한 교사: 제4차 산업혁명 등 변화하는 사회 속에서 교사들의 리더십 배양 및 함께 연구하고 성찰할 수 있는 학습조직 운영이 필수적이다.

❶ 핵심역량 중심 수업을 위한 통합적 교과 구성 방법 3가지를 제시하시오.

❷ 협력적 문제해결 능력 향상을 위한 자유학기제 수업을 위한 교수학습방법 2가지와 평가 방법 2가지를 제시하시오.

❸ 지능정보사회 등에서 활용될 수 있는 생활지도 및 진로교육 방법에 대해 각 2가지 제시하시오.

❹ 제4차 산업혁명 등 변화하는 사회에 적응하는데 요청되는 교사 리더십 2가지와 교내 학습조직 운영 전략 2가지 제시하시오.

■ 모의평가 연습지

■ 논술주제:

■ 논술개요

| 논술문제 | 논술내용 | 논술지문 |
| --- | --- | --- |
| | | |
| | | |
| | | |
| | | |
| | | |

## 모의평가 5

**다음은 대한고등학교의 김교사와 최교사의 대화 내용이다. 아래의 지문과 질문을 읽고 논술하시오.**

김 교사: 요즘 저는 유독 팀 활동 중에만 자신이 맡은 역할을 미루고 소극적인 '홍길동' 학생을 어떻게 지도해야 할지 막막합니다.

최 교사: 유독 팀 활동에만 소극적인 이유가 뭘까요?

김 교사: 그래서 모듬 학생들의 말을 들어볼 때 다른 친구와 의견을 조합하기도 힘들고, 남 앞에서 발표하는 것보다 혼자 머리 속에서 아이디어를 도출하거나, 혼자서 아이디어의 맵을 그려보면서 수행 과제를 유목화하는 것이 더 좋아한다고 해요.

최 교사: 아이구... 이 학생은 전교 부회장을 맡고 반에서 1등을 도맡아서 하는데... 팀활동에는 그러하다니 안타깝네요.

김 교사: 이번에는 이 학생을 개인적으로 만나보려고 해요. 그때 무슨 말을 하면서 협동학습에 적극 참여해 보도록 하지요...

❶ 김교사가 실시하고 있는 팀기반 협력학습의 장점과 단점을 각 2가지씩 제시하시오.

❷ 김교사가 팀활동 촉진을 위해 활용할 수 있는 동기전략을 외재적 측면과 내재적 측면으로 나누어 각 2가지씩 제시하시오.

❸ 홍길동 학생이 활용하고 있는 사고 전략을 정의하고 그 예를 2가지 제시하시오.

❹ 김교사가 홍길동 학생을 위해 개인 상담을 통해 제시할 수 있는 조언 3가지를 제시하시오.

■ 모의평가 연습지

■ 논술주제:

■ 논술개요

| 논술문제 | 논술내용 | 논술지문 |
|---|---|---|
| | | |
| | | |
| | | |
| | | |
| | | |

## 모의평가 6

**다음은 A 중학교의 학교교육계획서 작성을 위한 워크숍에서 교사들의 분임 토의 결과의 일부를 교감이 발표한 내용이다. 아래의 지문과 질문을 읽고 논술하시오.**

이번 워크숍은 우리 학교의 교육에서 드러난 몇 가지 문제점을 확인하고, 개선 방안을 제시하는 방식으로 진행되었습니다. 주요 내용을 말씀드리면 다음과 같습니다.

먼저, 우리 학교는 학생들의 합리적 정신을 계발하기 위해 지식 교육을 추구해 왔지만, 문제 풀이식 수업이나 주입식 수업을 하게 되었고, 지식 습득 정도를 상대적으로 파악하는 평가를 해 왔습니다. 그로 인해 학생들은 Peters가 제시한 "자유교양인 또는 교육받은 사람"으로 양성되지 못하고 있습니다. 이를 위해 학교 프로그램과 평가 방법의 대안 마련이 필요합니다.

둘째, 수업 방법과 전략에 관한 문제점과 개선 방안입니다. 사회가 학생들에게 새로운 역량을 요구하고 있고, 이를 키우기 위해 교사는 다양한 수업을 설계할 수 있어야 합니다. 다양한 수업 방법이 있지만 올해에는 학생들의 자기주도학습을 촉진할 수 있는 수업 방법을 적용해 주시기 바랍니다.

셋째, 똑같이 아이들을 가르치는데, 어려운 고민거리가 생기면 학교 선생님 앞에서는 그것을 감추고 학원 선생님께는 다 털어놓는다고 합니다. 이제부터는 우리가 아이들의 문제나 고민들을 잘 들어주고 이에 대해 잘 상담함으로 사제동행의 풍토가 형성될 수 있도록 노력해 주십시오.

마지막으로, 내년에 우리 학교는 교육 개념에 충실한 지식 교육을 하고, 학생들의 학업 성취와 학습 동기를 향상하는 데 좀 더 세심한 관심을 가져야 할 것입니다. 이 일의 성공 여부는 교사가 변화의 주체로서 자발적인 노력을 얼마나 기울이느냐에 달려 있습니다. 그래서 우리 학교는 교사 모두가 교육 활동에 능동적으로 참여하여, 지식과 학습 정보를 서로 공유하면서 지속적으로 변화해 가는 학습조직(learning organization)을 구축하고자 합니다.

❶ A중학교가 지향할 필요가 있는 교육과정 유형을 정의하고, 그에 알맞은 학교 프로그램 2가지와 평가 방법 2가지를 제시하시오.

❷ A중학교 학생의 자기주도적 학습을 촉진하는 수업방법 3가지를 제시하시오.

❸ A중학교에서 사제동행을 위해 교사들이 활용해야 할 상담기법 3가지를 제시하시오.

❹ A중학교에서 구축해야 할 학습조직 운영 유형 3가지와 그 운영 원리 2가지를 제시하시오.

- 모의평가 연습지
- 논술주제:
- 논술개요

| 논술문제 | 논술내용 | 논술지문 |
| --- | --- | --- |
| | | |
| | | |
| | | |
| | | |
| | | |

## 모의평가 7

**다음은 최근 한 중학교에 전보발령을 받은 신규교사들에 대한 수업코칭 과정에서 제시된 내용의 일부이다. 아래의 지문과 질문을 읽고 논술하시오.**

A 교사: 나는 독립된 교과 내용을 체계적으로 제공하는 수업을 선호했다. 그런데 막상 신규교사로 교과 지도를 하려고 하니 현재 교과서의 내용이 지식과 정보가 급격하게 생성되고 있고, 복잡성과 불확실성이 높아지고 있는 지금에 과연 필요한 것인가 의문이 든다. 내가 생각하기에, 우리 학생들에게 필요한 것은 학문의 핵심과 원리를 바탕으로 종합적이고 비판적인 사고를 배양할 수 있도록 내적 동기를 유발하도록 다양한 탐구과정을 강조하는 수업과 평가라고 생각이 든다.

B 교사: 최근 한 교사로부터 들은 예기인데, 우리 반 학생들의 말투나 행동을 따라하고, 또한 학생들에 대한 인식이나 태도로 친구들을 판단하고 있다고 들었다. 이것은 학생들은 교과서 내용만이 아니라 학교생활을 통해 직・간접적으로 배우는 가치, 태도나 행동양식까지도 배운다는 의미일텐데... 교사로서 나는 수업뿐만 아니라 나의 생활에 있어서 역할 모델로서 그들에게 영향을 미치는 역할과 리더십을 발휘할 필요가 있겠다.

C 교사: 우리 학교 학생은 70%는 교육소외계층이라 할 수 있는데, 교과서 내용에 나와 있는 여러 역사, 문화, 외국 상황을 잘 이해하지 못하고 있어 이것들에 대한 체험 활동도 제공해 줄 필요가 있다. 또한 교과 관련한 전문용어를 말하거나 조금만 논리적이거나 복잡하게 설명하면 이해하기 어렵다고 함으로 그들이 이해할 수 있는 일상적인 말이나 표현들을 사용할 필요가 있다. 아울러 수업 내용 전달도 이들 이해 수준에 맞추어 조절할 필요가 있다.

❶ A교사가 고려하고 있는 교육과정의 유형은 무엇이며, 그 유형에 알맞은 교수학습방법과 평가방식에 대해 각 2가지씩 제시하시오.

❷ B교사가 제시하고자 하는 개념의 정의와 그 예시 2가지를 제시하고, 이와 관련하여 교사가 갖추어야 할 리더십 특성 3가지를 제시하시오.

❸ C교사가 우려하는 학생들의 언어 사용을 Bernstein 관점에서 제시하고, 그것을 해결하기 위한 교육 프로그램의 예를 3가지만 제시하시오.

■ 모의평가 연습지

■ 논술주제:

■ 논술개요

| 논술문제 | 논술내용 | 논술지문 |
| --- | --- | --- |
| | | |
| | | |
| | | |
| | | |
| | | |

# 참 고 문 헌


강영배(2013). 청소년 진로교육 및 상담론. 파주: 양서원.

강이철(2011). 교육방법 및 교육공학의 입문. 파주: 양서원.

고영남(2013). 학습양식과 교육. 파주: 교육과학사.

권낙원, 김민환, 한승록, 추광재(2011). 교사를 위한 교육과정론. 고양: 공동체.

김규태, 강유정, 권민석, 최경민(2017). 현장중심 학습지원을 위한 교육행정 및 교육경영. 파주: 양성원.

김규태, 권민석, 최경민(2016). 학위논문과 통계분석. 파주: 양성원.

김규태, 박찬호, 유현숙 등(2016). 최신 교육학의 이해(개정판). 파주: 양성원.

김규태, 이인학, 김도진 등(2016). 교육사회학. 고양: 공동체.

김규태, 방경곤, 이병환, 권민석(2013). 교육학 논리와 논술. 파주: 양서원.

김규태, 방경곤, 이병환, 권민석(2013). 새로운 초중등 교원임용시험을 위한 논술과 면접. 파주: 양서원

김규태, 최경민(2015). 교육조직행동척도. 파주: 양서원.

김봉환, 정철영, 김병석(2006). 학교진로상담. 서울: 학지사.

김정선(2004). 시각적 의사소통의 이해에 관한 연구. 미술교육논총, 18(3), 29-44.

나일주(2010). 교육공학 관련 이론(개정판). 파주: 교육과학사.

문선모(2010). 교육심리학의 이해. 파주: 양서원.

문은식, 박선환, 정미경(2015). 교육심리학. 고양: 공동체.

박선환, 박숙희, 우지향(2013). 생활지도와 상담. 고양: 공동체.

백욱인(2013). 디지털 데이터 · 정보 · 지식. 서울: 커뮤니케이션북스.

변영계(2005). 교수학습이론의 이해. 서울: 학지사.

성태제 외(2012). 최신 교육학개론. 서울: 학지사.

신범석(2016). 유용한 교육, 모바일로, 스스로 공부… 트렌드 살린'진짜 필요한 교육'을 하자. 동아비즈니스리뷰, 194호, 검색: http://dbr.donga.com/article/view/1202/article_no/7421

안정임(2006). 디지털 격차와 디지털 리터러시: 수용자 복지 정책적 함의. 한국언론정보학보, 36, 78-108.

유승우, 임형택, 권충훈 등(2010). 교육방법 및 교육공학. 파주: 양서원.

이돈희(2003). 세기의 전환과 교육학적 성찰. 서울: 교육과학사.

이병환, 김규태, 방경곤 등(2013). 새로운 교원임용시험. 파주: 양서원.

이성호(2013). 교육과정 및 교육평가. 파주: 양서원.

이인학, 이기영, 김규태 등(2013). 최신 교육의 이해. 서울: 학지사.

이재신(2009). 고등학생의 메타인지와 학습몰입과의 관계. 한국교원교육연구, 26(2), 277-295.

이종각(2012). Basic+ 교육사회학. 서울: 태영출판사.

이항우, 이창호 등(2011). 정보사회의 이해. 서울: 미래인.

이희동(1999). 교육학개론. 서울: 홍익출판사.

임정훈, 한기순, 이지연(2014). 교육심리학. 파주: 양서원.

장상필, 김지일(2013). 대학생들의 스마트 리터러시와 스마트폰 중독의 종단관계 연구. 교육종합연구, 11(4), 67-90.

전경란(2015). 미디어 리터러시의 이해. 서울: 커뮤니케이션북스.

정미경(2005). 대학생용 자기조절학습 검사도구 개발. 교육평가연구, 18, 155-181.

조수환(2002). 교육학개론. 서울: 교육과학사.

주영주, 함유경, 정보경(2014). 사이버대학생의 모바일러닝 지속사용의도 영향변인 규명. 한국콘텐츠학회논문지, 14(6), 477-490.

천정웅, 김민, 김진호, 박선영(2011). 차세대 청소년학총론. 파주: 양서원.

하원규, 최남희(2015). 제4차 산업혁명. 서울: 콘텐츠하다.

한국교육학술정보원(2007). 초임교사를 위한 장학가이드북 및 Q&A.

한민석(2016). 교육철학 및 교육사. 고양: 공동체.

한상효, 유평수,서재목(2006). 교육학개론. 서울: 교육과학사.

홍기칠(2012). 교육방법 및 교육공학. 고양: 공동체.

황연주(2001). 영상 정보화 시대에 대처하는 미술교육에서의 비주얼 리터러시 교육. 미술교육논총, 12, 137-156.

황정규, 이돈희, 김신일(2003). 교육학개론. 서울: 교육과학사.

Adams, C. J. (2013). 'Soft Skills' seen as key element for higher ed many teens lack crucial life skill like resiliency, grit, and the ability to communicate and advocate, and that's hurting college-completion rates. Educational Digest, 78(6), 18-22.

Billing, D. (2007). Teaching for transfer of core/key skills in higher education: Cognitive skills. Higher Education, 53(4), 483-516.

Bronfenbrenner, U. (1979). The ecology of human development: Experiments by nature and design. Cambidge, MA: Harvard University Press.

Davies, R. S. (2011). Understanding technology literacy: A framework for evaluating educational technology integration. *TechTrends,* 55(5), 45-52.

Dick, W., Carey, L. & Carey, J. O. (2009). 체제적 수업 설계모형. 파주: 아카데미프레스.

Eid, M. I., & Al-Jabri, I. M. (2016). Social networking, knowledge sharing, and student learning: The case of university students. Computers & Education, 99, 14-27.

Ferrari, A. (2012). Digital competence in practice: An analysis of frameworks. Retrieved October 26, 2015, from http://jiscdesignstudio.pbworks.com/w/file/fetch/55823162/FinalCSReport_PDFPARAWEB.pdf

Keller, J. M. (2013). 학습과 수행을 위한 동기설계: ARCS 모형 접근. 파주: 아카데미프레스.

Kellner, D. (2004). Technological transformation, multiple literacies, and the re-visioning of education. E - Learning, 1(1), 9-37.

Klimova, B., & Poulova, P. (2016). Mobile Learning in Higher Education. Advanced Science Letters, 22(5-6), 1111-1114.

Levy, P. (2002). 집단지성: 사이버 공간의 인류학을 위하여. 서울: 문학과지성사.

New London Group(1996). A pedagogy of multiliteracies: Designing social futures. Harvard Educational Review, 66, 60 - 92.

Pempek, T. A., Yermolayeva, Y. A., & Calvert, S. L. (2009). College students' social networking experiences on facebook. Journal of Applied Developmental Psychology, 30(3), 227-238.

Pintrich, P. R., Smith, D., Garcia, T., & McKeachie, W. (1991). The Motivational Strategies for Learning Questionaire(MSLQ). Ann Arbor, MI: University of Michigan.

Robert M. Gagne 외(2007). 수업설계의 원리. 송상호 외 역. 서울: 아카데미프레스.

Ryan, T., & Xenos, S. (2011). Who uses Facebook? An investigation into the relationship between the Big Five, shyness, narcissism, loneliness, and Facebook usage. Computers in Human Behavior, 27(5), 1658-1664.

Schunk, D. H. (2006). 교육적 관점에서의 학습이론. 파주: 아카데미프레스.

Schwab, C. (2016). 클라우스 슈밥의 제4차 산업혁명. 서울: 새로운현재.

Sternberg, R. J. & Grigorenko, E. L. (2007). 성공지능 가르치기. 파주: 교육과학사.

Swanson, J. L. & Fouad, N. A. (2005). 사례로 배우는 진로 및 직업상담. 서울: 학지사.

# 찾 아 보 기

## 저/자/소/개

■ **김규태(Ph.D)**

계명대학교 사범대학 교육학과에 재직하고 있으며, 동국대학교에서 교육학박사를, The Univsersity of Texas at Austin에서 철학박사를 받았으며, 교육부 교직발전기획단, 대학기관평가인증위원, 교원양성기관평가위원 등 현장 발전을 위한 역할을 담당하였으며, 현장중심 학습지원을 위한 교육행정 및 교육경영(2017), 학위논문과 통계분석(2016), 최근 교육학의 이해(2016), 교육조직행동 척도(2015) 등 다수의 저서와 논문을 집필하고 있으며, 교육책무성, 교육정책사회학, 긍정교육조직학, 교육조직행동, 교육경영 및 리더십 등에 관심을 갖고 연구 중에 있다.

예비교사의 현장 이해 및 역량 강화를 위한

**교육학 논리와 논술**

1판 1쇄 인쇄 – 2018년 3월 5일
1판 1쇄 발행 – 2018년 3월 10일

저　　자 - 김 규 태
발 행 인 - 강 철 원
발 행 처 - 양 성 원
주　　소 - 경기도 파주시 검산로 173번길 29-20
전　　화 - 031-946-3861(代)
팩　　스 - 031-946-3864
이 메 일 - tnwpub@naver.com
홈페이지 - tnwpub.co.kr
출판등록 - 2015년 8월 31일 제 2015-000211 호

ISBN 979-11-6126-071-6

정가 19,000원